MARCUS VINICIUS KIYOSHI ONODERA

GERENCIAMENTO DO PROCESSO E O ACESSO À JUSTIÇA

MARCUS VINICIUS KIYOSHI ONODERA

GERENCIAMENTO DO PROCESSO E O ACESSO À JUSTIÇA

Belo Horizonte
2017

Copyright © 2017 Editora Del Rey Ltda.

Nenhuma parte deste livro poderá ser reproduzida, sejam quais forem os meios empregados, sem a permissão, por escrito, da Editora.

Impresso no Brasil | Printed in Brazil

EDITORA DEL REY LTDA
www.delreyonline.com.br

Editor: Arnaldo Oliveira

Editor Adjunto: Ricardo A. Malheiros Fiuza

Editora Assistente: Waneska Diniz

Diagramação: Alfstudio

Revisão: RESPONSABILIDADE DO AUTOR

Capa: Alfstudio

Editora / MG
Rua dos Goitacases, 71 – Centro
Belo Horizonte-MG – CEP 30190-050
Tel.: (31) 3284-5845 – 3284-3284
editora@delreyonline.com.br

Conselho Editorial:
Alice de Souza Birchal
Antônio Augusto Cançado Trindade
Antonio Augusto Junho Anastasia
Antônio Pereira Gaio Júnior
Aroldo Plínio Gonçalves
Carlos Alberto Penna R. de Carvalho
Dalmar Pimenta
Edelberto Augusto Gomes Lima
Edésio Fernandes
Felipe Martins Pinto
Fernando Gonzaga Jayme
Hermes Vilchez Guerrero
José Adércio Leite Sampaio
José Edgard Penna Amorim Pereira
Luiz Guilherme da Costa Wagner Junior
Misabel Abreu Machado Derzi
Plínio Salgado
Rénan Kfuri Lopes
Rodrigo da Cunha Pereira
Sérgio Lellis Santiago

0589g Onodera, Marcus Vinicius Kiyoshi
Gerenciamento do processo e acesso à justiça. / Marcus Vinicius Kiyoshi Onodera. Belo Horizonte: Del Rey, 2017.

XVIII + 216 p.
ISBN: 978-85-384-0497-2

1. Brasil. [Código de processo civil (2015)]. 2. Processo civil, direito comparado. 3. Administração da justiça, direito comparado. 4. Acesso à justiça. 5. Common law. 6. Direito anglo-saxônico. 7. Direito romano. I. Título.

CDU: 347.9

A meus pais, Mario Hirotake Onodera e Sumiko Nakagawa Onodera, pelo apoio e amor incondicionais, razão da minha existência.

A meus amigos, Lineu Peinado, Paulo Shintate, Adhemar Ferreira Maciel (*in memoriam*), Simone Gomes Casoretti, Christine Santini, Fernão Borba Franco e, pela amizade e apoio fraterno, Caio Marcio de Brito Ávila

To my great friends Judges Elizabeth Stong and Peter Messitte. Special thanks to Judge Jeremy Fogel, and the wonderful staff of Federal Judicial Center.

AGRADECIMENTOS

Agradeço todos os dias a Deus por meus pais, Mario Hirotake Onodera e Sumiko Nakagawa Onodera. São a razão da minha existência, assim como espero, um dia, bem lá na frente, abrir caminho para os próximos.

Não tenho, na verdade, como agradecer a Kazuo Watanabe. Palavras me faltam. Aprendi a admirá-lo mesmo antes de conhecê-lo pessoalmente, ao folhear, ainda estudante de primeiro ano de faculdade, *Da cognição no processo civil*. Ensinou-me e incentivou-me a enxergar um futuro mais justo e solidário para a sociedade brasileira. Ao longo desses anos, vi e passei a apoiar a árdua, humilde e incansável luta por um Brasil melhor, com mais justiça e paz.

Agradeço, ainda, a todos os amigos, em especial, Paulo Shintate, Lineu Peinado, Christine Santini, Adhemar Maciel, magistrados exemplares, Walter Soares de Paula, um irmão de coração, Caio Ávila, amigo sincero, dentre tantos outros que sempre estiveram ao meu lado.

Ainda, em período mais recente, foi uma honra ter participado das discussões do Novo Código de Processo Civil em nosso Congresso Nacional. Na Comissão de Análise do Projeto do CPC/2015, tive a oportunidade de conhecer grandes talentos, que muito me ensinaram. Lá, conheci, aliás, Paulo Henrique dos Santos Lucon e Cássio Scarpinella Bueno, que tanto lutaram pela defesa de um processo civil justo e eficaz. Menciono, desde já com o perdão por esquecer algum nome, além dos outros membros de nossa Comissão da AMB (Sidnei Beneti, Milton Nobre, Roberto Bacellar e Antonio Carlos Marcato), também os deputados Paulo Teixeira, relator do CPC/2015, e Miro Teixeira, bons amigos, que sempre ouviram nossas sugestões.

Por fim, mas não menos importante, agradeço ao *Federal Judicial Center*, na pessoa de seu Diretor Juiz Jeremy Fogel, que me acolheu com tanto carinho em Washington. Lá, pude realizar valiosa pesquisa sobre o gerenciamento do processo como *Visiting Foreign Judicial Fellow* e conhecer grandes juízes como Peter Messitte, Paul Grimm, John Morrissey, além de Elizabeth Stong, querida amiga, de quem sempre recebi apoio fraterno e auxílio imenso em minhas pesquisas nos Estados Unidos da América.

APRESENTAÇÃO

Convidou-me o autor para que fizesse a apresentação desta sua obra de estreia, *Gerenciamento do Processo e o Acesso à Justiça*.

Aceitei o convite, pois tenho acompanhado a trajetória de Marcus Onodera ao longo dos anos, que conheci pouco após ter-se formado pelas Arcadas do Largo de São Francisco.

Já em 2004, ingressou na Magistratura Paulista e, passados alguns anos, nos reencontramos, quando ele ultimava seu Doutorado no Largo de São Francisco.

À época, discutia-se no Congresso Nacional o projeto do novel Código de Processo Civil e a Associação dos Magistrados Brasileiros constituiu uma comissão para analisá-lo. Tive a honra de ser dela o relator e Marcus, o secretário-geral, ocasião em que nos tornamos grandes amigos.

Desde essa época, vi neste jovem e brilhante estudioso a incessante busca pelo aperfeiçoamento do acesso à justiça – ordem jurídica justa, nas palavras de Kazuo Watanabe. A experiência como juiz certamente o influenciou no modo de enxergar o Direito, guiando-o ao tema desta obra, sua tese de doutorado, que agora vem a público.

Estudioso do sistema da *Common Law* norte-americana, Marcus buscou inspiração no Direito norte-americano para criar novas e efetivas soluções aos intrincados problemas do processo civil brasileiro. Para suas pesquisas, foi recebido pelo Centro Judiciário Federal (*Federal Judicial Center*), *think tank* do Judiciário federal norte-americano, onde estudou as técnicas do *case management* norte-americano.

Pensar o Direito, para criar um futuro melhor, requer contínuo sacrifício, dedicação e talento. Nesta nova geração de processualistas, Marcus Onodera reúne essas qualidades. E, aos mais jovens, compartilho breve reflexão de Benjamin Cardozo:

"O futuro, cavalheiros, a vós pertence. Fomos chamados a desempenhar nosso papel num processo eterno. Muito tempo depois que eu estiver morto e minha pequena contribuição a esse processo estiver esquecida, estareis aqui para fazer vossa parte e levar a tocha adiante. Sei que a chama arderá, reluzente, enquanto a tocha estiver em vossas mãos".[1]

São Paulo, 6 de março de 2017

Antonio Carlos Marcato

---

1   Cardozo, Benjamin N. *A natureza do processo judicial*. Trad. Silvana Vieira. 1.ed. São Paulo: Martins Fontes, 2004. p. 133.

PREFÁCIO

Com esta obra, que enfrenta tema de extrema relevância para o adequado funcionamento do Judiciário brasileiro - *"gerenciamento do processo" (case management)* -, o magistrado MARCUS VINICIUS KIYOSHI ONODERA conquistou com brilhantismo o título de Doutor em Direito.

Quando, há pouco mais de uma década, fomos convidados para conhecer nos Estados Unidos (Estado da Califórnia) a utilização pelo Judiciário da mediação e outros mecanismos ditos "alternativos" de solução de controvérsias, o que nos impressionou sobremaneira foi o **papel ativo do juiz americano na condução da causa**, o que se dava por meio do instituto do *case management*. A ideia que tinha, até então, a respeito do juiz americano, em razão do modelo adversarial adotado pelos Estados Unidos, era de juiz passivo, que se limitava a apenas calibrar a intensa disputa travada pelos advogados ao longo da tramitação do processo. Mas, surpreendentemente, fomos apresentados a um juiz bastante ativo na condução da causa, desde o início e ao longo de toda a duração do processo, seja preparando-o para seu correto julgamento, seja adotando medidas e estratégias para conduzir as partes à solução amigável do conflito.

Pelo *case management*, previsto na *Rule* 16 da *Federal Rules Of Civil Procedure,* que esta obra de MARCUS ONODERA analisa em seus vários aspectos, o juiz americano utiliza os vários mecanismos de ADR (meios alternativos de resolução de disputas) **como instrumental seu** para o correto tratamento das disputas. Essa constatação foi uma outra grata surpresa que tivemos. A **composição amigável das controvérsias**, que propicia a pacificação dos conflitantes, solucionando, não raro, os conflitos de forma mais ampla que a lide processualizada, constitui **uma das metas importantes perseguidas pelo juiz americano**, ao lado da solução adjudicada da controvérsia. Não se trata, a solução consensuada, de fato eventual e acidental que possa ocorrer no curso do processo, e sim de resultado que faz parte do conjunto de seus objetivos principais em relação a uma controvérsia.

Ressalta MARCUS ONODERA um importante aspecto do *case management*:

"**O gerenciamento do processo (*case management*) está aparentemente ligado à mudança radical do paradigma. Conquanto se prestigie a expressão "*gerenciamen-***

to do processo"*, devemos entender, ao invés de processo, gerenciamento do *caso* ou mesmo do *conflito;* conceitos mais amplos e profundos do que a mera relação processual".

À indagação quanto à possibilidade de adoção do gerenciamento do processo (case management) no processo civil brasileiro, **MARCUS ONODERA** responde afirmativamente, anotando que, "se antes já não podia ser identificada de forma clara na audiência do art. 331, CPC", a possibilidade de sua adoção "tem fundamento claro na redação do art. 357, CPC/2015", interpretado harmonicamente com o art. 3º, I, e em conjunto como art. 5º, XXXV, ambos da Constituição Federal.

Trata-se de instituto que, embora admitida sua adoção pelo nosso sistema processual desde antes da recente reforma, uma vez que um dos princípios informadores do nosso ordenamento processual tem sido o do impulso oficial do processo, certamente ele trará uma "**mudança radical de paradigma**", tornando o juiz brasileiro mais ativo na condução do processo.

Diante dessa percepção e considerando que a "sociedade brasileira ainda não está acostumada a tal cultura", sustenta, com razão, que será necessário investir na preparação dos magistrados, promotores, advogados públicos e privados e todos os que operam nos serviços judiciários, com a participação da "ENFAM, Escolas Federais e Estaduais de Magistratura e das advocacias públicas e privadas". E certamente será de fundamental importância que essa preparação se inicie já nas faculdades de direito em cursos de graduação, preparando os futuros profissionais do direito para essa nova cultura.

Conclui sua tese com a precisa observação de que *"o gerenciamento do processo – entenda-se caso – depende, em boa parte, da adequada postura do juiz no caso concreto".* Vale dizer, de sua mentalidade.

Ponho grande fé em que esta obra venha a estimular os magistrados de nosso país à adoção de postura mais ativa na condução das demandas, levando-os ao estudo coletivo, em grupos de trabalho, para a concepção de modelo mais adequado ao país, atendidas as peculiaridades regionais e as especificidades das causas.

No campo científico e acadêmico, certamente provocará pesquisas e novos estudos pelos pesquisadores e doutrinadores, que aprofundarão cada vez mais o estudo desse importante tema.

Arcadas, março de 2017

Kazuo Watanabe

SUMÁRIO

INTRODUÇÃO 1

1. CRISE DE EFETIVIDADE DO PROCESSO 5
   1.1. CONTEXTO HISTÓRICO 6
   1.2. POSSÍVEIS CAUSAS DA CRISE DE EFETIVIDADE 6
   1.3. CAUSAS SUBJETIVAS 8
   1.4. CAUSAS OBJETIVAS 10
       1.4.1. Fatores culturais 10
       1.4.2. Administração judiciária 16
       1.4.3. Inadequação dos instrumentos processuais 16
   1.5. NOTAS CONCLUSIVAS 17

2. O ACESSO À ORDEM JURÍDICA JUSTA (ACESSO À JUSTIÇA) 19
   2.1. REFORMAS PROCESSUAIS E A INSTRUMENTALIDADE DO PROCESSO 21
   2.2. EMENDA CONSTITUCIONAL N. 45/2004 E RAZOÁVEL
        DURAÇÃO DO PROCESSO 22
   2.3. NOTAS CONCLUSIVAS 24

3. AS DIFERENTES PORTAS DE ACESSO À ORDEM JURÍDICA JUSTA. MICROSSISTEMAS MOLECULARES 25
   3.1. JUIZADOS ESPECIAIS DE PEQUENAS CAUSAS AOS JUIZADOS ESPECIAIS 26
   3.2. LEI DA AÇÃO CIVIL PÚBLICA E CÓDIGO DE DEFESA DO CONSUMIDOR 30
   3.3 MÉTODOS ALTERNATIVOS DE RESOLUÇÃO DE CONFLITOS *(ADR)*
        E A RESOLUÇÃO N. 125/10, CNJ 36
   3.4. NOTAS CONCLUSIVAS 39

4. OS MODELOS DE GERENCIAMENTO DO PROCESSO *(CASE MANAGEMENT)* AO REDOR DO MUNDO 43

4.1. DIFERENÇAS E SEMELHANÇAS RELEVANTES ENTRE PAÍSES DE *CIVIL LAW* E DE *COMMON LAW* 43

4.1.1. Doutrina de precedentes nos países de *Common Law* e CPC/2015 45

4.1.2. Diferenças na metodologia de ensino nos países de *Civil Law* e de *Common Law*.. 48

4.2. DEFINIÇÃO. TRAÇOS COMUNS 49

4.3. ESTUDO COMPARATIVO 50

4.3.1. Modelo português.. 50

4.3.2. Modelo alemão ("Modelo de Stuttgart").. 58

4.3.3. Modelo japonês 62

    4.3.3.1. Escorço histórico: do *benrokenwakai* ao "Modelo de Stuttgart".. 62

    4.3.3.2. O "Modelo de Stuttgart" e as audiências preparatórias no novo código de processo civil japonês 65

4.3.4. Modelo inglês 68

    4.3.4.1. Escorço histórico 68

    4.3.4.2. O período pré-reformas *Woolf* 68

    4.3.4.3. *Civil Procedure Rules (CPR)* e o Relatório Final Woolf de acesso à justiça *(Lord Woolf's Access to Justice Final Report)* 70

    4.3.4.4. O case management inglês e as Reformas Woolf 71

4.3.5. Modelo norte-americano.. 79

    4.3.5.1. Considerações preliminares.. 79

    4.3.5.2. Histórico da evolução.. 81

    4.3.5.3. Os motivos das revisões da *Rule 16, FRCP*. Crise do Judiciário norte-americano na década de 1970.. 83

    4.3.5.4. O case management norte-americano e a *Rule 16*, das *Federal Rules of Civil Procedure* 84

    4.3.5.5. Nova revisão das *Federal Rules of Civil Procedure* 87

    4.3.5.6. Análise de gerenciamento do processo *(case management)* dos EUA e Conferências Judiciais do *Federal Judicial Center*.. 89

4.3.5.7. *Brown v. Board of Education, quasi-administrative role* e *case management* 90
4.3.5.8. *Magistrate judges*.. 94
4.3.5.9. *Multidistrict litigation (MDL)* 95

4.4. NOTAS CONCLUSIVAS E TENTATIVA DE COMPILAÇÃO DOS PRINCÍPIOS DO PROCESSO CIVIL TRANSNACIONAL (UNIDROIT).......... 97

5. **GERENCIAMENTO DO PROCESSO *(CASE MANAGEMENT)* E MÉTODOS ALTERNATIVOS DE SOLUÇÃO DE CONFLITOS *(ADR)*........... 103**

5.1. EVOLUÇÃO DOS MÉTODOS ALTERNATIVOS DE SOLUÇÃO DE CONFLITOS NOS EUA *(ADR)* E POSIÇÃO E IMPORTÂNCIA DO JUIZ NO GERENCIAMENTO DO PROCESSO *(CASE MANAGEMENT)*................... 103
5.2. MECANISMOS DE *ADR* NOS EUA.. 105

6. **DESPACHO SANEADOR, AUDIÊNCIAS PRELIMINARES AO JULGAMENTO, SANEAMENTO E CONSIDERAÇÕES SOBRE O GERENCIAMENTO DO PROCESSO *(CASE MANAGEMENT)* NO BRASIL............................... 111**

6.1. DEFINIÇÃO DE DESPACHO SANEADOR.. 111
6.2. DEFINIÇÃO DE AUDIÊNCIA PRELIMINAR 113
6.3. BREVE HISTÓRICO DO DESPACHO SANEADOR E DA AUDIÊNCIA PRELIMINAR.. 116
6.4. O "MODELO DE STUTTGART" COMO INSPIRAÇÃO PARA A REDAÇÃO DA AUDIÊNCIA PRELIMINAR DO ART. 331, CPC/1973, O CÓDIGO MODELO DE PROCESSO CIVIL IBEROAMERICANO E O CÓDIGO DE PROCESSO CIVIL DE 2015.. 119
6.5. FUNÇÕES DAS AUDIÊNCIAS PRELIMINARES NO CPC/1973 E NO CPC/2015 124
6.6. *CASE MANAGEMENT, PRETRIAL CONFERENCES*, SANEAMENTO DO PROCESSO E AUDIÊNCIAS PRELIMINARES AO JULGAMENTO.............. 126
6.7. DIFERENÇAS DO GERENCIAMENTO DO PROCESSO *(CASE MANAGEMENT)* E SANEAMENTO DO PROCESSO. ADEQUADA COMPREENSÃO DA EXPRESSÃO *GERENCIAMENTO DO PROCESSO* COMO *GERENCIAMENTO DE CASOS* 129
6.8. OBRIGATORIEDADE OU FACULTATIVIDADE DAS AUDIÊNCIAS PRELIMINARES AO JULGAMENTO.. 131

6.9. CRITÉRIO DA NECESSIDADE DAS AUDIÊNCIAS PRELIMINARES AO JULGAMENTO 132
6.10. SANEAMENTO E ORGANIZAÇÃO DO PROCESSO E ACORDO DE PROCEDIMENTO NO CPC/2015 138
6.11. NOTAS CONCLUSIVAS 142

7. **MODELO BRASILEIRO DE GERENCIAMENTO DO PROCESSO (*CASE MANAGEMENT*). PRINCÍPIOS, CARACTERÍSTICAS E QUESTÕES** 145
   7.1. PRINCÍPIOS APLICÁVEIS AO GERENCIAMENTO DO PROCESSO (*CASE MANAGEMENT*) 146
   7.2. COGNIÇÃO NO GERENCIAMENTO DO PROCESSO (*CASE MANAGEMENT*) 149
   7.3. PAPEL ATIVO DO JUIZ NA CONDUÇÃO DO PROCESSO. PODERES INSTRUTÓRIOS DO JUIZ 150
   7.4. FLEXIBILIDADE, MOMENTOS DE MAIOR INCIDÊNCIA DO GERENCIAMENTO DO PROCESSO E INFLUÊNCIA DE *BROWN V. BOARD OF EDUCATION* 153
   7.5. NOVOS INSTRUMENTOS PROCESSUAIS PARA VELHOS CONHECIDOS. GERENCIAMENTO DO PROCESSO EM NÍVEL MOLECULAR 157
   7.6. POSSÍVEIS BENEFÍCIOS 159
   7.7. POSSÍVEIS CRÍTICAS 160
   7.8. CONSIDERAÇÕES GERAIS SOBRE O MODELO BRASILEIRO DE GERENCIAMENTO DO PROCESSO (*CASE MANAGEMENT*) 160

8. **CONCLUSÕES** 167

REFERÊNCIAS 173

ANEXOS 183
   Anexo I – ZPO §§ 273-276 183
   Anexo II - Arts. 148 a 178, CPC do Japão 186
   Anexo III - Regras 16, 26 e 53, *Federal Rules of Civil Procedure* 195
   Anexo IV - 28 U.S.C.A §1407. Multidistrict litigation 212
   Anexo V - Rules of Transnational Civil Procedure 215

INTRODUÇÃO

O tema proposto, *case management*,[1] gerenciamento[2] ou gestão de processo,[3] está umbilicalmente relacionado à prestação adequada da atividade jurisdicional. Na definição de Kazuo Watanabe, consiste, basicamente, em atividade processual que fortalece o controle judicial sobre: "a) a identificação das questões relevantes, b) maior utilização pelas partes de meios alternativos de solução de controvérsias, e c) tempo necessário para concluir adequadamente todos os passos processuais".[4]

---

1   WATANABE, Kazuo. A mentalidade e os meios alternativos de solução de conflitos no Brasil. In: GRINOVER, Ada Pellegrini; WATANABE, Kazuo; LAGRASTA NETO, Caetano (Coords.). *Mediação e gerenciamento do processo*: revolução na prestação jurisdicional. São Paulo: Atlas, 2008. p. 8. Do mesmo autor, Cultura da sentença e cultura da pacificação. In: YARSHEL, Flávio Luiz; MORAES, Maurício Zanoide (Coords). *Estudos em homenagem à professora Ada Pellegrini Grinover*. São Paulo: DPJ, 2005. p. 688-689. Nesses textos, a expressão foi utilizada por Kazuo Watanabe também acerca do papel do juiz na condução ativa do processo quanto ao art. 331, CPC.

2   GAJARDONI, Fernando da Fonseca; ROMANO, Michel Betenjane; LUCHIARI, Valeria Ferioli Lagrasta. O gerenciamento do processo. In: GRINOVER, Ada Pellegrini; WATANABE, Kazuo; LAGRASTA NETO, Caetano (Coords.). *Mediação e gerenciamento do processo*: revolução na prestação jurisdicional. São Paulo: Atlas, 2008. p. 19.

3   ANDREWS, Neil. *O moderno processo civil*: formas judiciais e alternativas de resolução de conflitos da Inglaterra. Trad. Teresa Arruda Alvim Wambier. São Paulo: Ed. Revista dos Tribunais, 2009. p. 73. Esta expressão – gerenciamento do processo – também foi utilizada por Fritz Baur (BAUR, Fritz. Die aktivität des richters im prozess. In: DEUSTCHE Zivil – Und Kollisionsrechtliche Beiträge Zum IX. Internationalen Kongress Für Rechtsvergleichung in Teheran 1974. Max-Planck-Institut für Ausländisches und Internationales Privatrecht, 1974. v. VIII, p. 187-207).

4   WATANABE, Kazuo. Cultura da sentença e cultura da pacificação, cit., p. 689. Ele continua sua lição no sentido de que o "juiz planeja o processo e disciplina o calendário, ouvindo as partes. Pelo contato frequente que ele mantém com as partes, e destas entre si, promove a facilitação para uma solução amigável da controvérsia. E, mesmo não ocorrendo o acordo, as técnicas do *case management* permitem ao juiz eliminar as questões frívolas e planejar

Nesse contexto, o papel ativo do juiz na condução do processo é traço comum também na atividade de saneamento processual, enfatizado na redação do art. 331, Código de Processo Civil de 1973, e do recente art. 357, Novo Código de Processo Civil de 2015. O tema, portanto, analisará o *case management*, enquanto gerenciamento do processo, como instrumento de atividade cognitiva de gerenciamento ou condução adequada do processo pelo juiz, tal qual previsto nos ordenamentos legais dos Estados Unidos da América, Inglaterra, Japão e Alemanha, bem como a possibilidade de sua aplicação no ordenamento civil brasileiro.

Esse instituto jurídico está atrelado e alinhado à constitucionalização dos direitos e garantias fundamentais, que, com maior ênfase após a Segunda Guerra Mundial, tem sido considerada um dos desafios mais importantes do Direito Processual das democracias ocidentais. Reflexo quase imediato desse processo evolutivo foi o aumento exponencial das demandas perante o Judiciário.

Conquanto considerável parcela da sociedade ainda não tenha acesso à justiça, aquela que a possui sofre com o longo tempo de duração do processo, os altos custos e, por vezes, a complexidade do sistema legal, de difícil compreensão pela população. Algumas soluções foram concretizadas no Brasil. Destacam-se: a) a criação e desenvolvimento da ação civil públicas, inspirada nas *class actions* norte-americanas (Lei n. 7.347/85), com objetivo de tratamento molecular adequado das relações em massa, evitando-se a atomização dos conflitos; b) a criação dos Juizados Especiais de Pequenas Causas, influenciado pelo modelo das *Small Claims Courts* também norte-americana, Juizados Especiais, Juizados Especiais Federais e, recentemente, os da Fazenda; e c) meios alternativos de resolução de conflitos ou *ADR* (*Alternative Dispute Resolution*). Tais ideias, sem exceção, são imprescindíveis à melhora da prestação jurisdicional e envolvem a utilização racional e razoável do processo.

Contudo, e aí *delimita-se o campo de pesquisa*, o tema proposto – estudo do gerenciamento do processo (*case management*) – abordará, com mais ênfase, o conjunto de medidas processuais dirigidas à atividade cognitiva do juiz no gerenciamento adequado do processo. A implementação desse novo modelo está

---

o processo, fazendo-o caminhar para o julgamento (*trial*) com eficiência e sem custo exagerado" (Cultura da sentença e cultura da pacificação, cit.).

intimamente atrelada à necessidade de composição harmônica de diversos interesses que influenciam na resposta judiciária. Entre eles, citam-se a instrumentalidade do processo para uma ordem jurídica mais justa, os escopos do processo e a prestação jurisdicional em tempo célere; vetores que, por vezes, caminham em sentidos opostos. O objetivo deste estudo será, então, a análise das medidas necessárias para o equilíbrio entre tais vetores, com a outorga de um provimento jurisdicional justo, célere e efetivo.

A importância do gerenciamento do processo (*case management*) é de primeira ordem ao redor do mundo. Nos Estados Unidos, é, em regra, executado durante a *pretrial conference* e serve como catalisador para a conciliação. Pode eliminar, já na fase inicial, a marcha lenta e burocrática do processo. Acaso os advogados tenham bem utilizado a fase da *discovery*[5], cada parte sabe bem a força das provas que possui, o que, com um pouco de boa vontade do juiz, pode conduzir à conciliação ao invés da litigância. Além disso, nessa ocasião, o juiz poderá decidir o rumo da ação dali para a frente, eventuais acordos parciais, a limitação das questões e possíveis emendas aos pedidos; fatores que servirão, também, para a celeridade de um julgamento mais justo e adequado.[6]

Pondera-se que, de forma gradativa, as democracias ocidentais passam a vivenciar problemas idênticos na efetivação dos direitos pelo Judiciário. O estudo do *case management*, que tanto colaborou para melhorar a prestação jurisdicional nos Estados Unidos, Inglaterra e Alemanha ("Modelo de Stuttgart"), poderá, com sua adequada implementação em nosso sistema brasileiro, traduzir-se em *significativa* melhora na prestação jurisdicional.

Atualmente, a ideia da eficácia da justiça está intimamente ligada a de um modelo de processo que, sem ignorar seus princípios consubstanciais (garantia do devido processo legal, plasmado no contraditório, igualdade de armas e defesa), possibilite uma rápida solução do conflito, mediante o descobrimento de uma relação jurídico-material debatida e a aplicação, a ela, do direito obje-

---

5 Nos Estados Unidos da América, a fase da *discovery* relaciona-se à fase judicial de produção das provas prévias ao julgamento (*pretrial phase*), em que cada uma tem o direito e o dever de receber e fornecer à outra as provas relevantes que possua. Principalmente devido à ampla utilização do júri, a fase de produção de provas é extremamente esmiuçada e detalhada. Fonte primária para tanto são as *Federal Rules of Civil Procedure* assim como as *Federal Rules of Evidence*.

6 GREEN, Milton D. *Basic civil procedure*. Mineola: The Foundation Press, Inc., 1979. p. 164-165.

tivo, e com os mínimos custos para as partes. Celeridade, economia e justiça material constituem os novos postulados do modelo processual do Estado social de direito, que seguem a se sobrepor sobre os já clássicos do liberalismo.[7] O gerenciamento do processo (*case management*) é instrumento em tudo e por tudo condizente com tais objetivos e preocupações.

Assim, não só nos sistemas legais ao redor do mundo, como também no brasileiro, a exemplo de outras demais democracias ocidentais, o juiz deve conduzir o caso para julgamento justo em tempo razoável. Compõe, com isso, dois interesses aparentemente antagônicos: a amplitude da cognição (que pode, em muitos casos, demandar tempo), necessária, em regra, para julgamento mais coerente com os fatos do caso e, de outro lado, a urgente necessidade do provimento jurisdicional do cidadão quanto à proteção de seu direito. O gerenciamento do processo (*case management*) é, portanto, sugerido como instrumento para que o juiz, com auxílio das partes, possa exercer adequado tratamento do caso, de forma justa e célere, a fim de melhorar o acesso à ordem jurídica justa.

---

7   SENDRA, Gimeno. Causas historicas de la ineficacia de la justicia. In: WEDEKIND, W. (Ed.). *The Eighth World Conference on Procedural Law. Justice and Efficiency. General Reports and Discussions*. Deventer: Kluwer, 1989. p. 19.

1
CRISE DE EFETIVIDADE DO PROCESSO

Hoje, há um consenso nas democracias ao redor do mundo que há crise de eficácia do processo. Adrian Zuckerman[1] reúne estudos de diversas partes do mundo e há certa unanimidade de que as estruturas postas do Judiciário não mais dão conta do volume de demandas que lhe são levadas.

Os números confirmam tal quadro. Atualmente, existem mais de vinte milhões de processos[2] no Tribunal de Justiça de São Paulo e mais de cinquenta e três mil recursos perante o Supremo Tribunal Federal.[3]

Há, como bem aponta Sálvio de Figueiredo Teixeira, além de uma crise de aparelhamento do Estado, também inadequação dos instrumentos legais hoje à disposição.[4] Na Inglaterra, Austrália, Estados Unidos, França e Itália, sofre-se com os custos do processo, invariavelmente altos.[5] Em Portugal e no Brasil, além disso, há o problema, também, do tempo de duração do processo, que é

---

1 ZUCKERMAN, Adrian A. S. (Ed.). *Civil justice in crisis*: comparative perspectives of civil procedure. London: Oxford University Press, 1999. p. 12-13.

2 PREFEITURA de São Paulo é primeira a participar do programa 'Município Amigo da Justiça'. *Comunicação Social TJSP*, São Paulo, 20 out. 2015. Disponível em: <http://www.tjsp.jus.br/Institucional/Corregedoria/Noticias/Noticia.aspx?Id=28439>. Acesso em: 11 nov. 2015.

3 SUPREMO TRIBUNAL FEDERAL. Disponível em: <http://www.stf.jus.br/portal/cms/verTexto.asp?servico=estatistica&pagina=acervoatual>. Acesso em: 04 jan. 2016. Mais precisamente, o acervo atual é de 53.899 processos; 35.483 digitais e 18.416 físicos.

4 TEIXEIRA, Sálvio de Figueiredo. A reforma processual na perspectiva de uma nova justiça. In: TEIXEIRA, Sálvio de Figueiredo (Coord.). *Reforma do Código de Processo Civil*. São Paulo: Saraiva. 1996. p. 887.

5 ZUCKERMAN, Adrian A. S. (Ed.). *Civil justice in crisis*: comparative perspectives of civil procedure, cit., p. 12-13.

extremamente longo.⁶ Analisaremos, nos itens abaixo, algumas das possíveis causas para tanto.

1.1. CONTEXTO HISTÓRICO

A crise de efetividade do processo é uma infeliz realidade ainda hoje. Na Inglaterra, Jeremy Bentham era crítico ferrenho do sistema da *Common Law* tal qual posto em sua época.⁷ Lawrence Friedman, nos EUA, aponta, acerca do sistema da antiga *Common Law* herdado da Inglaterra, que o processo civil, "era um labirinto, uma confusão, um enredo de regras misteriosas e complicadas. O ajuizamento de ação – preparar os documentos para início de um caso – era uma ciência em si mesma; sombria e difícil tarefa".⁸ Roscoe Pound, em Minnesota (1906), também apontou a necessidade de profunda reforma do Judiciário.⁹

1.2. POSSÍVEIS CAUSAS DA CRISE DE EFETIVIDADE

O excessivo volume de demandas em trâmite no Judiciário é efeito da crise de efetividade do processo. Este excesso não é mal em si. Antes, porém, é preciso que se teça adequada análise de suas causas. O aumento exponencial de demandas está atrelado à crescente constitucionalização de direitos fundamentais e respectiva percepção da sociedade de que podem, atualmente, ser reclamados. Também a própria expansão de direitos, por meio de decisões judiciais ou até mesmo por lei, é fenômeno relativamente novo.

Isto é, o grau de conscientização da população acerca de seus direitos tende a crescer. E a outrora "litigiosidade contida"¹⁰, que se traduzia em represamen-

---

6 ZUCKERMAN, Adrian A. S. (Ed.). *Civil justice in crisis*: comparative perspectives of civil procedure, cit., p. 13.

7 MORRIS, Clarence (Org.). *Os grandes filósofos do direito*. 1. ed. São Paulo: Martins Fontes, 2002. p. 260.

8 FRIEDMAN, Lawrence M. *American Law in the 20th Century*. 1.ed. New Haven and London: Yale University Press, 2002. p. 251.

9 BURGER, Warren. Reflections on the adversary system. *Valparaiso University Law Review*, v. 27, n. 2, 1993.

10 Kazuo Watanabe, no exame de nossa tese de doutorado, destaca, com propriedade, que

to de demandas em razão da dificuldade de acesso à justiça, perceptível desde o fim da Segunda Guerra Mundial até principalmente a Constituição Federal de 1988, cede lugar para o fenômeno recente da chamada "litigiosidade explosiva", atrelado ao sistema de produção em massa. Caso os respectivos direitos dos cidadãos sejam descumpridos – e tantas vezes o são, tornam-se demandas judiciais. Daí porque o acúmulo de demandas é previsível.

Como bem exposto pelo Conselho Consultivo do Departamento de Pesquisas Judiciárias do Conselho Nacional de Justiça, em justificativa para aprofundado estudo do tema, destaca-se:

> Apesar do relativo consenso no que se refere à existência da morosidade, pouco se sabe sobre as causas dessa situação, sobre o peso relativo de diferentes fatores ou mesmo se, de fato, um ganho em um determinado aspecto pode contribuir para melhorar o tempo médio da duração de um processo. Assim, por exemplo, embora se sustente que é insuficiente o número de juízes no país, desconhece-se se existe ou não correlação entre número de juízes, volume de processos e tempo de duração dos processos. Ademais, seria necessário investigar se diferentes formas de gerenciamento de processos, de varas e tribunais intereferem no tempo das decisões. São certamente, várias as causas do número cada vez maior de demandas e da consequente morosidade da justiça, podendo ser mencionadas, entre elas, as de **natureza econômica** (inflação atual ou residual, que tem gerado inúmeros processos, principalmente a respeito dos índices de atualização; as crises econômicas que geram demandas à inadimplência); as de **natureza política** (utilização do direito como instrumento de governo, como ocorre na implementação de planos economicos, o que tem gerado demandas repetitivas; expansão do direito, fenômeno que vem sendo constatado pelos cientistas políticos em todo o mundo); as de **natureza processual** (inadequação e formalismo exagerado dos processos e procedimentos; excesso de recursos); as de **natureza sociopolítica** (inexistência na sociedade de sistemas eficazes de solução extrajudicial de conflitos, urbanização da população, massificação das relações de consumo etc.); as de **natureza organizacional** (insuficiência da infraestrutura pessoal e material em relação ao volume e às exigências dos serviços judiciais); e várias outras.[11]

---

 essa expressão "litigiosidade contida" fora utilizada no contexto da elaboração da Lei dos Juizados de Pequenas Causas para identificar o represamento de demandas em razão da dificuldade de acesso à Justiça. Daí a solução consistente em facilitar o acesso, presente na Lei n. 7.844/84, fundada no acesso direto, gratuidade, celeridade e informalidade. Tal tópico será tratado com maior profundidade no item 3.1 de nosso trabalho.

11 WATANABE, Kazuo. Prefácio. GABBAY, Daniela Monteiro; CUNHA, Luciana Gross (Orgs.). *Litigiosidade, morosidade e litigância repetitiva no judiciário*: uma análise empírica. São Paulo: Saraiva, 2012. p. 11-12. (Direito, desenvolvimento e justiça: série produção científica).

A partir da análise acima, classificaremos algumas dessas causas pelos seguintes critérios: subjetivos, objetivos e, nesse campo, especificamente, os processuais.

1.3. CAUSAS SUBJETIVAS

Comecemos, assim, a análise pelo ângulo dos protagonistas, isto é, dos *sujeitos* envolvidos no conflito. Como muito bem observado pela Fundação Getúlio Vargas em estudo do CNJ, o comportamento da Administração Pública tem forte impacto no número excessivo de demandas que assolam o Judiciário.[12]

É frequente (e infeliz) realidade que o Poder Público adote posturas incondizentes com os princípios da legalidade e da moralidade administrativa, elencados na norma do art. 37, *caput*, Constituição da República. Em rápida análise da natureza de muitas das demandas de servidores contra as Fazendas Públicas da União, dos estados e municípios, vemos pedido de recebimento ou incorporação de gratificações (como adicionais por tempo de serviço a que têm direito, benefícios com caráter de "aumento disfarçado de vencimentos", não estendidos a servidores aposentados, posições consagradas em jurisprudência); além, é claro, de reajustes de vencimentos não realizados, conforme art. 37, X, Constituição da República.[13]

Tais litígios poderiam atingir solução mais justa, célere e menos custosa se os demais Poderes observassem a Constituição da República, ao invés de coonestarem com situação irregular na conduta ímproba de um ou outro Administrador. Ainda nesse contexto, há, hoje, enorme atraso no pagamento dos ofícios requisitórios (os famosos "precatórios"), que consistem em notificações do Judiciário ao Executivo, requisitando o pagamento de condenações definitivas contra o Poder Público. Sem pagamento no tempo certo, é realidade triste e infeliz que o juiz tenha que decidir habilitações de sucessores nestes casos. É

---

12 GABBAY, Daniela Monteiro; CUNHA, Luciana Gross (Orgs.). *Litigiosidade, morosidade e litigância repetitiva no judiciário*: uma análise empírica, cit., p. 55-56.

13 O art. 37, X, Constituição da República, diz o seguinte: "a remuneração dos servidores públicos e o subsídio de que trata o § 4º do art. 39 somente poderão ser fixados ou alterados por lei específica, observada a iniciativa privativa em cada caso, assegurada revisão geral anual, sempre na mesma data e sem distinção de índices".

forte indicativo de que os autores não tenham vivido o tempo suficiente para ver o Poder Público lhes pagar aquilo que era devido.

Há, ainda, milhões de execuções fiscais em andamento.[14] E, em análise microscópica, não é raro que o Poder Público, a pretexto de cobrar o pagamento de tributo de valor baixo ou mesmo prescrito, acabe gastando mais para ajuizar e movimentar um processo judicial do que para receber o crédito tributário. Programas de parcelamento do débito tributário, que poderiam ser celebrados até mesmo nos CEJUSC's existentes ao longo do país, não serviriam como panaceia. Mas, sem dúvida, seriam uma boa tentativa de equacionamento da questão.

Saindo da esfera do Poder Público, no setor privado, grandes empresas, principalmente em relações de consumo, também ostentam imenso volume de demandas contra si. Muitos desses casos, não obstante já possuírem jurisprudência pacificada em muitas questões (inscrição indevida do nome do consumidor em órgãos de proteção ao crédito, cobrança ilegal de tarifas, má prestação do serviço), ainda sim, geram um absurdo volume de casos. Tais casos, a rigor, bem poderiam ter sido resolvidos com eficiente serviço de atendimento ao consumidor pré ou pós-venda.

Também, muitas demandas, atualmente, referem-se a operadoras de planos de saúde. E, embora a jurisprudência já tenha se pacificado em muitos dos temas, tendo o Tribunal de Justiça de São Paulo editado ao menos 15 súmulas[15]

---

14 Como aponta o CNJ: "Cerca de 50% dos processos em curso no Judiciário são de Execução Fiscal, apresentando alta taxa de congestionamento (91%), com a estimativa de que esse cenário venha a se agravar, segundo o Relatório Justiça em Números de 2014" GOVERNANÇA diferenciada das execuções fiscais. Disponível em: <http://www.cnj.jus.br/corregedoriacnj/governanca-diferenciada-das-execucoes-fiscais>. Acesso em: 07 jan. 2016.

15 As Súmulas do Tribunal de Justiça de São Paulo a respeito de planos de saúde são as seguintes:
Súmula 90: Havendo expressa indicação médica para a utilização dos serviços de "home
Súmula 91: Ainda que a avença tenha sido firmada antes da sua vigência, é descabido, nos termos do disposto no art. 15, § 3º, do Estatuto do Idoso, o reajuste da mensalidade de plano de saúde por mudança de faixa etária.
Súmula 92: É abusiva a cláusula contratual de plano de saúde que limita o tempo de internação do segurado ou usuário (Súmula 302 do Superior Tribunal de Justiça).
Súmula 93: A implantação de "stent" é ato inerente à cirurgia cardíaca/vascular, sendo abusiva a negativa de sua cobertura, ainda que o contrato seja anterior à Lei 9.656/98.
Súmula 94: A falta de pagamento da mensalidade não opera, per si, a pronta rescisão unilateral do contrato de plano ou seguro de saúde, exigindo-se a prévia notificação do devedor com prazo mínimo de dez dias para purga da mora.

que tratam especificamente de tais questões, ações continuam a ser ajuizadas. Isto é forte indicativo de que, infelizmente, persiste o comportamento inconsistente à lei e à jurisprudência por parte das operadoras.

1.4. CAUSAS OBJETIVAS

As causas objetivas são as mais variadas possíveis. Traremos, abaixo, algumas delas, quais sejam, de ordem cultural, de administração judiciária e, especificamente, processuais.

1.4.1. Fatores culturais

Infelizmente, o fator cultural possui forte impacto negativo na crise de efetividade do processo no Brasil. Não raro, o Brasil apresenta forte tendência de *judicializar* quase todo conflito e também de aguardar a prolação de decisão judicial a respeito. Embora, de fato, tenha havido, no Brasil, ao longo dos séculos, tentativas para se promover métodos alternativos de so-

---

Súmula 95: Havendo expressa indicação médica, não prevalece a negativa de cobertura do custeio ou fornecimento de medicamentos associados a tratamento quimioterápico.

Súmula 96: Havendo expressa indicação médica de exames associados a enfermidade coberta pelo contrato, não prevalece a negativa de cobertura do procedimento.

Súmula 97: Não pode ser considerada simplesmente estética a cirurgia plástica complementar de tratamento de obesidade mórbida, havendo indicação médica.

Súmula 99: Não havendo, na área do contrato de plano de saúde, atendimento especializado que o caso requer, e existindo urgência, há responsabilidade solidária no atendimento ao conveniado entre as cooperativas de trabalho médico da mesma operadora, ainda que situadas em bases geográficas distintas.

Súmula 100: O contrato de plano/seguro saúde submete-se aos ditames do Código de Defesa do Consumidor e da Lei n. 9.656/98 ainda que a avença tenha sido celebrada antes da vigência desses diplomas legais.

Súmula 101: O beneficiário do plano de saúde tem legitimidade para acionar diretamente a operadora mesmo que a contratação tenha sido firmada por seu empregador ou associação de classe.

Súmula 102: Havendo expressa indicação médica, é abusiva a negativa de cobertura de custeio de tratamento sob o argumento da sua natureza experimental ou por não estar previsto no rol de procedimentos da ANS.

Súmula 103: É abusiva a negativa de cobertura em atendimento de urgência e/ou emergência a pretexto de que está em curso período de carência que não seja o prazo de 24 horas estabelecido na Lei n. 9.656/98.

Súmula 104: A continuidade do exercício laboral após a aposentadoria do beneficiário do seguro saúde coletivo não afasta a aplicação do art. 31 da Lei n. 9.656/98.

Súmula 105: Não prevalece a negativa de cobertura às doenças e às lesões preexistentes se, à época da contratação de plano de saúde, não se exigiu prévio exame médico admissional.

lução de conflitos, a *mentalidade* não parece ter mudado. Kazuo Watanabe, a respeito, expõe:

> Todavia, a *mentalidade* forjada nas academias, e fortalecida na práxis forense, que é aquela já mencionada de solução adjudicada autoritariamente pelo juiz, por meio de sentença, mentalidade essa agravada pela sobrecarga excessiva de serviços que têm os magistrados, vem fazendo com que os dispositivos processuais citados sejam pouco utilizados.
>
> Há mesmo, o que é lastimável, um *certo preconceito* contra esses meios alternativos, por sentirem alguns juízes que seu poder poderá ficar comprometido se pessoas não pertencentes ao Poder Judiciário puderem solucionar os conflitos de interesses.
>
> E há, ainda, *a falsa percepção* de que a *função de conciliar é atividade menos nobre*, sendo a função de sentenciar a atribuição mais importante do juiz. Não percebem os magistrados que assim pensam que a função jurisdicional consiste, basicamente, em *pacificar com justiça os conflitantes*, alcançando por via de consequência a solução do conflito.
>
> (...)
>
> 11. Disso tudo nasceu a chamada *cultura da sentença*, que se consolida assustadoramente. Por todas as razões acima citadas, os juízes preferem proferir sentença, ao invés de tentar conciliar as partes para obter a solução amigável dos conflitos. Sentenciar é mais fácil e cômodo, para alguns juízes, do que pacificar os litigantes.[16]

Concordamos integralmente com a afirmação acima. De fato, principalmente levado pelo excesso de trabalho, o juiz não tem se preocupado em tentar conciliar o conflito, mas, sim, se contenta em resolver o processo. E aí tecemos outra consideração. Mesmo em casos que o juiz tenta conciliar as partes, por muitas vezes, o próprio cidadão tem enraízada dentro de si a *cultura da sentença*. Isto é, por mais que o juiz e os próprios advogados tentem a conciliação, a parte é resistente, ainda que seja esclarecida quanto aos benefícios do acordo. Por outras vezes, ainda, advogados mostram injustificada resistência ao acordo, ainda que haja alta probabilidade de que a sentença a ser proferida prejudicará muito mais os interesses de seu cliente.

E, no âmbito do Poder Público, por vezes, depara-se com inadequada prestação de serviço público pela própria Administração Pública. Isto redunda em que casos muito simples que bem poderiam ter sido resolvidos na própria es-

---

16 WATANABE, Kazuo. Cultura da sentença e cultura da pacificação, cit., p. 686-687.

fera administrativa (por exemplo, anulação de multas por infração de trânsito irregularmente notificadas) se tornem demandas judiciais. Aliás, é tamanho o descaso do Poder Público e tamanho o volume de processos que discutem tal matéria que o assunto é tema de não só uma, mas de duas Súmulas (n. 127 e 312), ambas do STJ.[17]

Ora, há expressa previsão de recursos administrativos junto aos órgãos de trânsito responsáveis (DETRAN ou CIRETRAN). Contudo, tais órgãos talvez sofram com falta de eficiência administrativa, em descumprimento à norma do art. 37, *caput*, Constituição da República. Os efeitos dessa inércia são nefastos. Não raro, essa falta de eficiência e consequente judicialização do conflito aumentam os encargos a serem suportados pelo próprio Estado. É dizer, por vezes, terá que arcar com os honorários de advogado contratado para tanto. O jurisdicionado sofrerá com o tempo de espera para resolução de seu conflito. E o juiz será obrigado a decidir tal questão, obstaculizando que analise caso mais grave, com violação mais contundente do direito de outros cidadãos.

Destaca-se, ainda, outro aspecto negativo próprio ao alto grau de judicialização dos conflitos. De tempos para cá, talvez por influência do cinema, telenovelas ou mesmo programas de TV, é cada vez mais alto o pedido de indenizações por dano moral. Muitos deles, contudo, referem-se a aborrecimentos cotidianos. Mesmo assim, são pleiteados em juízo. Breve análise de precedentes no *site* do Tribunal de Justiça de São Paulo com os termos de busca "indenização", "dano moral" e "banalização" resultou em 5.655 resultados.[18] Extraímos ementas de alguns mais recentes:

> RESCISÃO CONTRATUAL POR VÍCIO REDIBITÓRIO c.c. REPARAÇÃO DE DANOS MORAIS - COMPRA E VENDA – Aquisição de veículo usado que apresentou problema mecânico dentro do prazo de garantia – Sentença que condenou a ré a pagar indenização por danos materiais – Dano moral não configurado na espécie, porquanto transtornos e dissabores cotidianos não podem embasá-lo, sob pena de **banalização** do instituto - Sentença mantida - Recurso desprovido. (Apelação Cível n.

---

17 A Súmula 127 é no seguinte sentido: "É ilegal condicionar a renovação da licença de veículo ao pagamento de multa, da qual o infrator não foi notificado" e a Súmula 312: "No processo administrativo para imposição de multa de trânsito, são necessárias as notificações da autuação e da aplicação da pena decorrente da infração"."

18 TRIBUNAL DE JUSTIÇA DE SÃO PAULO. @-SAJ Portal de Serviços. Disponível em: <https://esaj.tjsp.jus.br/cjsg/resultadoCompleta.do;jsessionid=6E0D2A16AEF9C5D05A-970745A4B4EA3F.cjsg3>. Acesso em: 10 jan. 2016.

1016579-75.2014.8.26.0564, Rel. Des. Claudio Hamilton, j. 26.11.15) (negrito próprio)

PRESTAÇÃO DE SERVIÇOS DE ENERGIA ELÉTRICA - FRAUDE NO MEDIDOR NÃO COMPROVADA - DÉBITO REFERENTE AO PERÍODO DE CONSUMO IRREGULAR DECLARADO INEXIGÍVEL - AUSÊNCIA DE CORTE NO FORNECIMENTO - DANOS MORAIS NÃO EVIDENCIADOS - RECURSO PARCIALMENTE PROVIDO. O dano moral passível de ressarcimento é aquele que acarreta sofrimento além do normal e não somente o mero aborrecimento. A simples frustração não se enquadra no conceito de dano moral, cujo substrato envolve a dor profunda e o sofrimento relevante. (Apelação Cível n. 0018215-18.2010.8.26.0602, Rel. Des. Renato Sartorelli, j. 17.12.15)

APELAÇÃO CÍVEL – AÇÃO INDENIZATÓRIA DE DANOS MORAIS – Preliminar de cerceamento de defesa afastada. Liberdade de convencimento do magistrado diante das provas produzidas nos autos - Autora alega que possui isenção de pagamento para ligações realizadas para a região geográfica sob o prefixo "19" – Tarifas cobradas e impugnadas que, ao contrário do alegado pela requerente, se dirigiram a telefone sob o prefixo "11". Cobrança devida – Inexistência de danos morais, eis que não houve violação de direitos da personalidade da autora – Sentença mantida nos moldes do artigo 252, do Regimento Interno deste Tribunal – RECURSO DESPROVIDO (Apelação Cível n. 1006157-09.2014.8.26.0510, Rel. Des. Ana Catarina Strauch, j. 15.12.15).

PRESTAÇÃO DE SERVIÇOS. COBRANÇA INDEVIDA POR PONTO DE TV A CABO ADICIONAL. PAGAMENTO DE FATURAS DE CONSUMO EM DUPLICIDADE. RESTITUIÇÃO DEVIDA. FALHA NA PRESTAÇÃO DO SERVIÇO. DANOS MORAIS. INDENIZAÇÃO INDEVIDA. Provado o pagamento em duplicidade de faturas de consumo emitidas pela ré é devida a devolução do montante pago a maior. Os transtornos causados ao autor por cobrança indevida são meros dissabores que não ensejam dano moral. Apelação da ré parcialmente provida e recurso adesivo do autor prejudicado. (Apelação Cível n. 0041319-15.2013.8.26.0576, Rel. Des. Gilberto Leme, j. 30.11.15)

DANOS MORAIS. Tese de constrangimento por ocasião da saída das autoras de estabelecimento comercial. Disparo de alarme. Não comprovação de qualquer conduta do preposto da ré hábil a ofender os direitos da personalidade das consumidoras (art. 333, I, do CPC). **Meros tédios, aborrecimentos ou mesmo desconfortos que são insuscetíveis de gerar rasura a personalidade civil. Banalização do dano moral que deve ser evitada.** Improcedência mantida. Recurso desprovido. (Apelação Cível n. 4007374-05.2013.8.26.0079, Rel. Des. Rômolo Russo, j. 16.12.15) (negrito próprio).

Também no *site* do STJ, ao se colocar como termo de busca "indenização", "dano moral" e "banalização", encontramos 209 resultados a título de decisões monocráticas e 1 acórdão,[19] cuja ementa segue transcrita:

> CIVIL E PROCESSUAL. AÇÃO DE INDENIZAÇÃO. DEMORA EXCESSIVA NO REPARO DE VEÍCULO CAUSADA PELO TARDIO FORNECIMENTO DE PEÇAS PELA FABRICANTE E EXECUÇÃO INADEQUADA E MOROSA DOS SERVIÇOS PELA CONCESSIONÁRIA. PROVA TÉCNICA. DESNECESSIDADE DA VISTORIA DO AUTOMÓVEL EM FACE DA NATUREZA DA DISCUSSÃO E DOS ELEMENTOS FÁTICOS EXAMINADOS PELO PERITO. DANOS MATERIAL E MORAL CONCEDIDOS PELO TRIBUNAL ESTADUAL. RECURSO ESPECIAL QUE DISCUTE O INCABIMENTO DA SEGUNDA VERBA. AUSÊNCIA DOS PRESSUPOSTOS ENSEJADORES DO DANO MORAL. EXCLUSÃO.
>
> I. Não é de se aplicar a regra do art. 406, parágrafo único, III, do CPC, obstativa da prova técnica, se ela podia ser realizada, como restou demonstrado pelas instâncias ordinárias, independentemente da vistoria do próprio veículo sinistrado, então já alienado, eis que o ressarcimento pleiteado pela autora dirige-se à demora da empresa fabricante das peças e da concessionária na reparação dos defeitos, o que pode ser apurado, de modo consistente, pela análise da documentação alusiva ao conserto e dos procedimentos usuais na execução de serviços dessa natureza.
>
> II. Indevida a indenização por dano moral, por não compreendida a hipótese em comento nas situações usualmente admitidas de concessão da verba, que não se confundem com percalços da vida comum, cujos incômodos, aqui, foram grandemente atenuados ou eliminados pelo uso de outros meios rápidos e eficientes de transporte, cujo ressarcimento foi igualmente determinado pelo Tribunal estadual.
>
> III. Recurso conhecido e, em parte, provido. (REsp 217.916/RJ, Rel. Min. Aldir Passarinho Junior, j. 24.10.2000).

A análise dos precedentes judiciais acima demonstra, claramente, a *cultura da sentença*, presente em parcela da população, bem como de percepção, possivelmente equivocada, de direitos que lhes sejam realmente devidos ou não. Não se nega que, na raiz de cada um dos casos, haja possível relação conflituosa e violação de direito. E, havendo tal violação, a Constituição da República optou em jamais obstar que o Judiciário julgue tal caso.

---

[19] SUPERIOR TRIBUNAL DE JUSTIÇA. Disponível em <http://www.stj.jus.br/SCON/pesquisar.jsp>. Acesso em: 10 jan. 2016.

Ou seja, o acesso à justiça – *ordem jurídica justa* – deve ser respeitado e garantido. Porém, em contrapartida, há que se criar nova mentalidade na população, no sentido de que, havendo relação conflituosa, as pessoas consigam resolver seus conflitos sozinhas, por meio, principalmente, de métodos alternativos de solução de conflitos.

Não é necessária a presença do juiz para que as partes cheguem a um consenso. Nisso, aliás, o advogado pode – e deve – exercer papel fundamental no estímulo ao acordo. Caso contrário, estaremos fadados a continuar como um dos países com o maior número de processos no mundo.

Ainda, há que ser levantado outro ponto em relação à necessidade de mudança de cultura. A conciliação e a mediação poderiam ser incentivadas desde logo em escolas e, principalmente, em faculdades de direito. Infelizmente, ainda não o são. Sobre o assunto, Kazuo Watanabe menciona que:

> Além do aspecto cultural indicado, o grande obstáculo à utilização mais intensa da conciliação e mediação é a formação acadêmica dos nossos operadores do direito, que é voltada, fundamentalmente, para a solução contenciosa e adjudicada dos conflitos de interesses. Ou seja, toda ênfase é dada à solução dos conflitos por meio de processo judicial, em que é proferida uma *sentença*, que constitui a solução imperativa dada pelo representante do Estado. O que se privilegia é a solução pelo critério do "certo ou errado", do "preto ou branco", sem qualquer espaço para a adequação da solução, pelo concurso da vontade das partes, à especificidade de cada caso.
>
> É esse o modelo ensinado em todas as faculdades de direito do país, sem exceção. E é esse, igualmente, o modelo de profissional do direito exigido pelo mercado para as principais carreiras profissionais, como a advocacia, a magistratura, o ministério público e as procuradorias públicas. Quase nenhuma faculdade oferece aos alunos, em nível de graduação, disciplinas obrigatórias voltadas à solução não-contenciosa dos conflitos. Apenas alguns cursos de pós-graduação oferecem disciplinas nessa área, mas sem uma ênfase especial.[20]

Ainda por outro ângulo, em complementação ao texto acima, é bastante comum, talvez devido ao elevado número de processos, que nem juízes nem advogados consigam se preparar de modo adequado não só para as audiências, como também para a própria condução do processo. É infelizmente frequente que advogados sem qualquer poder para firmar acordos compa-

---

20 WATANABE, Kazuo. Cultura da sentença e cultura da pacificação, cit., p. 685.

reçam à audiência de tentativa de conciliação, a indicar clara tendência de seus clientes (em regra, pessoas jurídicas) a meramente cumprir uma formalidade, ao invés de aproveitar a oportunidade da audiência para solucionar o caso (*day in court*), coisa que seria mais rápida e bem provavelmente menos custosa.

1.4.2. Administração judiciária

Sob o ângulo da administração judiciária, vemos, infelizmente, que a falta de recursos humanos ou financeiros gera morosidade no andamento do caso em cartório. Ou seja, muitas vezes por falta de funcionários suficientes, há atraso no cumprmento de atos processuais. Por outras vezes, a ausência de uniformização e compartilhamento de práticas judiciárias que imprimem maior celeridade na tramitação do processo também colaboram para o acúmulo de casos e atraso na prestação jurisdicional. Há necessidade de reestruturação e mudança de paradigma também no seio da administração do Judiciário, a que chamaremos de gerenciamento do tribunal ou *court management*. A busca de soluções novas e eficientes é prática a ser constantemente trilhada e atingida.

1.4.3. Inadequação dos instrumentos processuais

Do ponto de vista *processual*, os instrumentos legais disponíveis atualmente já não mais respondem com a eficácia que deles se espera. Ao menos, não com a eficácia para se atingir, com rapidez e justiça, os propósitos que lhe foram reservados pela Constituição.

Há urgente necessidade de transformação evolutiva tanto no aspecto legislativo, como principalmente cultural. Este seja, talvez, dos maiores desafios atuais do processo civil brasileiro.

Essa vasta gama de fatores contribui para a reconhecida crise de efetividade do processo. Delas, para delimitação de nosso objeto de estudo, o foco será dado no aspecto processual, qual seja, na inadequação dos mecanismos processuais na tutela dos mais diversos direitos e interesses.

1.5. NOTAS CONCLUSIVAS

Como visto, a crise de efetividade do processo não é de hoje. E certamente não acabará repentinamente. Bem ao contrário, debelá-la requer paciência. Problemas comuns à grande parte das democracias no cenário pós Segunda Guerra Mundial – custos (altos) e tempo (longo) de duração do processo – fazem, infelizmente, parte do cotidiano. Claro que o exponencial aumento de demandas – atrelado ao fenômeno da "litigiosidade explosiva" – apresenta, em si, um lado positivo; é dizer, indica a gradativa e crescente percepção, pelos cidadãos, de que possuem uma gama de direitos que lhe são assegurados pela Constituição. Nesse contexto, de forma específica ao Brasil, no contexto do controle jurisdicional de políticas públicas, o modelo de Estado (brasileiro) é a busca de objetivos bem definidos, a justificar o tratamento de políticas públicas, se e quando necessário, por processo coletivo.[21]

A questão que se põe, a esta altura, então, é o que fazer a partir daí? Como lidar com essa onda de demandas que bate a cada dia com mais força às portas do Judiciário? Como fazê-lo? Para respondê-las, será preciso analisar o fenômeno que permeia todas essas questões: o acesso à ordem jurídica justa, objeto do capítulo seguinte.

---

21 Nesse sentido, o Projeto de Lei n. 8.058/14, de autoria do Deputado Paulo Teixeira, relator do CPC/2015, trata de processo especial para o controle e intervenção em políticas públicas pelo Poder Judiciário. CÂMARA DOS DEPUTADOS. *Projeto de Lei n.º 8.058, de 2014. (Do Sr. Paulo Teixeira).* Disponível em: <http://www2.camara.leg.br/proposicoesWeb/prop_mostrarintegra;jsessionid=F7BD34F0F8863BA369444E70EA807D91.proposicoesWeb1?codteor=1284947&filename=Avulso+-PL+8058/2014>. Acesso em: 05 jan. 2016.

O ACESSO À ORDEM JURÍDICA JUSTA (ACESSO À JUSTIÇA)

Mauro Cappelletti e Bryan Garth[1] apontam uma tendência mundial que caminha para uma justiça mais acessível e eficiente, a fim de superar obstáculos como custo, desigualdades no equilíbrio do poder entre as partes e ausência de organização que impeça cidadãos de pedir seus direitos. Os autores mencionam que essa tendência pode ser observada sob três "ondas" bastante claras. A primeira, por volta da metade da década de 1960, tratou de estender a assistência jurídica aos pobres por meio de serviços legais subsidiados pelo Estado ou outros esquemas privados.

Isso gerou consequências anômalas ao *establishment*. O próprio Estado, com o tempo, passou a subsidiar ações que se opõem à própria legitimidade do governo na definição de direitos. Assim, nota-se o desenvolvimento e incentivo de crescimento às defensorias públicas, que, não raro, atacam as condutas do próprio Estado acerca da implementação e execução de direitos e políticas públicas. Como consequência, vê-se o enorme volume de ações judiciais ajuizadas pelas defensorias públicas contra o próprio Estado para a consecução de uma gama de direitos, mormente sociais, aos cidadãos (que transitam de medicamentos a moradia).

Na segunda onda, foram abordados os direitos ou interesses relativos a consumidores e ao meio ambiente. Aí o grande impulso das *class actions* e a defesa do Judiciário como agente garantidor dessa gama de direitos. A terceira onda prende-se às outras duas e aponta para a criação de novos mecanismos para a adequada implementação dos direitos outrora postulados.

---

1 CAPPELLETTI, Mauro; GARTH, Bryant. *Acesso à justiça*. Trad. Ellen Gracie Northfleet. Porto Alegre: Sergio Antonio Fabris, 2002.

De forma mais específica e contundente, Kazuo Watanabe, a esse respeito, expõe que, no Brasil, há profundas distorções e contradições sociais, econômicas, políticas e regionais. E as sucessivas estratégias adotadas têm passado ao largo de necessária reforma estrutural.[2]

Menciona que as estratégias têm consistido, basicamente, na concessão de "novos direitos sociais às classes sociais em geral e em especial às classes mais desfavorecidas, tudo isso representando um elevado custo para o Estado, que o obriga a intervir mais e mais, sempre com vistas à captação de mais recursos financeiros".[3]

Contudo, muitos desses direitos ficam no plano imaginário, a gerar expectativas e ansiedades sociais. O Estado acaba por não cumprir com aquilo que prometeu. Busca reconhecer direitos com vigor; não o mantém, porém, no momento de implementá-los. Tais conflitos acabam por desembocar inevitavelmente perante o Judiciário. E o enorme afluxo dessas demandas em caráter atomizado mais demonstra a inadequação das tradicionais técnicas processuais e da própria organização da Justiça, que acaba a se expor despreparada para atender a tal volume de demandas.[4] É dizer, a organização da Justiça tradicional (formal e pesada)[5], que se reflete no Judiciário, havia se preparado para receber determinados tipos de conflitos em determinada quantidade e período de tempo. Na medida em que o tipo de demanda modificou-se, crescendo em níveis alarmantes e em curto espaço de tempo, as variáveis desta equação foram drasticamente modificadas. O resultado foi e continua sendo a necessidade de mudança estrutural.

---

2 WATANABE, Kazuo. Acesso à justiça e sociedade moderna. In: GRINOVER, Ada Pellegrini; DINAMARCO, Cândido Rangel; WATANABE, Kazuo (Coords.). *Participação e processo*. São Paulo: Ed. Revista dos Tribunais, 1988. p. 129-130.

3 WATANABE, Kazuo. Acesso à justiça e sociedade moderna, cit., p. 130.

4 WATANABE, Kazuo. Acesso à justiça e sociedade moderna, cit., p. 130-131.

5 WATANABE, Kazuo. Acesso à justiça e sociedade moderna, cit., p. 132.

2.1. REFORMAS PROCESSUAIS E A INSTRUMENTALIDADE DO PROCESSO

Nesse contexto, há algum tempo, o legislador tem procurado mudanças legislativas. Diversas foram as medidas. Algumas foram vitoriosas; outras ainda não alcançaram o êxito almejado. Dentro do ordenamento processual civil, o Código de Processo Civil de 1973 foi reformado por diversas vezes. De maneira geral, a preocupação constante com uma mudança paradigmática no processo – qual seja, a instrumentalidade do processo, preconizada pelo Professor Cândido Rangel Dinamarco[6] – foi fator de inegável importância às reformas processuais legislativas.

Aliás, o trabalho de Cândido Dinamarco foi relevante para mudança da postura na doutrina processual civil. A visão sobre a instrumentalidade do processo trouxe boa dose de equilíbrio na posição que até então se defendia, no sentido de o direito processual ser completamente independente do direito civil. Isso se modificou. Atualmente, o processo é compreendido como um instrumento para se atingir o direito material. Mais até. Tem como missão o *acesso à ordem jurídica justa*. Dinamarco ilustra o que ocorreu:

> Constitui objetivo declarado da Reforma a ampliação das vias de acesso à justiça, naquele significado generoso de *acesso à ordem jurídica justa*. O legislador, consciente de inúmeros óbices ilegítimos à plenitude da promessa constitucional de tutela jurisdicional justa e efetiva, vem procurando eliminá-los ou minimizá-los, de modo a oferecer aos usuários do sistema processual um processo mais aderente às necessidades atuais da população. A Reforma é uma resposta aos clamores doutrinários e integra-se naquela *onda renovatória* consistente na remodelação interna do processo civil, com vista a fazer dele um organismo mais ágil, coexistencial e participativo.
>
> Como venho dizendo, os pontos sensíveis do sistema, aqueles em que se situam as suas mazelas e empecilhos à plenitude do acesso à justiça, são: *a*) a possibilidade de ingresso em juízo; *b*) o modo-de-ser do processo; *c*) a justiça das decisões; e *d*) a sua efetividade, ou utilidade prática. Pois as leis que integram essa reforma em curso são portadoras de aperfeiçoamentos nesses quatro pontos – para que o processo seja mais acessível, de manejo mais fácil e mais rápido, para que produza decisões mais justas e para que estas sejam capazes de ofertar efetiva tutela às pessoas, nas suas relações

---

6 DINAMARCO, Cândido Rangel. *A instrumentalidade do processo*. 14. ed. São Paulo: Malheiros, 2009.

com outras pessoas e com os bens da vida. Daí por que, como dito, o objetivo central da Reforma é o *acesso à justiça*.

Ligadas por esse fio condutor, em substâncias as novas normas contidas nas leis reformistas foram endereçadas a *quatro finalidades específicas*, a saber: *a*) simplificar e agilizar o procedimento; *b*) evitar ou pelo menos minimizar os males do decurso do tempo de espera pela tutela jurisdicional; *c*) aprimorar a qualidade dos julgamentos; e *d*) dar efetividade à tutela jurisdicional.[7]

Nesse contexto, vieram as sucessivas reformas processuais. Buscaram reduzir os entraves do processo de execução (Leis ns. 8.898, de 29.6.94, que alterou o capítulo de liquidação de sentença e eliminou a liquidação por cálculo, e 8.953, de 13.12.94, acerca da execução forçada), o aumento legal das possibilidades de concessão de tutela antecipatória (Lei n. 8.952, de 13.12.94) e até mesmo o respeito à jurisprudência por meio das súmulas vinculantes, que permitem o não conhecimento do recurso de apelação já pelo órgão *a quo*, que desrespeite jurisprudência pacífica das Cortes superiores (Emenda Constitucional n. 45/04, que será tratada a seguir).

2.2. EMENDA CONSTITUCIONAL N. 45/2004 E RAZOÁVEL DURAÇÃO DO PROCESSO

Aproximadamente dez anos após as reformas (ocorreram em sua maior parte em 1994), nesse espírito de tentativa de reforma do Judiciário, vem a Emenda Constitucional n. 45, de 8.12.04. Por pressuposto lógico, em razão da filiação do direito processual à Constituição, houve profundo reflexo também no ordenamento processual civil. Vários foram os aspectos modificados depois da Emenda n. 45. Dentre eles, e ao que interessa para estudo de nosso trabalho, a razoável duração do processo. Nesse contexto, Paulo Henrique dos Santos LUCON traz a seguinte consideração:

> Por isso, quando se pensa em efetividade, tem-se em mente um processo que cumpra o papel que lhe é destinado, qual seja o de conceder a tutela a quem tiver razão, no menor tempo possível. Portanto, há uma estreita relação entre a efetividade da tutela jurisdicional e a duração temporal do processo, que afeta diretamente os interesses em jogo.

---

7   DINAMARCO, Cândido Rangel. Nasce um novo processo civil. In: TEIXEIRA, Sálvio de Figueiredo (Coord.). *Reforma do Código de Processo Civil*. São Paulo: Saraiva. 1996. p. 7.

A prestação jurisdicional intempestiva de nada ou pouco adianta para a parte que tem razão, constituindo verdadeira denegação de justiça; como efeito secundário e reflexo, a demora do processo desprestigia o Poder Judiciário e desvaloriza todos os protagonistas envolvidos na realização do direito (juízes, promotores de Justiça, procuradores e advogados). O processo com duração excessiva, além de ser fonte de angústia, tem efeitos sociais graves, já que as pessoas se vêem desestimuladas a cumprir a lei, quando sabem que outras a descumprem reiteradamente e obtêm manifestas vantagens, das mais diversas naturezas.[8]

Assim, são válidas as palavras de Cândido Dinamarco:

(...) Importava acima de tudo, como todos sentiam, gerar instrumentos ágeis para uma atuação mais pronta e eficaz na oferta do acesso à justiça, além de meios para coibir certas mazelas da Instituição. De um lado, eliminar ou ao menos atenuar as lastimáveis demoras, que são fonte de corrosão dos direitos e alimento ao tempo inimigo, do qual com sabedoria falava Francesco Carnelutti (...).[9]

Nesse sentido, pois, tal emenda "manda que a distribuição de feitos e recursos seja imediata, em todo juízo ou tribunal" e "recomenda o *automatismo judiciário*, para que juízes deleguem a serventuários certas atividades administrativas e atos de impulso processual sem cunho decisório". Ainda, dispõe, em nível de garantia constitucional, a duração razoável do processo, conforme art. 5º, LXVII, Constituição da República, a seguir:

"a todos, no âmbito judicial e administrativo, são assegurados a razoável duração do processo e os meios que garantam a celeridade de sua tramitação".

A justificar as razões para que a duração razoável do processo fosse eleita como um dos pilares da Reforma do Judiciário pela Emenda Constitucional n. 45/04, Paulo Henrique dos Santos LUCON explica:

É unânime entre todos os integrantes da comunidade jurídica o entendimento de que o processo civil brasileiro tem duração excessiva e que isso

---

8   LUCON, Paulo Henrique dos Santos. Duração razoável e informatização do processo nas recentes reformas. In: ASSIS, Araken de; ALVIM, Eduardo Arruda; NERY JR., Nelson; MAZZEI, Rodrigo; WAMBIER, Teresa Arruda Alvim (Coods.). *Direito civil e processo*: estudos em homenagem ao Professor Arruda Alvim. São Paulo: Ed. Revista dos Tribunais, 2007. p. 1397.

9   DINAMARCO, Cândido Rangel. O processo civil na reforma constitucional do Poder Judiciário. In: RENAULT, Sérgio Rabello Tamm; BOTTINI, Pierpaolo (Coord.). *Reforma do Judiciário*. São Paulo: Saraiva, 2005. p. 292.

acaba por desvirtuá-lo de seus fins, uma vez que a justiça tardia não é justiça. Assim, há uma crescente preocupação das recentes reformas legislativas em conferir celeridade ao processo, na busca de uma tutela mais efetiva, mais justa e tempestiva ao jurisdicionado.[10]

Tais preocupações voltam-se todas a combater, como preconizado por Carnellutti e reforçado por Cândido Dinamarco, o "tempo inimigo". E, aí, o gerenciamento do processo (*case management*) busca também combater o longo tempo de duração do processo.

2.3. NOTAS CONCLUSIVAS

Há necessidade de percepção adequada do direito de acesso à justiça, pois este é, essencialmente, direito de acesso à ordem jurídica justa. Foram feitas diversas reformas, tanto em nível constitucional, quanto no infraconstitucional, a fim de que o processo atinja seus objetivos, que sirva como instrumento adequado para garantia dos direitos e garantias fundamentais previstos na Constituição; direitos, tantas vezes, desrespeitados. Kazuo WATANABE aponta, a respeito, que:

> melhor organização (da Justiça) somente poderá ser alcançada com uma *pesquisa interdisciplinar permanente* sobre os conflitos, suas causas, seus modos de solução e acomodação, a organização judiciária, sua estrutura, seu funcionamento, seu aparelhamento e sua modernização, a adequação dos intrumentos processuais, e outros aspectos de relevância. (...) O direito de acesso à Justiça é, portanto, direito de acesso a uma *Justiça adequadamente organizada* e o acesso a ela deve ser assegurado pelos instrumentos processuais aptos à efetiva realização de direito.[11]

Esta preocupação é assente atualmente, haja vista as reformas processuais de 1994 e a Emenda Constitucional n. 45, de 2004.

---

10   LUCON, Paulo Henrique dos Santos. Duração razoável e informatização do processo nas recentes reformas, cit., p. 1398.

11   WATANABE, Kazuo. Acesso à justiça e sociedade moderna, cit., p. 134.

3

AS DIFERENTES PORTAS DE ACESSO À ORDEM JURÍDICA JUSTA. MICROSSISTEMAS MOLECULARES

A percepção de que as relações jurídicas têm gradativamente se intensificado fez com que, ao redor do mundo, bem como no Brasil, fosse sugerida a criação de microordenamentos capazes de suportar, de forma adequada, o afluxo de demandas daí decorrente perante o Judiciário. Assim, nos Estados Unidos, surgem as *class actions* e as *small claims courts*. No Brasil, graças ao esforço de diversos processualistas, dentre eles, Cândido Rangel Dinamarco, João Paulo Piquet Carneiro, Caetano Lagrasta, Paulo Salvador Frontini e Kazuo Watanabe, foram criados os juizados especiais de pequenas causas, posteriormente transformados nos juizados especiais cíveis e criminais. Então, nasceram novas ramificações dos juizados, quais sejam, Juizados Especiais Federais e Juizados Especiais das Fazendas.

A influência do sistema da *Common Law* foi decisiva nesse ponto.[1] E, nesse contexto, a fim de ampliar o acesso à justiça, abrindo-se mais microssistemas, vieram a Lei da Ação Civil Pública em conjunto com o Código de Defesa do Consumidor e, ainda, os métodos alternativos de resolução de conflitos, a exemplo do sistema das *ADR* (*alternative dispute resolution*).

Com lucidez, Cândido Dinamarco indica duas *retificações de rota*;[2] a primeira na criação dos juizados especiais, cujo objetivo foi abrir as portas do Judiciário para "absorver causas e tutelar pessoas que por outro modo jamais

---

1 HAZARD JR., Geoffrey; TARUFFO, Michele. *American civil procedure*. EUA: Yale University Press, 1993. p. 167-169.

2 DINAMARCO, Cândido Rangel. *Fundamentos do processo civil moderno*. 6.ed. São Paulo: Malheiros, 2010. t. 1, p. 128.

teriam acesso ao Poder Judiciário (Lei das Pequenas Causas, Lei dos Juizados Especiais)".[3]

A segunda foi o progresso com a Lei da Ação Civil Pública e Código de Defesa do Consumidor, na medida em que tal microssistema legal outorgou "instrumentos de tutela coletiva relacionada com direitos e interesses supra-individuais, antes também excluídos da tutela jurisdicional"[4].

3.1. JUIZADOS ESPECIAIS DE PEQUENAS CAUSAS AOS JUIZADOS ESPECIAIS

No contexto do acesso à ordem jurídica justa, buscou-se trazer a experiência das *small claims courts*.[5] Nascem, assim, os Juizados Especiais de Pequenas Causas ou JEPC´s. Atrelados ao conceito dos Juizados, o fenômeno da "litigiosidade contida" foi utilizado para significar represamento de demandas em razão da dificuldade de acesso à Justiça; dificuldade existente principalmente até a Constituição Federal de 1988. Daí a necessidade de facilitação do acesso direto à Justiça por meio de três eixos fundamentais: gratuidade, capacidade postulatória da própria parte[6] e incentivo à conciliação e à mediação. A lei dos JEPC´s proporcionou, portanto, procedimentos mais simples, rápidos e menos formais: oralidade, rapidez e custos reduzidos foram vetores na redação da Lei n. 7.244, de 07.11.84, que os criou.

O espírito da lei era, portanto, garantir o acesso à justiça à parcela da sociedade com maior dificuldade de acesso à justiça,[7] qual seja, titulares de grupo

---

3   DINAMARCO, Cândido Rangel. *Fundamentos do processo civil moderno*, cit., t. 1, p. 42-43.

4   DINAMARCO, Cândido Rangel. *Fundamentos do processo civil moderno*, cit., t. 1, *passim*.

5   WATANABE, Kazuo. Assistência judiciária e o Juizado Especial de Pequenas Causas. *Revista dos Tribunais*, São Paulo, ano 76, v. 617, 1987, p. 250-253. E ainda: GRINOVER, Ada Pellegrini; WATANABE, Kazuo. Brazil and its European influences. *The Supreme Court Law Rewiev*, v. 49, 2º série, 2010.

6   WATANABE, Kazuo. Assistência judiciária e o Juizado Especial de Pequenas Causas. *Revista dos Tribunais*, São Paulo, ano 76, v. 617, 1987, p. 252.

7   WATANABE, Kazuo *et al. Juizado Especial de Pequenas Causas*. São Paulo: Ed. Revista dos Tribunais, 1985. p. 3. O autor menciona a preocupação para que também os mais necessitados tivessem garantido o acesso à ordem jurídica justa. O livro, sucinto, expõe o trabalho de pesquisa junto às *small claims courts* dos já referidos Cândido Dinamarco, Kazuo Watanabe, João Geraldo Piquet Carneiro, Paulo Salvador Frontini e Caetano Lagrasta Neto e de adaptação ao ordenamento legal brasileiro.

de demandas de menor complexidade (fática e jurídica, a indicar competência *ratione materiae*) com reduzido valor da causa discutido (competência *ad valorem*). Vem daí, também, a ideia ínsita aos Juizados quanto à assistência judiciária.

O tipo de demanda inicialmente previsto para processamento e julgamento pelos Juizados Especiais de Pequenas Causas (reduzido valor econômico) foi tratado da seguinte forma:

> "Art. 1º - Os Juizados Especiais de Pequenas Causas, órgãos da Justiça ordinária, poderão ser criados nos Estados, no Distrito Federal e nos Territórios, para processo e julgamento, por opção do autor, das causas de reduzido valor econômico.
>
> Art. 2º - O processo, perante o Juizado Especial de Pequenas Causas, orientar-se-á pelos critérios da oralidade, simplicidade, informalidade, economia processual e celeridade, buscando sempre que possível a conciliação das partes.
>
> Art. 3º - Consideram-se causas de reduzido valor econômico as que versem sobre direitos patrimoniais e decorram de pedido que, à data do ajuizamento, não exceda a 20 (vinte) vezes o salário mínimo vigente no País e tenha por objeto:
>
> I - a condenação em dinheiro;
>
> II - a condenação à entrega de coisa certa móvel ou ao cumprimento de obrigação de fazer, a cargo de fabricante ou fornecedor de bens e serviços para consumo;
>
> III - a desconstituição e a declaração de nulidade de contrato relativo a coisas móveis e semoventes.
>
> § 1º - Esta Lei não se aplica às causas de natureza alimentar, falimentar, fiscal e de interesse da Fazenda Pública, nem às relativas a acidentes do trabalho, a resíduos e ao estado e capacidade das pessoas, ainda que de cunho patrimonial.
>
> § 2º - A opção pelo procedimento previsto nesta Lei importará em renúncia ao crédito excedente ao limite estabelecido neste artigo, excetuada a hipótese de conciliação".

A competência em razão da matéria (*ratione materiae*) excluiu determinado tipo de demandas. É dizer, a norma do art. 3º, §1º, excluiu as causas de natureza alimentar, falimentar, fiscal e de interesse da Fazenda Pública e às relativas a acidentes do trabalho, a resíduos e ao estado e capacidade das pessoas, ainda que de cunho patrimonial. Não se tratou de mera mudança procedimental; antes disso, buscou-se mudar paradigma. É prudente ponderar que o então procedimento sumaríssimo, previsto no CPC de 1973, não havia vingado. A mentalidade era de ser transformada. Daí a ideia de se criar um juizado diferenciado, com clivagem do juízo cível ordinário. Prova clara disso foi a criação de um Colégio Recursal, ao invés do Tribunal de Justiça, conforme art. 41, da referida lei:

> "Art. 41 – Da sentença, excetuada a homologatória de conciliação ou laudo arbitral, caberá recurso para o próprio Juizado.
>
> § 1º O recurso será julgado por turma composta de 3 (três) juízes, em exercício no primeiro grau de jurisdição, reunidos na sede do Juizado."

Alto grau de confiança legislativa foi delegado ao juiz, a exemplo do que ocorria nas *small claims courts*. Seus poderes na condução do processo foram tratados no art. 4º, Lei n. 7.244/84:

> "Art. 4º O Juiz dirigirá o processo com ampla liberdade para determinar as provas a serem produzidas, para apreciá-las e para dar especial valor às regras de experiência comum ou técnica".

E os arts. 28 e 29, ambos da Lei n. 7.244/84, trouxeram, em si, vetores também presentes na futura redação do art. 331, Código de Processo Civil. Com efeito, é visível a preocupação na arbitragem (*ADR*) em caráter antecedente à continuidade do caso perante o juizado.

Caso não fosse obtida a transação no juízo arbitral, a instrução do caso seria realizada na própria audiência sempre que possível. E, na hipótese em que não houvesse acordo, o juiz designaria outra audiência; a de instrução e julgamento. Em uma audiência, então, seriam ouvidas as partes (*princípio da oralidade*), colhidas as provas (*concentração dos atos processuais*) e proferida a sentença (*princípio da celeridade*). Observe-se a redação altamente didática dos arts. 28 e 29:

> "Art. 28. Não instituído o juízo arbitral, proceder-se-á imediatamente à audiência de instrução e julgamento, desde que não resulte prejuízo para a defesa.
>
> Parágrafo único - Não sendo possível a realização imediata, será a audiência designada para um dos 10 (dez) dias subseqüentes, cientes desde logo as partes e testemunhas eventualmente presentes.
>
> Art. 29. Na audiência de instrução e julgamento serão ouvidas as partes, colhida a prova e, em seguida, proferida a sentença.

§ 1º - Serão decididos de plano todos os incidentes que possam interferir no regular prosseguimento da audiência. As demais questões serão decididas na sentença.

§ 2º - Sobre os documentos apresentados por uma das partes, manifestar-se-á imediatamente a parte contrária, sem interrupção da audiência".

É interessante notar, ainda, a ideia originalmente concebida de que o JEPC funcionasse também com outra função complementar: serviço de informação e orientação através do sistema de triagem e aconselhamento. Isto teria sido um avanço na prestação da atividade jurisdicional, na medida em que o conflito poderia ser, por vezes, evitado. Nem mesmo nasceria, em tudo alinhavado à pacificação social dos conflitos. Seria, também por esse ângulo, instrumento de "acesso à ordem jurídica justa".[8] Tal ideia, que bem poderia auxiliar no combate à litigiosidade antes mesmo que ela ocorresse, infelizmente, não vingou.

Em razão do sucesso dos juizados, o constituinte expressamente os alçou em nível constitucional. Assim, o art. 24, X, Constituição da República, outorgou competência legislativa concorrente à União, aos Estados e ao Distrito Federal para dispor sobre a crição, funcionamento e processo do juizado de pequenas causas.[9] E o inciso I, art. 98, previu que tais entes criassem:

> "I - juizados especiais, providos por juízes togados, ou togados e leigos, competentes para a conciliação, o julgamento e a execução de causas cíveis de menor complexidade e infrações penais de menor potencial ofensivo, mediante os procedimentos oral e sumariíssimo, permitidos, nas hipóteses previstas em lei, a transação e o julgamento de recursos por turmas de juízes de primeiro grau";
>
> (...)
>
> § 1º Lei federal disporá sobre a criação de juizados especiais no âmbito da Justiça Federal".

Nesse contexto, em 1995, houve reformulação dos juizados com enorme ampliação de sua competência na esfera cível. A Lei n. 9.099/95, assim, além de mencionar a competência *ad valorem* (valor até quarenta vezes o salário mí-

---

[8] WATANABE, Kazuo. Assistência judiciária e o Juizado Especial de Pequenas Causas, cit., p. 253.

[9] "Art. 24. Compete à União, aos Estados e ao Distrito Federal legislar concorrentemente sobre: (...) X - criação, funcionamento e processo do juizado de pequenas causas;"

nimo), aumentou a competência em razão da matéria (causas cíveis de menor complexidade) do seguinte modo:[10]

> "Art. 3º O Juizado Especial Cível tem competência para conciliação, processo e julgamento das causas cíveis de menor complexidade, assim consideradas:
>
> I - as causas cujo valor não exceda a quarenta vezes o salário mínimo;
>
> II - as enumeradas no art. 275, inciso II, do Código de Processo Civil;
>
> III - a ação de despejo para uso próprio;
>
> IV - as ações possessórias sobre bens imóveis de valor não excedente ao fixado no inciso I deste artigo".

Os poderes do juiz também foram dispostos no art. 5º, Lei n. 9.099/95:

> "Art. 5º O Juiz dirigirá o processo com liberdade para determinar as provas a serem produzidas, para apreciá-las e para dar especial valor às regras de experiência comum ou técnica".

Em 2001, a Lei n. 10.259 levou a experiência às causas envolvendo o interesse da União; são os Juizados Especiais Cíveis e Criminais na Justiça Federal. E, em período recente, a Lei n. 12.153, de 23.12.09, instituiu os juizados especiais da Fazenda Pública dos Estados, Territórios, Distrito Federal e Municípios; o objetivo era tutelar tais tipos de demandas agora envolvendo interesse público.

3.2. LEI DA AÇÃO CIVIL PÚBLICA E CÓDIGO DE DEFESA DO CONSUMIDOR

Um dos significativos avanços dos últimos tempos no processo civil brasileiro foi, com certeza, a criação da ação civil pública. A exemplo da *class action* norte-americana prevista na Regra 23 das *Federal Rules of Civil Procedure*, surge com o escopo de atender primordialmente a direitos ou interesses transindividu-

---

10 Kazuo Watanabe, a esse respeito, externou preocupação no sentido de que o alargamento da competência dos Juizados, sem adequado reforço estrutural, poderia comprometer sua eficácia, transformando-o em uma espécie de "INPS". O autor, posição com que concordamos, indica que os juizados não são panaceia e o uso inadequado poderia "matar a galinha dos ovos de ouro" (WATANABE, Kazuo. Modalidade de mediação. In: MEDIAÇÃO: um projeto inovador. Brasília: Centro de Estudos Judiciários. Conselho da Justiça Federal, 2003. p. 43-49. (Série cadernos do CEJ (Centro de Estudos Judiciários). Antes, constituem outro instrumento na busca pelo acesso à ordem jurídica justa.

ais. Este tipo de demanda crescia exponencialmente à época da promulgação da Lei n. 7.347/85. Altamente ligada à expansão das relações de consumo, em massa, bem como à proteção ao meio ambiente, a ação civil pública carrega, em si, vetores bastante avançados, tais como: *a*) a criação de um microssistema próprio e adequado para tutela desse tipo de interesses; *b*) a eficácia *erga omnes* da coisa julgada, condicionada ao critério da *secundum eventum litis*, a fim de atingir o interessado para beneficiá-lo, na forma do art. 103, §2º, CDC (aí considerada ínsita a hipossuficiência pressuposta da parte como mecanismo de equalização e reequilíbrio processual); *c*) a simplificação do sistema de notificação previsto no sistema norte-americano, dentre outras inovações.

Nesse âmbito, destaca-se mais uma relevante diferença quanto à *class action*. O conceito da representatividade adequada da Regra 23 das *FRCP* também foi adotado no Brasil. Contudo, o critério de aferição é diferente. No sistema legal norte-americano, a representatividade é mesmo aferida caso a caso pelo juiz (*ope judicis*). No sistema legal brasileiro, optou-se pela titularidade *ideológica* prevista em lei (*ope legis*), conforme as exigências do art. 5º, I e II, Lei n. 7.347/85. Em tese, portanto, bastaria uma das pessoas legitimadas por lei a ajuizar a ação para que a legitimidade seja presumida.[11] Contudo, os tribunais, a fim de controlar abusos no ajuizamento indevido de demandas coletivas, têm realizado controle da representatividade adequada caso a caso, com rigorosa análise da pertinência subjetiva.

A questão foi bem sintetizada por Kazuo Watanabe e Ada Pellegrini Grinover:

> "Como visto, a legitimação ativa às ações coletivas é atribuída, *ope legis*, ao Ministério Público; à União, Estados ou Municípios e ao Distrito Federal; às entidades e órgãos da Administração Pública, direta ou indireta, ainda que sem personalidade jurídica, especificamente destinados à defesa dos interesses e direitos protegidos; e às associações legalmente constituídas há pelo menos um ano e que incluam entre seus fins institucionais a defesa dos interesses e direitos. Todavia, a questão que se coloca é a de se saber se, apesar disso, ainda cabe ao juiz brasileiro o controle da "adequada representatividade" do ente legitimado, como expressamente preveem outros sistemas que se inspiraram, nesse ponto, nas *class actions* norte-americanas. A esta questão respondeu Ada Pellegrini Grinover, com o seguinte texto:

---

11 DINAMARCO, Cândido Rangel. *Fundamentos do processo civil moderno*, cit., t. 1, p. 130.

(...)

Todavia, problemas práticos têm surgido pelo manejo de ações coletivas por parte de associações que, embora obedeçam aos requisitos legais, não apresentam a credibilidade, a seriedade, o conhecimento técnico-científico, a capacidade econômica, a possibilidade de produzir uma defesa processual válida, dados sensíveis esses que constituem as características de uma 'representatividade' idônea e adequada. E, mesmo na atuação do Ministério Público, têm aparecido casos concretos em que os interesses defendidos pelo *parquet* não coincidem com os verdadeiros valores sociais da classe de cujos interesses ele se diz portador em juízo. Assim, embora não seja esta a regra geral, não é raro que alguns membros do Ministério Público, tomados de excessivo zelo, litiguem em juízo como pseudodefensores de uma categoria cujos verdadeiros interesses podem estar em contraste com o pedido.

Para casos como esse é que seria de grande valia reconhecer ao juiz o controle sobre a legitimação, em cada caso concreto, de modo a possibilitar a inadmissibilidade da ação coletiva, quando a 'representatividade' do legitimado se mostrar inadequada.

Quer-me parecer que o sistema brasileiro, embora não o afirme expressamente, não é avesso ao controle da 'representatividade adequada' pelo juiz, em cada caso concreto. Um dos primeiros defensores do controle pelo juiz da representativdade adequada na ação coletiva brasileira foi Cássio Scarpinella Bueno, para afastar, *de lege data*, o legitimado que não tem condições para bem representar a classe, categoria ou grupo de cujos interesses pretende ser portador em juízo. Seguiu-se depois Antonio Gidi. Ambos os autores, entretanto, preocuparam-se apenas com o controle negativo da representatividade adequada, com o escopo da negação da legitimação.

(...)

Vê-se daí que o ordenamento brasileiro não é infenso ao controle da legitimação *ope judicis*, de modo que se pode afirmar que o modelo do direito comparado, que atribui ao juiz o controle da 'representatividade adequada' (Estados Unidos da América, Código Modelo para Ibero-América, Uruguai e Argentina), pode ser tranquilamente adotado no Brasil, na ausência de norma impeditiva. Aliás, não é irrelevante lembrar que os princípios gerais do Direito configuram fonte de Direito, nos termos do art. 4º da Lei de Introdução ao Código Civil brasileiro, sendo que a *defining function* do juiz nos processos coletivos é uma de suas principais características."[12]

---

12 GRINOVER, Ada Pellegrini; WATANABE, Kazuo e NERY JÚNIOR, Nelson. *Código Brasileiro de Defesa do Consumidor comentado pelos Autores do Anteprojeto*. 10. Ed. Rio de Janeiro: Forense. 2011, v. II. p. 97-99.

Precedentes recentes do Egrégio Superior Tribunal de Justiça apontam o sentido da jurisprudência da Corte sobre controle rigoroso da representatividade adequada dos entes legitimados:

"PROCESSUAL CIVIL. RECURSO ESPECIAL. DECRETAÇÃO DE NULIDADE, SEM QUE TENHA HAVIDO PREJUÍZO. DESCABIMENTO. OMISSÃO, CONTRADIÇÃO OU OBSCURIDADE. INEXISTÊNCIA. AÇÃO COLETIVA. RECONHECIMENTO PELO MAGISTRADO, DE OFÍCIO, DE INIDONEIDADE DE ASSOCIAÇÃO, PARA AFASTAMENTO DA PRESUNÇÃO LEGAL DE LEGITIMIDADE. POSSIBILIDADE. É PODER-DEVER DO JUIZ, NA DIREÇÃO DO PROCESSO, PREVENIR OU REPRIMIR QUALQUER ATO CONTRÁRIO À DIGNIDADE DA JUSTIÇA. ADEMAIS, O OUTRO FUNDAMENTO AUTÔNOMO PARA NÃO RECONHECIMENTO DA LEGITIMAÇÃO, POR SER O ESTATUTO DA ASSOCIAÇÃO DESMESURADAMENTE GENÉRICO, POSSUINDO REFERÊNCIA GENÉRICA A MEIO AMBIENTE, CONSUMIDOR, PATRIMÔNIO HISTÓRICO, TAMBÉM PATENTEIA A AUSÊNCIA DE LEGITIMAÇÃO DA AUTORA PARA DEFESA DE INTERESSES COLETIVOS DE CONSUMIDORES.

1. As ações coletivas, em sintonia com o disposto no artigo 6º, VIII, do Código de Defesa do Consumidor, ao propiciar a facilitação da tutela dos direitos individuais homogêneos dos consumidores, viabilizam otimização da prestação jurisdicional, abrangendo toda uma coletividade atingida em seus direitos.

2. Dessarte, como sabido, a Carta Magna (art. 5º, XXI) trouxe apreciável normativo de prestígio e estímulo às ações coletivas ao estabelecer que as entidades associativas detêm legitimidade para representar judicial e extrajudicialmente seus filiados, sendo que, no tocante à legitimação, "[...] um limite de atuação fica desde logo patenteado: o objeto material da demanda deve ficar circunscrito aos direitos e interesses desses filiados. Um outro limite é imposto pelo interesse de agir da instituição legitimada: sua atuação deve guardar relação com seus fins institucionais" (ZAVASCKI, Teori Albino. Processo coletivo: tutela de direitos coletivos e tutela coletiva de direitos. São Paulo: RT, 2014, p. 162).

3. É digno de realce que, muito embora o anteprojeto da Lei n. 7.347/1985, com inspiração no direito norte-americano, previa a verificação da representatividade adequada das associações (*adequacy of representation*), propondo que sua legitimação seria verificada no caso concreto pelo juiz, todavia, essa proposta não prevaleceu, pois o legislador optou por indicar apenas quesitos objetivos (estar constituída há pelo menos 1 (um) ano e incluir, entre suas finalidades institucionais, a proteção ao meio ambiente, ao consumidor, à ordem econômica, à livre concorrência ou ao patrimônio

artístico, estético, histórico, turístico e paisagístico). Com efeito, o legislador instituiu referidas ações visando tutelar interesses metaindividuais, partindo da premissa de que são, presumivelmente, propostas em prol de interesses sociais relevantes ou, ao menos, de interesse coletivo, por legitimado ativo que se apresenta, *ope legis*, como representante idôneo do interesse tutelado (MANCUSO, Rodolfo de Camargo. Ação civil pública: em defesa do meio ambiente, do patrimônio cultural e dos consumidores - Lei 7.347/1985 e legislação complementar. 12 ed. São Paulo: revista dos Tribunais, 2011, p. 430).

4. Por um lado, é bem de ver que, muito embora a presunção *iuris et de iure* seja inatacável - nenhuma prova em contrário é admitida -, no caso das presunções legais relativas ordinárias se admite prova em contrário. Por outro lado, o art. 125, III, do CPC [correspondente ao art. 139, III, do novo CPC] estabelece que é poder-dever do juiz, na direção do processo, prevenir ou reprimir qualquer ato contrário à dignidade da Justiça. Com efeito, contanto que não seja exercido de modo a ferir a necessária imparcialidade inerente à magistratura, e sem que decorra de análise eminentemente subjetiva do juiz, ou mesmo de óbice meramente procedimental, é plenamente possível que, excepcionalmente, de modo devidamente fundamentado, o magistrado exerça, mesmo que de ofício, o controle de idoneidade (adequação da representatividade) para aferir/afastar a legitimação *ad causam* de associação.

5. No caso, a Corte de origem inicialmente alinhavou que "não se quer é a montagem de associações de gaveta, que não floresçam da sociedade civil, apenas para poder litigar em todos os campos com o benefício do artigo 18 da Lei de Ação Civil Pública"; "associações, várias vezes, surgem como máscaras para a criação de fontes arrecadadoras, que, sem perigo da sucumbência, buscam indenizações com somatório milionário, mas sem autorização do interessado, que depois é cobrado de honorários". Dessarte, o Tribunal de origem não reconheceu a legitimidade *ad causam* da recorrente, apurando que "há dado revelador: supostamente, essa associação autora é composta por muitas pessoas famosas (fls. 21), mas todas com domicílio em um único local. Apenas isso já mostra indícios de algo que deve ser apurado. Ou tudo é falso, ou se conseguiu autorização verbal dos interessados, que entretanto nem sabem para que lado os interesses de tais entidades voam".

6. Ademais, o outro fundamento autônomo adotado pela Corte de origem para não reconhecer a legitimação *ad causam* da demandante, anotando que o estatuto da associação, ora recorrente, é desmesuradamente genérico, possuindo "referência genérica a tudo: meio ambiente, consumidor, patrimônio histórico, e é uma repetição do teor do art. 5º, inciso II, da Lei 7.347/85" tem respaldo em precedente do STJ, assentando que as as-

sociações civis necessitam ter finalidades institucionais compatíveis com a defesa do interesse transindividual que pretendam tutelar em juízo. Embora essa finalidade possa ser razoavelmente genérica, "não pode ser, entretanto, desarrazoada, sob pena de admitirmos a criação de uma associação civil para a defesa de qualquer interesse, o que desnaturaria a exigência de representatividade adequada do grupo lesado". (AgRg no REsp 901.936/RJ, Rel. Ministro LUIZ FUX, PRIMEIRA TURMA, julgado em 16/10/2008, DJe 16/03/2009) 7. Recurso especial não provido". (REsp 1213614/RJ, Rel. Min. Luis Felipe Salomão, 4ª T., julgado em 01/10/2015, DJe 26/10/2015).

"AGRAVO REGIMENTAL. EMBARGOS DE DECLARAÇÃO NOS EMBARGOS DE DECLARAÇÃO. RECURSO ESPECIAL. PROCESSUAL CIVIL. AÇÕES COLETIVAS. LEGITIMIDADE. ASSOCIAÇÃO. CONDIÇÃO INSTITUCIONAL NÃO PREENCHIDA.

1. No que tange à titularidade da ação coletiva, prevalece a teoria da representação adequada proveniente das *class actions* norte-americanas, em face da qual a verificação da legitimidade ativa passa pela aferição das condições que façam do legitimado um representante adequado para buscar a tutela jurisdicional do interesse pretendido em demanda coletiva.

2. A LACP (art.5º) legitima não apenas órgãos públicos à defesa dos interesses difusos, coletivos ou individuais homogêneos. Também as associações receberam tal autorização. No entanto, contrariamente aos demais habilitados, possuem (as associações) legitimação condicionada.

3. O exercício do direito de ação por parte das associações demanda o cumprimento de condições: (i) a condição formal, que exige constituição nos termos da lei civil; a (ii) condição temporal, referente à constituição há pelo menos um ano; e (iii) a condição institucional, que exige que a associação tenha dentre os seus objetivos estatutários a defesa do interesse coletivo ou difuso.

4. As associações que pretendem residir em juízo na tutela dos interesses ou direitos metaindividuais devem comprovar a chamada pertinência temática. Cumpre-lhes demonstrar a efetiva correspondência entre o objeto da ação e os seus fins institucionais.

5. A agravante não observa o requisito da representatividade adequada, consubstanciado na pertinência temática, visto que seu objetivo primordial é atuar em defesa de bares e restaurantes da Cidade de São Paulo. A previsão genérica estatutária de defesa dos interesses do setor e da sociedade não a legitima para a ação coletiva.

6. Agravo regimental não provido". (AgRg nos EDcl nos EDcl no REsp 1150424/SP, Rel. Min. Olindo Menezes, desembargador convocado do TRF 1ª Região), 1ª T., julgado em 10/11/2015, DJe 24/11/2015)

Em outras palavras, no Brasil, há expressa previsão legal, estabelecendo-se requisitos objetivos mínimos para a representatividade adequada (*ope legis*). Porém, há também controle pelo Judiciário (*ope judicis*), isto é, da pertinência temática do ente legitimado para a ação civil pública. Estabeleceu-se assim controle misto na análise da representatividade adequada.

3.3. MÉTODOS ALTERNATIVOS DE RESOLUÇÃO DE CONFLITOS *(ADR)* E A RESOLUÇÃO N. 125/10, CNJ

A *Alternative Dispute Resolution* ou *ADR* aponta para os meios alternativos de resolução de conflitos, ou seja, as técnicas da mediação, negociação e arbitragem. Porém, o juízo arbitral não é algo novo. Ao contrário, em diversas partes do mundo foi utilizado por muito tempo. Era caracterizado, informa Mauro Cappelletti, por relativa informalidade de procedimentos, possibilidade de que as partes elegessem um árbitro e pouca possibilidade de recursos. O autor menciona, porém, que o processo, conquanto rápido, poderia ter custo elevado em razão dos honorários do árbitro. Na Califórnia, tal questão foi resolvida por meio da utilização de advogados voluntários, não remunerados como árbitros.[13]

Kazuo WATANABE, a esse respeito, classifica e distingue a visão norte-americana da europeia quanto aos meios alternativos de resolução de conflitos. A visão norte-americana é de exclusão: todos os meios que não o judicial são englobados no acrônimo *ADR*, ou *Alternative Dispute Resolution*, ou seja, como mencionado, a mediação, a arbitragem e a negociação. A visão europeia indicava reflexo inverso, isto é, os meios alternativos eram vistos como a solução dada pelo Judiciário, pois as partes estavam tradicionalmente acostumadas à mediação e à negociação desde priscas eras.[14]

O aspecto cultural da sociedade brasileira – dependente de autoridade e sem histórico de preponderante organização da sociedade quanto a um trabalho coletivo – talvez tenha sido um fator preponderante para que tal instituto não tenha vingado ao longo do tempo.[15]

---

13   CAPPELLETTI, Mauro; GARTH, Bryant. *Acesso à justiça*, cit., p. 82.
14   WATANABE, Kazuo. Modalidade de mediação, cit., p. 43.
15   WATANABE, Kazuo. Modalidade de mediação, cit.

Contudo, conforme a evolução dos tempos, nota-se que foi revitalizado e aperfeiçoado. Assim, hoje a Lei n. 9.307/96 prevê de forma clara a arbitragem, que tem funcionado com relativo sucesso no país.

No campo doutrinário, é mais simples distinguir os meios alternativos de resolução de negociação, mediação e conciliação. Assim, na primeira, em tese, não haveria intervenção de terceiro, porque as partes buscariam, elas mesmas, a solução do conflito. Já a mediação e a conciliação demandam um terceiro, que não interfere na primeira modalidade (neutro) e apenas busca criar as condições necessárias para que as partes encontrassem a solução. E, na segunda, ele intervém no processo conciliatório e sugere soluções. Feita a distinção, partilhamos da posição de Kazuo Watanabe no sentido de que, no campo prático, os institutos se misturam e é, por vezes, difícil e complicado distinguir e separar uma técnica da outra.[16]

Contudo, para fins deste trabalho, nos aprofundaremos numa outra derivação dos meios alternativos de solução de conflitos, qual seja, aquela externada na Resolução n. 125, do Conselho Nacional de Justiça. Por meio de esforços integrados do CEBEPEJ e do DPJ (Departamento de Pesquisas Judiciárias), o Ministro Cezar Peluso, na presidência do Supremo Tribunal Federal e do Conselho Nacional de Justiça, trouxe à luz a referida resolução.

Reconheceu-se, assim, a necessidade de implementação de uma política pública judiciária para tratamento adequado dos conflitos. Da exposição de motivos dessa resolução extrai-se que "o inc. XXXV do art. 5º da Constituição deve ser interpretado...não apenas como garantia de acesso ao Judiciário, mas como garantia de acesso à ordem jurídica justa, de forma efetiva, tempestiva e adequada."[17]

Tal preocupação foi expressamente encampada pelo CPC/2015 (Lei n. 13.105, de 16.03.2015). Os métodos alternativos de solução de conflitos estão previstos já no art. 3º, §§1º a 3º:

"Art. 3º (...)

§ 1º É permitida a arbitragem, na forma da lei.

§ 2º O Estado promoverá, sempre que possível, a solução consensual dos conflitos.

---

16 WATANABE, Kazuo. Modalidade de mediação, cit., p. 47-49.

17 WATANABE, Kazuo. *Da cognição no processo civil*. 4. ed. São Paulo: Saraiva, 2012. p. 38.

§ 3º A conciliação, a mediação e outros métodos de solução consensual de conflitos deverão ser estimulados por juízes, advogados, defensores públicos e membros do Ministério Público, inclusive no curso do processo judicial".

Também no art. 334, faz-se expressa referência à audiência de conciliação ou de mediação:

Art. 334. Se a petição inicial preencher os requisitos essenciais e não for o caso de improcedência liminar do pedido, o juiz designará audiência de conciliação com antecedência mínima de trinta dias, devendo ser citado o réu com pelo menos vinte dias de antecedência.

§ 1.º O conciliador ou mediador, onde houver, atuará necessariamente na audiência de conciliação, observando o disposto neste Código, bem como as disposições da lei de organização judiciária.

§ 2.º Poderá haver mais de uma sessão destinada à mediação e à conciliação, não excedentes a dois meses da primeira, desde que necessárias à composição das partes.

§ 3.º A intimação do autor para a audiência será feita na pessoa de seu advogado.

§ 4.º A audiência não será realizada:

I - se ambas as partes manifestarem, expressamente, desinteresse na composição consensual;

II – no processo em que não se admita a autocomposição.

§ 5.º O autor deverá indicar, na petição inicial, seu desinteresse na autocomposição; o réu, por petição, apresentada com dez dias de antecedência, contados da data da audiência.

§ 6.º Havendo litisconsórcio, o desinteresse na realização da audiência deve ser manifestado por todos os litisconsortes.

§ 7.º A audiência de conciliação pode realizar-se por meios eletrônicos.

§ 8.º O não comparecimento injustificado do autor ou do réu à audiência de conciliação é considerado ato atentatório à dignidade da justiça e será sancionado com multa de até dois por cento da vantagem econômica pretendida ou do valor da causa, revertida em favor da União ou do Estado.

§ 9º As partes devem estar acompanhadas por seus advogados ou defensores públicos.

§ 10 A parte poderá constituir representante, devidamente credenciado, com poder para transigir.

§ 11 A transação obtida será reduzida a termo e homologada por sentença.

§ 12 A pauta das audiências de conciliação será organizada de modo a respeitar o intervalo mínimo de vinte minutos entre o início de uma e o início da seguinte.

Ada Pellegrini GRINOVER traça interessante panorama sobre os métodos alternativos de resolução de conflitos em relação, inclusive, ao art. 334, CPC/2015, acima descrito. Diz a eminente professora:

> Os marcos regulatórios que regem os métodos consensuais no Brasil são três: (a) a Resolução n. 125/2010 do Conselho Nacional de Justiça, que embora em nível de norma administrativa – instituiu e continua regendo a política nacional dos meios adequados de solução de conflitos; (b) os novos dispositivos do CPC; e (c) as normas sucessivamente promulgadas como a Lei de Mediação (Lei n. 13.140/2015). Em sua grande maioria, as normas dos marcos regulatórios são compatíveis e complementares, aplicando-se suas disposições à matéria. Mas há alguma incompatibilidade entre poucas regras do novo CPC em comparação com as da Lei de Mediação, de modo que, enquanto entrarem em conflito, as desta última deverão prevalecer (por se tratar de lei posterior, que revoga a anterior, e de lei específica, que derroga a genérica). Apesar disso, pode-se falar hoje de um minissistema brasileiro de métodos consensuais de solução judicial de conflitos, formado pela Resolução n. 125 do CNJ, pelo CPC e pela Lei de Mediação, naquilo que não conflitarem.[18]

3.4. NOTAS CONCLUSIVAS

Os microssistemas jurídicos mencionados – Juizados de Pequenas Causas, posteriormente, Juizados Especiais, Lei da Ação Civil Pública e Código de Defesa do Consumidor e métodos alternativos de resolução de conflitos – tiveram por escopo e valor fundante, sem sombra de dúvida, o acesso à ordem jurídica justa. Desde a criação dos Juizados de Pequenas Causas, aliás, houve preocupação não apenas com mudança de procedimentos, mas de mudança de *paradigma*, de *mentalidade*. Este foi o eixo comum. Em nível internacional, é inegável a influência das *small claims courts* ao Juizado de Pequenas Causas e, posteriormente, Juizados Especiais, e da *class action* norte-americana para

---

18 GRINOVER, Ada Pellegrini. Os métodos consensuais de solução de conflitos no novo CPC. In: BONATO, Giovanni (Org.). *O novo Código de Processo Civil*: questões controvertidas. São Paulo: Atlas, 2015. p. 1-2.

a Ação Civil Pública na consolidação de tais microssistemas no ordenamento legal brasileiro.

Assim, os pontos de maior relevância nos ordenamentos norte-americanos foram bem trazidos. A simplicidade dos procedimentos, a concentração dos atos e a oralidade foram eixos fundantes dos Juizados Especiais. A concepção de um instrumento adequado para a tutela coletiva de direitos e interesses também abriga considerável parcela da sociedade, até então marginalizada pelo sistema processual então vigente.

Porém, os legisladores tiveram a cautela de adaptar tais institutos à realidade brasileira. Talvez um dos pontos mais significativos quanto à tutela coletiva seja a eficácia *erga omnes*, porém, *secundum eventum litis*. Tal ressalva nos parece em tudo coerente à proposição de acesso à ordem jurídica justa.

A busca da mudança de paradigma, de eixo fundante do processo civil é notória, tendo eco, hoje, no ápice do Judiciário, conforme a Resolução n. 125/10, CNJ, que instituiu política pública nacional para tratamento de conflitos e no CPC/2015.[19] A Resolução foi obviamente concebida para conferir papel mais ativo ao juiz, na medida em que previu a criação dos Centros Judiciários de Solução de Conflitos e Cidadania e incentiva o juiz a utilizar tal estrutura. Esta mudança tem refletido na instalação, dentro do Tribunal de Justiça de São Paulo, dos Centros Judiciários de Solução de Conflitos e Cidadania – CEJUSC's –, cujas atuais 143 unidades "recebem demandas das áreas cível e de família para uma tentativa de acordo entre as partes".[20] Nos centros, ocorrem sessões de conciliação e mediação a cargo de voluntários devidamente capacitados,

---

19 O art. 165, CPC/2015, diz o seguinte: Os tribunais criarão centros judiciários de solução consensual de conflitos, responsáveis pela realização de sessões e audiências de conciliação e mediação e pelo desenvolvimento de programas destinados a auxiliar, orientar e estimular a autocomposição. § 1º-A composição e a organização dos centros serão definidas pelo respectivo tribunal, observadas as normas do Conselho Nacional de Justiça. § 2º-O conciliador, que atuará preferencialmente nos casos em que não houver vínculo anterior entre as partes, poderá sugerir soluções para o litígio, sendo vedada a utilização de qualquer tipo de constrangimento ou intimidação para que as partes conciliem. § 3º-O mediador, que atuará preferencialmente nos casos em que houver vínculo anterior entre as partes, auxiliará aos interessados a compreender as questões e os interesses em conflito, de modo que eles possam, pelo restabelecimento da comunicação, identificar, por si próprios, soluções consensuais que gerem benefícios mútuos.

20 TJSP concentra 26% dos processos do Brasil, de acordo com relatório 'Justiça em Números'. *Comunicação Social TJSP*, São Paulo, 15 set. 2015. Disponível em: <http://www.tjsp.jus.br/Institucional/CanaisComunicacao/Noticias/Noticia.aspx?Id=28002>. Acesso em: 20 out. 2015.

sob a orientação e supervisão de um juiz coordenador. Os conflitos lá tratados vão desde causas de direito do consumidor a questões próprias de direito de família, como guarda de filhos, pensão alimentícia, união estável, dentre outras.

O grau de confiança outorgado ao juiz na condução adequada do processo, no âmbito dos Juizados Especiais e também na tutela coletiva por meio da ação civil pública, é fator de fundamental importância para a eficácia do adequado gerenciamento do processo (*case management*). Ainda, os princípios ou vetores da simplicidade, oralidade e incentivo ao acordo, previstas de forma clara em tais microssistemas, nos servem, também, para influenciar e permear o adequado gerenciamento do processo pelo juiz, cujo caráter ativo é de extrema relevância.

Nessa mesma linha, sugere-se que, na medida em que a organização da Justiça ocorra em nível molecular (microssistemas processuais, tais como os Juizados Especiais Cíveis, Lei da Ação Civil Pública etc.), otimiza-se as potencialidades de cada um deles, a fim de que o juiz consiga exercer o gerenciamento do processo de modo mais adequado às peculiaridades de cada caso. Tais microssistemas funcionam como "trilhos" nos quais as partes e mesmo o juiz podem gerenciar o andamento do caso de modo mais preciso e efetivo.

4

OS MODELOS DE GERENCIAMENTO DO PROCESSO (*CASE MANAGEMENT*) AO REDOR DO MUNDO

4.1. DIFERENÇAS E SEMELHANÇAS RELEVANTES ENTRE PAÍSES DE *CIVIL LAW* E DE *COMMON LAW*

O objetivo deste trabalho passa longe de esmiuçar todas as características legais de países de *Common Law*. Não pretendemos também defender que os sistemas ou famílias legais de *Civil Law* e *Common Law* sejam absolutamente idênticos. Não o são; talvez nunca sejam. Mauro CAPPELLETTI elenca algumas das diferenças mais relevantes:

> a) reduzido número de membros nas cortes supremas e superiores em países de *Common Law* e elevado número nos de *Civil Law*; b) histórica descrença acerca da discricionariedade administrativa em países de *Civil Law*, o que inviabilizaria mecanismos como o *writ of certiorari*, em que se utiliza a *discretionary review* pelo judiciário; c) juízes em países de *Civil Law* são, em regra, aprovados por concurso público e tendem a ser menos criativos do que seus colegas da *Common Law*; d) nos países de *Civil Law* não há algo similar a *stare decisis doctrine* e e) nos países de *Civil Law* há tendência a se considerar a lei como fonte principal do direito ao contrário de países de *Common Law*, em que isso se dá em caráter excepcional.[1]

Porém, e isso salta aos olhos com obviedade, inegável que, gradativamente, os sistemas legais têm adotado institutos próprios um do outro.[2] Para fortale-

---

1 CAPPELLETTI, Mauro. *Juízes legisladores?* Trad. Carlos Alberto Alvaro Oliveira. Porto Alegre: Sergio Antonio Fabris, 1993. p. 116-124.

2 No aspecto processual, é inegável a influência de institutos próprios ao *Common Law* norte-americano como, já mencionado no capítulo 4, a criação dos juizados de pequenas causas (Lei n. 7.244/84 e, posteriormente, Lei n. 9.099/95) com base nas *small claims courts*, a ação civil pública (Lei n. 7.347/85), por influência da *class action* norte-americana, bem como o recente desenvolvimento dos métodos alternativos de resolução de conflitos (Resolução n. 125/10, CNJ, e art. 165, CPC/2015), com influência da *ADR* norte-americana. Ainda

cimento de nosso entendimento, Stephen Breyer, ministro da Suprema Corte dos EUA, faz interessante observação:

> Durante meu tempo na Corte, seus membros, como muitos outros juízes americanos, têm crescentemente se encontrado não só com juízes mas também com advogados, professores e estudantes de direito de nações estrangeiras. Tal fato deve algo a considerações práticas, o quão fácil viagens e comunicação se tornaram. Mas também é o caso de que juristas americanos e estrangeiros tenham encontrado mais em comum do que costumavam. Eles enfrentam problemas similares. Eles realizam os mesmos tipos de deveres judiciais, seguindo cartas similares, oferecendo proteções similares ao estado democrático e aos direitos humanos individuais. Juristas americanos e estrangeiros, além disso, possuem o mesmo desejo – assim como a experiência necessária – para promover o avanço do Estado de Direito (*Rule of Law*) mesmo que o mundo ameace se tornar mais turbulento.
>
> Em determinada medida, o processo de encontro tornou-se formalizado. Em 1993, na Conferência Judicial dos Estados Unidos, o grupo administrativo central de juízes e desembargadores federais estabeleceu um Comitê de Relações Internacionais Judiciais. Com a ajuda ativa do Departamento de Estado, o comitê tem coordenado palestras, conferências e encontros, tanto nos EUA quanto no exterior. Desde 2010, juízes americanos encontraram-se com juízes, promotores e administradores judiciais de, por exemplo, Albânia, Bangladesh, Brasil, Botswana, Bulgária, Camboja, China, Colômbia, Equador, Gana, Indonésia, Irlanda, Libéria (...). Eles discutiram não só assuntos de ordem geral, tais como o Estado de Direito, a prática de julgar em uma democracia, e direito penal, mas também tópicos especializados, tais como propriedade intelectual, vigilância eletrônica, apreensão de bens em escala global, terrorismo, disputas tributárias, mediação e **gerenciamento do processo** (negrito próprio).[3]

Bem assim, a título exemplificativo, o processo civil, nos Estados Unidos, é predominantemente marcado pelo direito positivo[4], com códigos criados por lei, a exemplo do que ocorre em países de *Civil Law*. É claro que isso não colide

---

nesse sentido, Rodolfo de Camargo MANCUSO formula profundo estudo sobre gradativas semelhanças entre os países de *Civil Law* e de *Common Law* (O direito brasileiro segue filiado (estritamente) à família *civil law*? In: BONATO, Giovanni (Org.). *O novo Código de Processo Civil*: questões controvertidas. São Paulo: Atlas, 2015. p. 387-420).

3   BREYER, Stephen. The Court and the world: american law and the new global realities. 1. ed. New York: Alfred A. Knopf. 2015. p. 249-250.

4   SHREVE, Gene R.; RAVEN-HANSEN, Peter. *Understanding civil procedure*. 4. ed. LexisNexis Ed., 2009. p. 3.

com a doutrina de precedentes, objeto de referência no item abaixo. Antes, lei positivada e jurisprudência se complementam, a exemplo, aliás, do que passa a ocorrer em países de *Civil Law*, como o Brasil.

4.1.1. Doutrina de precedentes nos países de *Common Law* e CPC/2015

A doutrina de precedentes judiciais talvez seja um dos traços mais marcantes da cultura legal de países de *Common Law*, mormente a norte-americana. Dada a maior ênfase de nosso estudo ao desenvolvimento do judicial *case management* norte americano, nos debruçaremos sobre as características de tal sistema com maior detalhe. A cultura legal norte-americana tem, ao longo dos séculos, desenvolvido complexo sistema de precedentes jurisprudenciais, também conhecida como *stare decisis* (*et non quieta movere*) *doctrine*. Em poucas linhas, uma Corte de apelação federal ou estadual, ao estabelecer a regra de julgamento para decidir determinado caso, isto é, a *ratio decidendi*, desde que por votação majoritária, adere aos fundamentos do precedente por ela mesma criado ou por corte que lhe seja hierarquicamente superior para casos futuros, *desde que as suas premissas fáticas sejam essencialmente análogas*[5]. De igual modo, o juiz de primeira instância deve obedecer aos precedentes judiciais criados pelas cortes que lhe sejam hieraquicamente superiores.

Ao que interessa para nosso trabalho, a cultura dos precedentes realça a importância de o juiz apurar e esclarecer de forma detalhada as premissas fáticas relevantes ao julgamento do caso. Intui-se: o papel do juiz na condução ativa do processo é essencial por uma série de razões. Em primeiro lugar, a melhor definição das questões leva, inegavelmente, a índice invejável de acordos anteriores ao julgamento.[6] Em segundo lugar, ainda que o caso vá a julgamento, seja por júri (*jury trial*), seja pelo próprio juiz (*bench trial*), a considerar

---

5   COLE, Charles. *Comparative constitutional law*: Brasil and the United States. 1. ed. Birmingham: Samford University Press, 2006. p. xxii-xxiii. Ainda nisso, é prudente ressaltar que alguns precedentes possuem autoridade vinculante (*binding authority*), ao passo que outros apresentam autoridade persuasiva (*persuasive authority*). Tal estudo aprofundado, porém, sai do objeto de nosso trabalho.

6   SHREVE, Gene R.; RAVEN-HANSEN, Peter. *Understanding civil procedure*, cit., p. 6. Os autores mencionam que do total de ações ajuizadas na esfera federal no ano que se encerrou em setembro de 2000, nos EUA, 72% terminaram antes da audiência prévia ao julgamento (*pretrial conference*), 8% durante ou após tal audiência, e apenas 1,4% foi a julgamento.

que as questões foram bem delineadas, a justificar logicamente a relevância das provas produzidas, levará à aplicação do precedente que tenha sido construído sobre fatos essencialmente análogos.

O CPC/2015 traz expressa a importância da jurisprudência como fator de maior previsibilidade da resposta judiciária. Nesse sentido, os arts. 332, 926 e 927, CPC/2015, mencionam o alto grau de valorização da jurisprudência, aproximando-se, nesse ângulo, do sistema de precedentes:

> Art. 332. Nas causas que dispensem a fase instrutória, o juiz, independentemente da citação do réu, julgará liminarmente improcedente o pedido que contrariar:
>
> I - enunciado de súmula do Supremo Tribunal Federal ou do Superior Tribunal de Justiça;
>
> II - acórdão proferido pelo Supremo Tribunal Federal ou pelo Superior Tribunal de Justiça em julgamento de recursos repetitivos;
>
> III - entendimento firmado em incidente de resolução de demandas repetitivas ou de assunção de competência;
>
> IV - enunciado de súmula de tribunal de justiça sobre direito local.
>
> (...)
>
> Art. 926. Os tribunais devem uniformizar sua jurisprudência e mantê-la estável, íntegra e coerente.
>
> § 1º Na forma estabelecida e segundo os pressupostos fixados no regimento interno, os tribunais editarão enunciados de súmula correspondentes a sua jurisprudência dominante.
>
> § 2º Ao editar enunciados de súmula, os tribunais devem ater-se às circunstâncias fáticas dos precedentes que motivaram sua criação.
>
> Art. 927. Os juízes e os tribunais observarão:
>
> I - as decisões do Supremo Tribunal Federal em controle concentrado de constitucionalidade;
>
> II - os enunciados de súmula vinculante;
>
> III - os acórdãos em incidente de assunção de competência ou de resolução de demandas repetitivas e em julgamento de recursos extraordinário e especial repetitivos;
>
> IV - os enunciados das súmulas do Supremo Tribunal Federal em matéria constitucional e do Superior Tribunal de Justiça em matéria infraconstitucional;

V - a orientação do plenário ou do órgão especial aos quais estiverem vinculados.

§ 1º Os juízes e os tribunais observarão o disposto no art. 10 e no art. 489, § 1º, quando decidirem com fundamento neste artigo.

§ 2º A alteração de tese jurídica adotada em enunciado de súmula ou em julgamento de casos repetitivos poderá ser precedida de audiências públicas e da participação de pessoas, órgãos ou entidades que possam contribuir para a rediscussão da tese.

§ 3º Na hipótese de alteração de jurisprudência dominante do Supremo Tribunal Federal e dos tribunais superiores ou daquela oriunda de julgamento de casos repetitivos, pode haver modulação dos efeitos da alteração no interesse social e no da segurança jurídica.

§ 4º A modificação de enunciado de súmula, de jurisprudência pacificada ou de tese adotada em julgamento de casos repetitivos observará a necessidade de fundamentação adequada e específica, considerando os princípios da segurança jurídica, da proteção da confiança e da isonomia.

§ 5º Os tribunais darão publicidade a seus precedentes, organizando-os por questão jurídica decidida e divulgando-os, preferencialmente, na rede mundial de computadores.

Cássio Scarpinella BUENO, sobre os arts. 926 a 928, CPC/2015, ensina que:

> Neles estão veiculadas as normas básicas do que, de forma tímida propôs o Anteprojeto, menos tímida o Projeto do Senado, nada tímida o Projeto da Câmara, e, por fim, mixadas pelo novo CPC, merece ser chamado de "precedentes à brasileira". E a proposta, é pertinente afirmar, vem para substituir o mal aplicado e desconhecido, verdadeiramente ignorado, "incidente de uniformização de jurisprudência" dos arts. 475 a 479 do CPC atual, o que justifica, ainda que como forma de homenagem póstuma, sua colação na tabela acima.
>
> Nada que o novo CPC traz a respeito do assunto, contudo, autoriza afirmativas genéricas, que vêm se mostrando comuns, no sentido de que o direito brasileiro migra em direção ao *common law* ou algo do gênero.[7]

Concordamos com o autor no sentido de que há, ainda hoje, gritantes diferenças entre os sistemas de *Civil Law* e *Common Law*. Basta ver o amplo espectro do júri em todo o processo civil norte-americano ou mesmo o sistema de precedentes norte-americano.

---

7   BUENO, Cassio Scarpinella. *Novo Código de Processo Civil anotado*. São Paulo: Saraiva, 2015. p. 567.

4.1.2. Diferenças na metodologia de ensino nos países de *Civil Law* e de *Common Law*. Raciocínio indutivo e dedutivo

Nos EUA, o ensino regular nas faculdades de direito ainda hoje está muito atrelado ao estudo de casos (*case method*), tal qual idealizado pelo então Reitor da Universidade de Harvard, Christopher Columbus Langdell. Ele defendia a ideia de que o direito poderia ser estudado como ciência. O professor guiaria a discussão selecionando os casos e organizando-os em uma apostila ou temário. Os alunos, com isso, se sentiriam estimulados a responder questões sobre tais casos.[8] Há muito tempo vislumbrado por SAVIGNY, a essência de tal método para a ciência do direito era o desenvolvimento da habilidade de pensar sobre os casos de um modo crítico.[9] O aluno, desde cedo, aprende a como utilizar adequadamente os precedentes e a jurisprudência. É ensinado, por fim, a aplicar o Direito ao caso concreto de forma indutiva, ou seja, do caso concreto ao princípio geral abstrato.

Já em países de *Civil Law*, como o Brasil, é tradição que o aluno inicie seus estudos pelos princípios gerais do Direito, com fonte principal na doutrina. Ao longo da grade curricular, passa a aprender matérias mais específicas. Contudo, o método de ensino é, ainda hoje, bastante vinculado ao estudo da doutrina. Em tempos mais recentes, o estudo de precedentes e da jurisprudência, é verdade, tem ganhado fôlego. Porém, ainda pode-se dizer que o raciocínio empregado nas Faculdades de Direito, salvo raras exceções, seja o dedutivo.

Não se pretende eleger, neste trabalho, um método que seja melhor ou pior. Não se trata de competir, acreditamos. Ao contrário, ambos os métodos têm suas qualidades. Com esteio nesta breve ponderação, no Brasil, pretendemos apenas ressaltar que, na medida em que estejamos a eleger a jurisprudência com relevante papel no exercício da jurisdição, soa bastante prudente que também sejam adaptadas as grades curriculares dos cursos de Direito à nova realidade. Na medida do possível, o aluno, futuro operador do Direito, terá muito a ganhar na medida em que aprender a utilizar os dois métodos de raciocínio – indutivo e dedutivo. Ganhará qualidade na medida em que bem

---

8   KELSO, R. Randall; KELSO, Charles D. *Studying law*: an introduction. Saint Paul: West Publishing Co., 1984. p. 15.

9   SAVIGNY, Friedrich Carl von. Da vocação do nosso tempo para a legislação e a jurisprudência. In: MORRIS, Clarence (Org.). *Os grandes filósofos do direito*. 1. ed. São Paulo: Martins Fontes, 2002. p. 298.

ponderar o raciocínio exposto na doutrina e a aplicação e relevância da jurisprudência ao caso concreto.[10]

4.2. DEFINIÇÃO. TRAÇOS COMUNS

O gerenciamento[11] ou gestão de processo[12] ou *case management*,[13] de modo geral, apresenta diversas características e escopos convergentes. Assim, nos EUA (Regra 16 das *FRCP*), na Inglaterra (*CPR*), no Japão e na Alemanha (*ZPO*), o gerenciamento do processo, implementado sob diferentes matizes, teve idêntica essência. Busca, através de adequado planejamento do processo pelo juiz, combater o longo tempo, os altos custos e outorgar efetiva tutela após fixação adequada das questões relevantes do caso.

Com efeito, bom lembrar que tais institutos foram criados dentro de um contexto social de exponencial aumento de demandas. Daí sua relevância. Portanto, o gerenciamento do processo (*case management*), consiste, de modo básico, em atividade processual do juiz exercida sobre: "a) a identificação das questões relevantes, b) maior utilização pelas partes de meios alternativos de solução de controvérsias, e c) tempo necessário para concluir adequadamente todos os passos processuais".[14] Este planejamento do andamento do caso pelo

---

10 É dizer, o aluno deve aprender a utilizar, de modo eficiente e adequado, o sistema de precedentes, até para que saiba utilizar as técnicas processuais do *distinguishing* (em que pode o juiz deixar de aplicar determinada regra de direito se os fatos relevantes para decisão no concreto forem essencialmente diversos ao do precedente em cotejo) e do *overruling* (o juiz pode deixar de aplicar a regra do direito ao constatar que a aplicação do precedente já não mais guarda correspondência com a realidade econômica e social). A utilização dessas duas técnicas permite a flexibilização e permeabilidade do sistema de precedentes nos Estados Unidos da América. Assim, mesmo no Brasil, muito embora não estejam expressamente previstas na redação final no CPC/2015, tais técnicas serão salutares, na medida em que permitirão que o direito se adapte à realidade social em que foi criado.

11 GAJARDONI, Fernando da Fonseca; ROMANO, Michel Betenjane; LUCHIARI, Valeria Ferioli Lagrasta. O gerenciamento do processo, cit., p. 19.

12 ANDREWS, Neil. *O moderno processo civil*: formas judiciais e alternativas de resolução de conflitos da Inglaterra, cit., p. 73. Esta expressão – gerenciamento do processo – também foi utilizada por Fritz Baur (BAUR, Fritz. Die aktivität des richters im prozess, cit., p. 187-207).

13 WATANABE, Kazuo. A mentalidade e os meios alternativos de solução de conflitos no Brasil, cit., p. 8. Do mesmo autor, Cultura da sentença e cultura da pacificação, cit., p. 688-689. Nos textos, a expressão foi utilizada pelo Professor Watanabe também acerca do papel do juiz na condução ativa do processo quanto ao art. 331, CPC.

14 WATANABE, Kazuo. Cultura da sentença e cultura da pacificação, cit., p. 689.

juiz tem gerado bons resultados nesses países. Analisaremos, neste capítulo, portanto, as características de cada um dos modelos de forma mais detalhada a fim de, posteriormente, analisá-los em paralelo ao saneamento no processo civil brasileiro – mormente à audiência preliminar do art. 331, CPC/1973, e ao saneamento e organização do processo na forma do art. 357, CPC/2015, bem como a possibilidade de um modelo brasileiro de gerenciamento do processo (*case management*).

4.3. ESTUDO COMPARATIVO

4.3.1. Modelo português

O processo civil português também passou por recente reforma. Lá, em 2013, tiveram um novo CPC. Nele, o dever de gestão processual está expressamente previsto em seu art. 6º:

> Artigo 6.º Dever de gestão processual
>
> 1 — Cumpre ao juiz, sem prejuízo do ónus de impulso especialmente imposto pela lei às partes, dirigir ativamente o processo e providenciar pelo seu andamento célere, promovendo oficiosamente as diligências necessárias ao normal prosseguimento da ação, recusando o que for impertinente ou meramente dilatório e, ouvidas as partes, adotando mecanismos de simplificação e agilização processual que garantam a justa composição do litígio em prazo razoável.
>
> 2 — O juiz providencia oficiosamente pelo suprimento da falta de pressupostos processuais suscetíveis de sanação, determinando a realização dos atos necessários à regularização da instância ou, quando a sanação dependa de ato que deva ser praticado pelas partes, convidando estas a praticá-lo.

Percebe-se, assim, que, de um lado, o legislador português deixou ainda mais claro o poder do juiz na condução e gerenciamento do caso. Por outro lado, no art. 7º, dirigindo-se não apenas ao juiz, mas a todos os atores (partes, mandatários etc.), elegeu o princípio da cooperação:

> 1 — Na condução e intervenção no processo, devem os magistrados, os mandatários judiciais e as próprias partes cooperar entre si, concorrendo para se obter, com brevidade e eficácia, a justa composição do litígio.
>
> 2 — O juiz pode, em qualquer altura do processo, ouvir as partes, seus representantes ou mandatários judiciais, convidando-os a fornecer os es-

clarecimentos sobre a matéria de facto ou de direito que se afigurem pertinentes e dando-se conhecimento à outra parte dos resultados da diligência.

3 — As pessoas referidas no número anterior são obrigadas a comparecer sempre que para isso forem notificadas e a prestar os esclarecimentos que lhes forem pedidos, sem prejuízo do disposto no n.º 3 do artigo 417.º.

4 — Sempre que alguma das partes alegue justificadamente dificuldade séria em obter documento ou informação que condicione o eficaz exercício de faculdade ou o cumprimento de ónus ou dever processual, deve o juiz, sempre que possível, providenciar pela remoção do obstáculo.

Ainda de forma mais específica, Portugal também se preocupou em dispor sobre o dever de "gestão processual" e da audiência prévia, conforme arts. 590 e seguintes, CPC/2015:

Da gestão inicial do processo e da audiência prévia

Artigo 590.º Gestão inicial do processo

1 — Nos casos em que, por determinação legal ou do juiz, seja apresentada a despacho liminar, a petição é indeferida quando o pedido seja manifestamente improcedente ou ocorram, de forma evidente, exceções dilatórias insupríveis e de que o juiz deva conhecer oficiosamente, aplicando-se o disposto no artigo 560.º.

2 — Findos os articulados, o juiz profere, sendo caso disso, despacho pré-saneador destinado a:

a) Providenciar pelo suprimento de exceções dilatórias, nos termos do n.º 2 do artigo 6.º;

b) Providenciar pelo aperfeiçoamento dos articulados, nos termos dos números seguintes;

c) Determinar a junção de documentos com vista a permitir a apreciação de exceções dilatórias ou o conhecimento, no todo ou em parte, do mérito da causa no despacho saneador.

3 — O juiz convida as partes a suprir as irregularidades dos articulados, fixando prazo para o suprimento ou correção do vício, designadamente quando careçam de requisitos legais ou a parte não haja apresentado documento essencial ou de que a lei faça depender o prosseguimento da causa.

4 — Incumbe ainda ao juiz convidar as partes ao suprimento das insuficiências ou imprecisões na exposição ou concretização da matéria de facto alegada, fixando prazo para a apresentação de articulado em que se complete ou corrija o inicialmente produzido.

5 — Os factos objeto de esclarecimento, aditamento ou correção ficam sujeitos às regras gerais sobre contraditoriedade e prova.

6 — As alterações à matéria de facto alegada, previstas nos n.os 4 e 5, devem conformar -se com os limites estabelecidos no artigo 265.º, se forem introduzidas pelo autor, e nos artigos 573.º e 574.º, quando o sejam pelo réu.

7 — Não cabe recurso do despacho de convite ao suprimento de irregularidades, insuficiências ou imprecisões dos articulados.

Artigo 591.º Audiência prévia 1 — Concluídas as diligências resultantes do preceituado no n.º 1 do artigo anterior, se a elas houver lugar, é convocada audiência prévia, a realizar num dos 30 dias subsequentes, destinada a algum ou alguns dos fins seguintes:

a) Realizar tentativa de conciliação, nos termos do artigo 594.º;

b) Facultar às partes a discussão de facto e de direito, nos casos em que ao juiz cumpra apreciar exceções dilatórias ou quando tencione conhecer imediatamente, no todo ou em parte, do mérito da causa;

c) Discutir as posições das partes, com vista à delimitação dos termos do litígio, e suprir as insuficiências ou imprecisões na exposição da matéria de facto que ainda subsistam ou se tornem patentes na sequência do debate;

d) Proferir despacho saneador, nos termos do n.º 1 do artigo 595.º;

e) Determinar, após debate, a adequação formal, a simplificação ou a agilização processual, nos termos previstos no n.º 1 do artigo 6.º e no artigo 547.º;

f) Proferir, após debate, o despacho previsto no n.º 1 do artigo 596.º e decidir as reclamações deduzidas pelas partes;

g) Programar, após audição dos mandatários, os atos a realizar na audiência final, estabelecer o número de sessões e a sua provável duração e designar as respetivas datas.

2 — O despacho que marque a audiência prévia indica o seu objeto e finalidade, mas não constitui caso julgado sobre a possibilidade de apreciação imediata do mérito da causa.

3 — Não constitui motivo de adiamento a falta das partes ou dos seus mandatários.

4 — A audiência prévia é, sempre que possível, gravada, aplicando -se, com as necessárias adaptações, o disposto no artigo 155.º.

Artigo 592.º Não realização da audiência prévia

1 — A audiência prévia não se realiza:

a) Nas ações não contestadas que tenham prosseguido em obediência ao disposto nas alíneas b) a d) do artigo 568.º;

b) Quando, havendo o processo de findar no despacho saneador pela procedência de exceção dilatória, esta já tenha sido debatida nos articulados.

2 — Nos casos previstos na alínea

a) do número anterior, aplica-se o disposto no n.º 2 do artigo seguinte.

Artigo 593.º Dispensa da audiência prévia

1 — Nas ações que hajam de prosseguir, o juiz pode dispensar a realização da audiência prévia quando esta se destine apenas aos fins indicados nas alíneas d), e) e f) no n.º 1 do artigo 591.º.

2 — No caso previsto no número anterior, nos 20 dias subsequentes ao termo dos articulados, o juiz profere:

a) Despacho saneador, nos termos do n.º 1 do artigo 595.º;

b) Despacho a determinar a adequação formal, a simplificação ou a agilização processual, nos termos previstos no n.º 1 do artigo 6.º e no artigo 547.º;

c) O despacho previsto no n.º 1 do artigo 596.º;

d) Despacho destinado a programar os atos a realizar na audiência final, a estabelecer o número de sessões e a sua provável duração e a designar as respetivas datas.

3 — Notificadas as partes, se alguma delas pretender reclamar dos despachos previstos nas alíneas b) a d) do número anterior, pode requerer, em 10 dias, a realização de audiência prévia; neste caso, a audiência deve realizar-se num dos 20 dias seguintes e destina-se a apreciar as questões suscitadas e, acessoriamente, a fazer uso do disposto na alínea c) do n.º 1 do artigo 591.º.

Artigo 594.º Tentativa de conciliação

1 — Quando a causa couber no âmbito dos poderes de disposição das partes, pode ter lugar, em qualquer estado do processo, tentativa de conciliação, desde que as partes conjuntamente o requeiram ou o juiz a considere oportuna, mas as partes não podem ser convocadas exclusivamente para esse fim mais que uma vez.

2 — As partes são notificadas para comparecer pessoalmente ou se fazerem representar por mandatário judicial com poderes especiais, quando residam na área da comarca, ou na respetiva ilha, tratando-se das Regiões Autónomas, ou quando, aí não residindo, a comparência não represente sacrifício considerável, atenta a natureza e o valor da causa e a distância da deslocação.

3 — A tentativa de conciliação é presidida pelo juiz, devendo este empenhar-se ativamente na obtenção da solução de equidade mais adequada aos termos do litígio.

4 — Frustrando-se, total ou parcialmente, a conciliação, ficam consignadas em ata as concretas soluções sugeridas pelo juiz, bem como os fundamentos que, no entendimento das partes, justificam a persistência do litígio.

Artigo 595.º Despacho saneador 1 — O despacho saneador destina-se a:

a) Conhecer das exceções dilatórias e nulidades processuais que hajam sido suscitadas pelas partes, ou que, face aos elementos constantes dos autos, deva apreciar oficiosamente;

b) Conhecer imediatamente do mérito da causa, sempre que o estado do processo permitir, sem necessidade de mais provas, a apreciação, total ou parcial, do ou dos pedidos deduzidos ou de alguma exceção perentória.

2 — O despacho saneador é logo ditado para a ata; quando, porém, a complexidade das questões a resolver o exija, o juiz pode excecionalmente proferi-lo por escrito, suspendendo-se a audiência prévia e fixando-se logo data para a sua continuação, se for caso disso.

3 — No caso previsto na alínea a) do n.º 1, o despacho constitui, logo que transite, caso julgado formal quanto às questões concretamente apreciadas; na hipótese prevista na alínea b), fica tendo, para todos os efeitos, o valor de sentença.

4 — Não cabe recurso da decisão do juiz que, por falta de elementos, relegue para final a decisão de matéria que lhe cumpra conhecer.

5 — Nas ações destinadas à defesa da posse, se o réu apenas tiver invocado a titularidade do direito de propriedade, sem impugnar a posse do autor, e não puder apreciar-se logo aquela questão, o juiz ordena a imediata manutenção ou restituição da posse, sem prejuízo do que venha a decidir-se a final quanto à questão da titularidade do direito.

Artigo 596.º Identificação do objeto do litígio e enunciação dos temas da prova

1 — Proferido despacho saneador, quando a ação houver de prosseguir, o juiz profere despacho destinado a identificar o objeto do litígio e a enunciar os temas da prova.

2 — As partes podem reclamar do despacho previsto no número anterior.

3 — O despacho proferido sobre as reclamações apenas pode ser impugnado no recurso interposto da decisão final.

4 — Quando ocorram na audiência prévia e esta seja gravada, os despachos e as reclamações previstas nos números anteriores podem ter lugar oralmente.

Artigo 597.º Termos posteriores aos articulados nas ações de valor não superior a metade da alçada da Relação

Nas ações de valor não superior a metade da alçada da Relação, findos os articulados, sem prejuízo do disposto no n.º 2 do artigo 590.º, o juiz, consoante a necessidade e a adequação do ato ao fim do processo:

a) Assegura o exercício do contraditório quanto a exceções não debatidas nos articulados;

b) Convoca audiência prévia;

c) Profere despacho saneador, nos termos do no n.º 1 do artigo 595.º;

d) Determina, após audição das partes, a adequação formal, a simplificação ou a agilização processual, nos termos previstos no n.º 1 do artigo 6.º e no artigo 547.º;

e) Profere o despacho previsto no n.º 1 do artigo 596.º;

f) Profere despacho destinado a programar os atos a realizar na audiência final, a estabelecer o número de sessões e a sua provável duração e a designar as respetivas datas;

g) Designa logo dia para a audiência final, observando o disposto no artigo 151.º.

Artigo 598.º Alteração do requerimento probatório e aditamento ou alteração ao rol de testemunhas

1 — O requerimento probatório apresentado pode ser alterado na audiência prévia quando a esta haja lugar nos termos do disposto no artigo 591.º ou nos termos do disposto no n.º 3 do artigo 593.º.

2 — O rol de testemunhas pode ser aditado ou alterado até 20 dias antes da data em que se realize a audiência final, sendo a parte contrária notificada para usar, querendo, de igual faculdade, no prazo de cinco dias.

3 — Incumbe às partes a apresentação das testemunhas indicadas em consequência do aditamento ou da alteração ao rol previsto no número anterior.

Artigo 599.º Juiz da audiência final A audiência final decorre perante juiz singular, determinado de acordo com as leis de organização judiciária.

Artigo 600.º Designação da audiência nas ações de indemnização

1 — Nas ações de indemnização fundadas em responsabilidade civil, se a duração do exame para a determinação dos danos se prolongar por mais de três meses, pode o juiz, a requerimento do autor, determinar a realização da audiência, sem prejuízo do disposto no n.º 2 do artigo 609.º.

2 — A designação da audiência, nos termos do número anterior, não prejudica a realização do exame, a cujo relatório se atende na liquidação.

(...)

Artigo 602.º Poderes do juiz

1 — O juiz goza de todos os poderes necessários para tornar útil e breve a discussão e para assegurar a justa decisão da causa.

2 — Ao juiz compete em especial:

a) Dirigir os trabalhos e assegurar que estes decorram de acordo com a programação definida;

b) Manter a ordem e fazer respeitar as instituições vigentes, as leis e o tribunal;

c) Tomar as providências necessárias para que a causa se discuta com elevação e serenidade;

d) Exortar os advogados e o Ministério Público a abreviarem os seus requerimentos, inquirições, instâncias e alegações, quando sejam manifestamente excessivos ou impertinentes, e a cingirem -se à matéria relevante para o julgamento da causa, e retirar -lhes a palavra quando não sejam atendidas as suas exortações;

e) Significar aos advogados e ao Ministério Público a necessidade de esclarecerem pontos obscuros ou duvidosos.

Artigo 603.º Realização da audiência

1 — Verificada a presença das pessoas que tenham sido convocadas, realiza -se a audiência, salvo se houver impedimento do tribunal, faltar algum dos advogados sem que o juiz tenha providenciado pela marcação mediante acordo prévio ou ocorrer motivo que constitua justo impedimento.

2 — Se a audiência for adiada por impedimento do tribunal, deve ficar consignado nos autos o respetivo fundamento; quando o adiamento se dever à realização de outra diligência, deve ainda ser identificado o processo a que respeita. 3 — A falta de qualquer pessoa que deva comparecer é justificada na própria audiência ou nos cinco dias imediatos, salvo tratando -se de pessoa de cuja audição prescinda a parte que a indicou.

Artigo 604.º Tentativa de conciliação e demais atos a praticar na audiência final

1 — Não havendo razões de adiamento, realiza-se a audiência final.

2 — O juiz procura conciliar as partes, se a causa estiver no âmbito do seu poder de disposição.

3 — Em seguida, realizam-se os seguintes atos, se a eles houver lugar:

a) Prestação dos depoimentos de parte;

b) Exibição de reproduções cinematográficas ou de registos fonográficos, podendo o juiz determinar que ela se faça apenas com assistência das partes, dos seus advogados e das pessoas cuja presença se mostre conveniente;

c) Esclarecimentos verbais dos peritos cuja comparência tenha sido determinada oficiosamente ou a requerimento das partes;

d) Inquirição das testemunhas;

e) Alegações orais, nas quais os advogados exponham as conclusões, de facto e de direito, que hajam extraído da prova produzida, podendo cada advogado replicar uma vez.

4 — Se houver de ser prestado algum depoimento fora do tribunal, a audiência é interrompida antes das alegações orais, e o juiz e advogados deslocam-se para o tomar, imediatamente ou no dia e hora que o juiz designar; prestado o depoimento, a audiência continua no tribunal.

5 — As alegações orais não podem exceder, para cada um dos advogados, uma hora e as réplicas trinta minutos; o juiz pode, porém, permitir que continue no uso da palavra o advogado que, esgotado o máximo do tempo legalmente previsto, fundadamente o requerer com base na complexidade da causa; nas ações de valor não superior à alçada do tribunal de 1.ª instância, os períodos de tempo previstos para as alegações e as réplicas são reduzidos para metade.

6 — O advogado pode ser interrompido pelo juiz ou pelo advogado da parte contrária, mas, neste caso, só com o seu consentimento e o do juiz, devendo a interrupção ter sempre por fim o esclarecimento ou retificação de qualquer afirmação.

7 — O juiz pode, em qualquer momento, antes das alegações orais, durante os mesmos ou depois de findos, ouvir o técnico designado.

8 — O juiz pode, nos casos em que tal se justifique, alterar a ordem de produção de prova referida no n.º 3; pode ainda o juiz, quando o considere conveniente para a descoberta da verdade, determinar a audição em simultâ-neo, sobre determinados factos, de testemunhas de ambas as partes.

É nítida a preocupação do legislador português na otimização da Justiça. Daí a lógica de extensa redação e empoderamento do juiz na condução do processo, aliando-se à tradicional técnica do despacho saneador. Contudo, defendemos que o foco no gerenciamento do processo (entenda-se gerenciamento de caso) deve, atualmente, ir além de resolver simples questões processuais. O juiz não pode mais se limitar a decidir o processo sem, ao menos, tentar solucionar, quando possível, o conflito. Trata-se de diferença de paradigma e de perspectiva. Ao longo deste trabalho, procuraremos explorar de forma mais aprofundada esta distinção.

4.3.2. Modelo alemão ("Modelo de Stuttgart")

O Código de Processo Civil (*ZPO*) vigente, na Alemanha, é de 1877, época de formação do Estado alemão. Fruto de modelo liberal, seguiu os princípios da livre disposição das partes, oralidade e imediatidade, ensina Peter Gottwald.[15] Tal modelo, porém, teve que ser reformulado, em vista do longo tempo de duração do processo, pois as partes não possuíam qualquer interesse no acordo. Assim, ainda que com certa resistência, por influência do Código de Processo Civil austríaco de 1898, o país passou por uma série de reformas legislativas que, gradativamente, concederam maior poder ao juiz no gerenciamento do processo que começaram em 1909. Em 1924, o tribunal passou a ter poder para fixar audiências e recusar defesas intempestivas e protelatórias. Em 1933, nova emenda ao *ZPO* dispôs sobre o dever de as partes dizerem a verdade.

Porém, somente após a Segunda Guerra Mundial, com o refortalecimento econômico, e consequente aumento e acúmulo de demandas perante o Judiciário, fez-se sentir necessidade de reforma mais profunda e efetiva. Nesse período, o Juiz Rolf Bender, da Corte Distrital (20ª Câmara) de Stuttgart, trouxe a ideia de o juiz, desde a fase primeira do litígio, limitar as questões do caso por meio de audiência (*conference*) com os advogados e até as partes. Esse foi o chamado "Modelo de Stuttgart", que, em 1977, foi incorporado ao *ZPO* por meio da emenda de simplificação de processos (*Vereinfachungsnovelle*). Sobre o tema, é clássica a lição de Fritz Baur:

---

15 GOTTWALD, Peter. Civil justice reform: German perspective. In: ZUCKERMAN, Adrian A. S. (Ed.). *Civil justice in crisis*: comparative perspectives of civil procedure. London: Oxford University Press, 1999. p. 226. O autor menciona as sucessivas reformas processuais até a criação do atual "Modelo de Stuttgart" em 1977.

Também na República Federal da Alemanha alcançou êxito uma tentativa de reforma, que cada vez mais se divulga; trata-se do chamado "Modelo de Stuttgart de audiência no processo civil". A ideia básica é bastante simples: após a propositura da ação, realiza-se uma troca de peças escritas entre as partes, sob a direção do tribunal; ela se destina à exposição das questões de fato e à indicação dos meios de prova. O tribunal influi na exposição escrita das partes, na medida em que indica pontos que lhe parecem importantes para o completo esclarecimento da matéria de fato. Depois dessa troca de escritos, o tribunal marca a audiência, ordena sempre o comparecimento pessoal das partes e provê no sentido de que todos os meios de prova estejam presentes à audiência. Nessa única audiência (comparável à "audiência principal" do processo penal), o tribunal discute primeiro as questões de fato com as partes, pessoalmente presentes; nessa ocasião apontam-se obscuridades e equívocos nas exposições das partes, que devem ser logo esclarecidos. Muitas vezes, já nesse primeiro estágio, surge a possibilidade de encerrar-se o processo mediante transação. Se não se chega a tanto, realiza-se de imediato – na presença das partes – a colheita das provas. Também os peritos estão pessoalmente presentes, mesmo quando já tenham antes apresentado laudo escrito. Após a conclusão da atividade instrutória, têm as partes e os advogados oportunidade de arrazoar. O tribunal discute abertamente a situação de fato e de direito com as partes, de maneira que estas não fiquem em dúvida sobre a opinião do órgão. Isso conduz em muitos casos a uma transação. Quando não, o tribunal, depois de conferenciar, profere a sentença.[16]

E, assim, continua o ilustre autor, o "Modelo de Stuttgart" realiza "em estado quimicamente puro" a **oralidade** e a **imediatidade**. Com efeito, poderá haver apenas uma audiência de debate oral e produção de provas perante o tribunal que sentenciará o caso.[17] Benjamin Kaplan nomeia o modelo de "método da conferência" (*conference method*) e John H. Langbein aponta, nessa atividade processual, algumas virtudes: diminui a tensão e a teatralidade em comparação ao sistema legal norte-americano e, além disso, estimula o acordo.[18]

Gottwald, nesse contexto, ensina que o elemento central desse procedimento é composto por uma abrangente "audiência principal" (*main hearing*), prepara-

---

16 BAUR, Fritz. Transformações do processo civil em nosso tempo. *Revista Brasileira de Direito Processual*, Uberaba, v. 7, p. 61-62, 3º trim. 1976.
17 BAUR, Fritz. Transformações do processo civil em nosso tempo, cit., p. 62.
18 LANGBEIN, John H. The German advantage in civil procedure. *University of Chicago Law. Review*, v. 52, n. 4, p. 831, 1985. Kaplan foi mencionado no texto de Langbein (KAPLAN, Benjamin et. Al. Phases of German Civil Procedure. 71 Harv.L.Rev.1193,1443. 1958, p. 410).

da após uma "primeira audiência" (*early first hearing*) ou por prévia preparação escrita. Em ambos os casos, as partes devem apresentar seus argumentos como meios de "ataque" (*means of attack*) ou "defesa" (*means of defense*) de forma tempestiva, conforme decidido pelo tribunal. E aponta que, desde sua implementação, a média de duração do processo nos tribunais regionais é de seis meses, embora leve até nove para que um caso contencioso seja levado a julgamento.[19]

É dizer, o juiz deve preparar o processo, de forma escrita ou em audiência (§§275, 276 *ZPO*), para que o caso esteja pronto a ser julgado na audiência principal (§278 *ZPO*). As partes devem, por outro lado, produzir suas manifestações de ataque e defesa de modo tempestivo (§282 *ZPO*). Caso o juiz tenha fixado datas-limite, poderá excluir manifestações intempestivas e injustificadas (§296 (1)*ZPO*). E é interessante mencionar que o juiz pode e deve convocar as partes para tentativa de mediação (§118(1) 3 *ZPO*).[20] Mauro Cappelletti identifica o "Modelo de Stuttgart" de forma positiva. São dele as palavras seguintes:

> Outro tipo de reforma que poderia ser mencionado nesse contexto é o chamado "*Modelo de Stuttgart*", do processo civil germânico, cada vez mais difundido. Esse método de procedimento envolve as partes, advogados e juízes, num diálogo oral e ativo sobre os fatos e sobre o direito. Ele não apenas acelera o procedimento, mas também tende a resultar em decisões que as partes compreendem e frequentemente aceitam sem recorrer. Algumas características desse modelo, até então opcionais, tornaram-se obrigatórias para todos os *Landgerichte* Alemães através da reforma do Código de Processo Civil, em vigor desde 1º de julho de 1977.[21]

Sidnei BENETI também aponta que concentração e oralidade, na preparação da audiência, foram essenciais ao sucesso do "Modelo de Stuttgart". Aí, também, o juiz poderá optar na fixação de audiência preliminar ou de outra, mais ampla, que é a de discussão. Poderá, ainda, executar instrução escrita.[22]

Feitas tais considerações, é relevante notar que, desde 1977, a sociedade alemã passou por profundas mudanças. A reunificação da Alemanha em 1990,

---

19 GOTTWALD, Peter. Civil procedure reform in Germany. *The American Journal of Comparative Law*, v. 45, n. 4, p. 761, 1997.

20 GOTTWALD, Peter. Civil justice reform: German perspective, cit., p. 226-230.

21 CAPPELLETTI, Mauro; GARTH, Bryant. *Acesso à justiça*, cit., p. 78.

22 BENETI, Sidnei. A reforma processual alemã de 1976 e a interpretação da reforma do CPC brasileiro. In: TEIXEIRA, Sálvio de Figueiredo (Coord.). *Reforma do Código de Processo Civil*. São Paulo: Saraiva. 1996. p. 872.

aponta Gottwald, levou ao aumento de gastos públicos, de modo que houve novo momento de pressão para mudanças no processo civil germânico, mormente quanto à redução de custos. De 1991 a 1994, houve aumento de 1,63 milhão para 2,12 milhões de casos.[23] Por outro lado, o número de juízes não pode aumentar em função das limitações de orçamento.

Assim, estudam-se novas propostas de reforma. Nessas medidas, o procedimento poderá ser simplificado ainda mais se o juiz não mais precisar designar audiências e, ao invés, possa julgar com base apenas em documentos. Isto hoje é possível somente para causas com valor até 1.500 marcos e se uma das partes não posssa comparecer por causa da distância ou alguma outra razão importante (§128 Abs. 2 e 3, *ZPO*). A tendência é que tal permissão se estenda a outras causas.[24] No âmbito de reformas estruturais dos tribunais, o autor indica que poderá haver aprimoramento das técnicas de administração das cortes com a utilização de *softwares* específicos e melhor organização dos gabinetes e cartórios.[25]

Em vista das considerações acima, podemos, então, destacar os seguintes e relevantes pontos acerca do "Modelo de Stuttgart"[26]:

a) pressupõe o caráter público do processo; é expressão de uma "tensão social" e, por isso, precisa ser eliminada com rapidez e eficiência;

b) a audiência (principal) é momento adequado e oportuno para a incidência da concentração e da imediatidade;

c) nesse momento, assim, as alegações podem ser esclarecidas e, eventualmente corrigidas; as provas podem ser apresentadas e outras, relevantes, podem ser determinadas; o acordo poderá ser facilitado pelo diálogo sério e ponderado das partes e juiz;

d) a condução do processo deve ser feita pelo juiz de forma corretiva e supletiva;

e) as partes devem agir de boa-fé e, assim, expor a base fática do processo e falar a verdade.

---

23 GOTTWALD, Peter. Civil justice reform: German perspective, cit., p. 753.
24 GOTTWALD, Peter. Civil justice reform: German perspective, cit., p. 216-217.
25 GOTTWALD, Peter. Civil justice reform: German perspective, cit., p. 219.
26 Nota do autor: os itens apontados constam dos textos mencionados de Fritz Baur, Peter Gottwald, Sidnei Beneti e Sálvio de Figueiredo Teixeira, dos quais se pede vênia para não repetir e cansar o leitor.

Como bem colocam Peter L. MURRAY e Rolf STÜRNER, atualmente, o processo civil alemão tem "consistido de uma mistura de procedimentos escritos e orais. Cada modo é empregado com justiça, eficiência e economia que se esperam".[27] Os autores continuam:

> Em anos recentes a tradição histórica oral do processo civil alemão tem sido comprometida e parcialmente substituída pelo uso crescente e confiança em procedimentos escritos e relatórios (*Schriftsätze*). As partes podem ser intimadas para protocolarem ou trocarem pedidos escritos e relatórios para estabelecer afirmações, clarificar questões, responder a afirmações da parte contrária, e ultimamente arguir as questões legais ou fáticas preparatórias à decisão final da corte. Desde 1976 o ZPO tem oficialmente reconhecido o procedimento preparatório escrito como um meio alternativo para preparar casos para audiência de instrução e julgamento. Atualmente, o procedimento preparatório escrito tornou-se o meio principal para preparação de casos diários em muitas cortes.[28]

4.3.3. Modelo japonês

4.3.3.1. Escorço histórico: do *benrokenwakai* ao "Modelo de Stuttgart"

O sistema processual civil japonês sofreu profunda reforma após a II Guerra Mundial. O impacto da vitória dos aliados foi enorme. A Constituição revisada do Japão de 1946, com vigência a partir de maio de 1947, como já mencionado, inspirou-se, em muitos aspectos, no modelo norte-americano. Esse novo modelo constitucional alterou de forma profunda a estrutura do Direito nipônico. Além da *judicial review* aos moldes americanos, a Constituição previu também a extinção da soberania e poder divino do Imperador (*kokutai*),[29] supremacia da lei (*rule of law*)[30] e igualdade de todos perante a lei

---

27 MURRAY, Peter L.; STÜRNER, Rolf. *German civil justice*. Durham: Carolina Academic Press, 2004. p. 185.

28 MURRAY, Peter L.; STÜRNER, Rolf. *German civil justice*, cit., p. 229.

29 A respeito do *kokutai*, ver item 1.5, nota de referência 30.

30 No original, o art. 98, Constituição de 1947: "Article 98: This Constitution shall be the supreme law of the nation and no law, ordinance, imperial rescript or other act of government, or part thereof, contrary to the provisions hereof, shall have legal force or validity. 2) The treaties concluded by Japan and established laws of nations shall be faithfully observed".

(*equal protection of the laws*).[31] Dentre outras consequências, a partir de então, litígios com o Estado passaram também a ser apreciados pelo Judiciário de forma isonômica.[32]

No plano processual civil, desde 1890, o sistema legal japonês havia sido profundamente influenciado pelo *ZPO* alemão. O detalhismo do código foi objeto de críticas, o que levou à reforma em 1926. Tanto que Yasuhei Taniguchi[33] aponta que o "poder de clarificação" do juiz, inspirado no conceito alemão do *Aufklärungspflicht*, tornou-se fundamental. No procedimento preparatório, ele – juiz – deveria inquirir as partes e, inclusive, sugerir-lhe que produzissem outras provas. Esse poder desdobrava-se em duas principais vertentes: a primeira permitia que o juiz compreendesse de forma mais completa as alegações das partes. Isso não significava modificação do pedido, mas, antes de tudo, sua melhor compreensão. A segunda função se relacionava ao princípio da argumentação e diminuia o ônus da prova no pedido. O juiz não podia suprir a falta de uma alegação fática, mas sugerir qual prova faltava. Com base nisso, a parte, então, poderia suprir tal falta.

Após a II Guerra Mundial, o princípio caiu em desuso, pois tornou-se facultativo. E surgiram graves problemas daí relativos. Sem a aplicação do poder de clarificação, houve aumento da exclusão de questões não alegadas ou alegadas de forma inadequada. Assim, a fim de evitar o despreparo das partes e consequente exclusão indevida de alegações formuladas de forma inadequada, houve nova reforma pós-guerra para que o procedimento preparatório fosse opcional. Apenas quando adotado, a regra de exclusão seria aplicada. A consequência foi que o procedimento caiu em desuso.

---

31 No original, o art. 14, Constituição de 1947: "Article 14: All of the people are equal under the law and there shall be no discrimination in political, economic or social relations because of race, creed, sex, social status or family origin. 2) Peers and peerage shall not be recognized. 3) No privilege shall accompany any award of honor, decoration or any distinction, nor shall any such award be valid beyond the lifetime of the individual who now holds or hereafter may receive it".

32 Há interessante resumo do processo civil no *site* da Suprema Corte japonesa (*saiko saibansho*). SUPREME COURT OF JAPAN. Disponível em: <http://www.courts.go.jp/english/proceedings/civil_suit_index/civil_suit/index.html#i>. Acesso em: 20 fev. 2012.

33 TANIGUCHI, Yasuhei. The development of an adversary system in japanese civil procedure. In: FOOTE, Daniel (Ed.). *Law in Japan*: a turning point. Washington: University of Washington Press, 2007. p. 80-95. (Asian Law Series).

Havia, ao fundo, expectativa do legislador quanto à possibilidade de as partes participarem ativamente no processo a fim de apresentar as alegações e provas no prazo, que foi vã. Daí, a fim de evitar manifesta injustiça, os juízes que tencionavam aplicar tal dispositivo, corriam o risco de que o processo perdurasse por longo tempo em diversas audiências em favor de uma solução justa para a disputa. Este era o chamado modelo de procedimento da *May rain* (*samidare-shiki*), em que uma longa série de audiências curtas ocorria durante longo período de tempo. Esse processo de preparação praticamente se "eternizava" no tempo.

De forma paralela, a reconstrução do Japão no pós-guerra acelerou a economia e as relações sociais. Reflexo instantâneo foi o aumento na complexidade das demandas judiciais, o que culminou também em maior tempo de duração do processo. Ademais, passou a ser de difícil intelecção por pessoas leigas.

A insatisfação gerada com tal quadro levou o Japão a enviar juízes para a Alemanha a fim de apreender os conceitos do "Modelo de Stuttgart", visto que, então, a Alemanha estava a padecer de problema idêntico.

Enquanto isso estava a ocorrer, no Japão, os juízes passaram a adotar um procedimento preparatório para fixar as questões reais em um estágio incial do processo e designar audiências concentradas de conciliação e julgamento. Essa criação foi chamada de *benrokenwakai*, ou seja, pedido (*benron*) e acordo (*wakai*) ao mesmo tempo. A Professora Yukiko Hasebe traduz tal instituto como *hearing and conference for settlement*, é dizer, realizava-se, concomitantemente, audiência e conferência para acordo. Seus respectivos objetivos eram, em ambiente informal (a audiência ocorria em ambiente privado, fora da sala de audiências), limitar os fatos e as provas ao mais relevante e promover o acordo entre as partes. As partes, advogados e juiz, dizia-se, tinham mais liberdade para franca e frutífera discussão. Assim, chegavam facilmente ao acordo.[34] Essa prática mostrou-se efetiva; levou à efetiva preparação de casos de alta complexidade em período relativamente curto de tempo e induziu à celebração de acordos na fase inicial, aliviando a carga de processos perante as cortes.

De qualquer modo, a crítica tecida ao sistema da *benrokenwakai* dizia respeito ao modo como era feita. Por vezes, as conversas eram realizadas de forma

---

34 HASEBE, Yukiko. Civil justice reform: japanese perspective. In: ZUCKERMAN, Adrian A. S. (Ed.). *Civil justice in crisis*: comparative perspectives of civil procedure. Oxford: Oxford University Press, 1999. p. 259.

isolada entre o juiz e uma das partes, o que acabava comprometendo a igualdade processual, a paridade de armas entre as partes.[35] Isso, como será visto no item seguinte, levou à não adoção do instituto na reforma processual de 1998.

De qualquer forma, nova e significativa mudança na infraestrutura das cortes. Os assistentes das cortes (*court clerks*) passaram a receber atribuições de preparação dos casos, até então exclusivas do juiz. E também o uso de uma "mesa redonda" nas salas de audiências foi incentivado no final de 1980. O juiz, seu assistente, os advogados, as partes e testemunhas sentam-se à mesa, lado a lado. Isso gerou atmosfera cooperativa entre os participantes, facilitando, ainda, a circulação de documentos entre eles. O acesso à justiça, no Japão, a exemplo de outros países como Estados Unidos e Alemanha, precisava ser melhorado.

4.3.3.2. O "Modelo de Stuttgart" e as audiências preparatórias no novo código de processo civil japonês

O estudo para a reforma processual intensificou-se a partir de 1990. Bastante influenciada pelo "Modelo de Stuttgart", ocorreu em 1996 e passou a viger em 1998. A principal característica desse modelo alemão foi a iniciativa de o juiz, desde a fase primeira do litígio, limitar as questões do caso por meio de audiência (*conference*) com os advogados e até as partes.

Conquanto a prática do *benrokenwakai* não tenha sido adotada, há previsão de que, assim que a ação é ajuizada, deve-se fixar audiência em até 30 dias a partir de então, salvo exceções. Nela, vige o princípio da oralidade. Yukiko Hasebe, porém, aponta que, por vezes, para evitar o formalismo, as partes reiteram o conteúdo de suas declarações escritas e, com isso, buscam ganhar tempo.[36] Foram previstos, ensina, três tipos de procedimento preparatório:

a) audiência preparatória ou *preparatory hearing* (arts. 164 a 167, CPC japonês): é aberta ao público, pois diz respeito ao interesse público, como, por exemplo, questões ligadas à poluição do meio ambiente;

b) procedimento preparatório para audiência ou *preparatory procedure for hearing* (arts. 168-174, CPC japonês): tal modelo de audiência guarda relativa semelhança à *benrokenwakai*, corrigindo, porém, seus defeitos. Assim, é realizada na presença das partes envolvidas, advogados e juiz a

---

35 HASEBE, Yukiko. Civil justice reform: japanese perspective, cit., p. 260.
36 HASEBE, Yukiko. Civil justice reform: japanese perspective, cit., p. 239.

portas fechadas. Tal procedimento tem por finalidade arranjar as questões e as provas por ambas as partes, além de se preservar o incentivo ao acordo pelo juiz;

c) procedimento preparatório por declarações escritas ou *preparatory procedure by written statements* (arts. 175-178, CPC japonês): caso as partes residam longe do tribunal e seja difícil o seu comparecimento, o juiz poderá identificar as questões fundamentais e excluir as irrelevantes sem o comparecimento das partes, baseando-se apenas nas declarações escritas que lhe foram submetidas. Eventual esclarecimento poderá ser feito por *conference call* entre as partes e o juiz.[37]

Portanto, também no Japão, a exemplo do "Modelo de Stuttgart", apontam-se os relevantes pontos acerca do modelo japonês:

a) a audiência é momento adequado e oportuno para a incidência da oralidade, concentração e imediatidade;

b) o modelo da *benrokenwakai* apresentava inúmeros benefícios; porém, seus riscos quanto à violação à publicidade na realização dos procedimentos e igualdade de tratamento processual levaram a que não fosse adotada pela reforma processual de 1998;

c) os três modelos previstos atualmente, *preparatory hearing*, *preparatory procedure for hearing* e *preparatory procedure by written statements* buscam preservar a essência do "Modelo de Stuttgart", quais sejam, a concentração dos atos, oralidade e imediatidade, além do incentivo ao acordo;

d) nesse momento, as questões fundamentais do caso são identificadas, limitando-se ao mais relevante;

e) o acordo poderá ser facilitado pelo diálogo mais informal e aberto entre as partes e juiz, ainda que por *conference call*, isto é, sem presença física das partes ao fórum (maior grau de informalidade, com prevalência do conteúdo, qual seja, esclarecimento quanto às questões do caso e consequente incentivo ao acordo).

---

37 HASEBE, Yukiko. Civil justice reform: japanese perspective, cit., p. 260-261.

O estudo do modelo japonês tem um propósito: sugerimos que o modelo é bastante similar ao alemão ("Modelo de Stuttgart); guarda, ainda, semelhanças ao *case management* norte-americano.

A diferença, defendemos, é a cultura da pacificação, muito forte no Japão, arraigada a quase todos os setores da sociedade. Daí porque a esmagadora maioria dos conflitos não chega a ser judicializada. Ao contrário, é resolvida antes. Ou, caso o conflito seja judicializado, é comum a prática do acordo. A propósito, Kazuo WATANABE traz sua experiência:

> Quando participei da elaboração do anteprojeto da Lei das Pequenas Causas, tive a oportunidade de visitar o Japão para ver o juizado de conciliação e também o Tribunal de Pequenas Causas de Nova Iorque. Percebi que, principalmente no Japão, existe uma cultura diferente; o que lá funciona pode não funcionar no Brasil. É necessário considerarmos as bases culturais para pensarmos em uma estratégia mais adequada de tratamento dos conflitos de interesse. Para dar a dimensão da diferença entre Brasil e Japão, citarei um dado: o Japão tem uma população de 120 milhões de habitantes – o Estado de São Paulo tem 40 milhões de habitantes, quer dizer, 1/3 da população do Japão; são 150 mil advogados no Estado de São Paulo; o Japão tem 19 mil advogados para 140 milhões de pessoas. Não é verdade afirmar que o japonês não é conflituoso, basta estarem presentes dois japoneses para constituírem uma associação, e há conflitos, mas há mecanismos para solucioná-los.
>
> Ouvindo a palestra de um professor japonês, fiquei impressionado com a sua afirmativa de que os meios informais de controle da sociedade são mais rigorosos que os meios formais. Os formais seriam: a Polícia, o Judiciário, o Ministério Público; os meios informais seriam: a família, a vizinhança, as escolas, os locais de trabalho etc. Esse rigor que existe na sociedade tem aspectos negativos certamente: no Japão, há muito mais suicídio de crianças do que no Brasil. Convenço-me, cada vez mais, que, sem pensarmos na organização adequada da sociedade, mas apenas em aprimorar processos, não estaremos resolvendo o problema de tratamento adequado dos conflitos de interesses que ocorrem na sociedade (negrito próprio).
>
> Vejo os juizados de pequenas causas – que começaram como uma forma de permitir acesso mais fácil à camada mais humilde da população – como a experiência, em princípio combatida, que funcionou, sendo utilizada, hoje, como uma forma de solucionar a crise da Justiça e não para facilitar o acesso à Justiça pela população mais humilde.[38]

---

38 WATANABE, Kazuo. Modalidade de mediação, cit., p. 44-45.

4.3.4. Modelo inglês

4.3.4.1. Escorço histórico

Há séculos, o sistema britânico da *Common Law* tem sido criticado acerca de muitos de seus traços.[39] Contudo, nos limitamos a apontar algumas dessas características, relacionadas ao desenvolvimento do *case management*. Assim, na Inglaterra, havia inegável traço comum com a Alemanha até 1999, quando as *Civil Procedure Rules* ou *CPR* entraram em vigor: as partes (não o juiz) exerciam o controle sobre o processo. Tal característica, comum ao sistema adversarial, foi considerada uma das principais causas para que o processo civil britânico tenha se tornado lento, complexo e custoso.

Ao longo do tempo, buscou-se minimizar tais efeitos por meio de algumas reformas legislativas. Assim, em 1950, o fortalecimento da *Summons for Directions* - procedimento a partir de fase preparatória até o julgamento do mérito, desenvolvida perante uma espécie de juiz instrutor (*master*)[40] – foi tentada, por meio das reformas *Evershed*, a fim de tornar o processo mais eficiente e econômico.

Porém, não tiveram o resultado almejado. A principal falha foi permitir que o controle do processo permanecesse à disposição livre das partes, apontou *Lord* Neuberger. Aliás, Neuberger a classifica como instituto "primitivo", um "*case management* próprio ao Neanderthal".[41]

4.3.4.2. O período pré-reformas *Woolf*

Os tribunais ingleses, ainda que sem previsão expressa para tanto, e insatisfeitos com a situação com que se deparavam, abandonaram, dia a dia, a postura tradicionalmente passiva. E, assim, aos poucos, adotaram um caráter

---

39 MORRIS, Clarence (Org.). *Os grandes filósofos do direito*, cit., p. 260.
40 TUCCI, Rogerio Lauria. A nova fase saneadora do processo civil brasileiro. In: TEIXEIRA, Sálvio de Figueiredo (Coord.). *Reforma do Código de Processo Civil*. São Paulo: Saraiva. 1996. p. 350.
41 NEUBERGER. *Docketing*: completing case management's unfinished revolution. (London, 9 Feb. 2012). Disponível em: <http://www.judiciary.gov.uk/media/speeches/speakers/lord-neuberger-of-abbotsbury>. Acesso em: 10 jul. 2012.

gradativamente ativo na condução do processo.[42] Neil Andrews[43] traça o histórico dessa transformação. Menciona caso de 1991, em que o Juiz Gatehouse, da Corte Comercial de Londres, ao se deparar com complicada ação, decidiu, já na fase inicial, cortar o nó gordio e identificou algumas das questões preliminares. Tratava-se do caso *Ashmore v. Corp. of Lloyd´s (No. 2)*[44]. Tal decisão foi modificada pela Corte de Apelações, mas, posteriormente, foi mantida pela *House of Lords*. Excerto de tal acórdão é no seguinte sentido:

> "(...) o controle dos procedimentos cabe ao juiz e não ao autor. Uma expectativa de que o julgamento prosseguisse a uma conclusão com base em prova a ser produzida não é legítima. A única expectativa legítima de qualquer autor é de receber justiça. A Justiça só poderá ser atingida no auxílio ao juiz e em aceitar suas decisões".[45]

Lord Roskill, outro dos julgadores da *House of Lords*, na ocasião, pronunciou-se do seguinte modo:

> "nas Cortes Comerciais, *e, aliás, em qualquer outra corte de primeira instância*, é o juiz que possui o controle dos procedimentos. É parte de seu dever de identificar os pontos cruciais e de cuidar para que sejam julgados quanto antes possível de forma expedita e econômica. É dever dos advogados das partes auxiliar o juiz em cumprir o seu dever. Os litigantes não possuem o direito de uso descontrolado do tempo de um juiz. Outros litigantes aguardam sua vez. Litigantes possuem o direito do tempo de julgamento do juiz quanto for necessário para a determinação adequada das questões relevantes."[46]

O autor menciona outro caso criminal. Nele, o julgamento durou 184 dias. Foram ouvidas 94 testemunhas, o que resultou em gasto de 40 milhões de libras. Foi o segundo caso mais demorado na Inglaterra. A Corte de Apelações teceu críticas à postura passiva do juiz. Mencionou que ali caberia controle rigoroso do caso pelo juiz. Andrews aponta, assim, que:

> (...) tanto em casos criminais quanto cíveis, especialmente onde o julgamento será provavelmente lento e complicado, as cortes de apelação deixa-

---

42 BARBOSA MOREIRA, José Carlos. *Temas de direito processual*. 9. ed. São Paulo: Saraiva, 2007. p. 74-75.
43 ANDREWS, Neil. *Principles of civil procedure*. London: Sweet & Maxwell, 1994. p. 44-45.
44 [1992] 2 Lloyd´s Rep. 620, 1992.
45 *Ashmore v. Corp. of Lloyd´s* [1992] 1 W.L.R. 446, H.L., at 454 *per* Lord Templeman.
46 *Ashmore v. Corp. of Lloyd´s* [1992] 1 W.L.R. 446, H.L., at 448.

ram claro que o juiz deveria intervir de forma decisiva para assegurar que os procedimentos fossem realizados de forma eficiente e justa. Ele pode excluir provas irrelevantes ou desnecessárias em uma acusação criminal. Poderá também fixar questões preliminares em um julgamento de caso cível. Haveria, ainda, outras decisões que poderia proferir para atender aos interesses de economia e justiça. Certamente ele não deveria se recostar e deixar os advogados decidirem as questões. Eles podem até ganhar dinheiro. Mas os interesses da justiça devem prevalecer. É, portanto, encorajador que um juiz[47] (Brooke J.) tenha feito pública sua visão de que, em ações complexas de apuração de fraude, o juiz se pareça com o diretor executivo de uma grande empresa. Disse o juiz:

"(o juiz, nos casos mencionados, assume) uma responsabilidade de gerenciamento bastante densa, comparável à gestão de um complexo projeto empresarial que vale milhões de libras. É essencial (...) que o juiz de primeira instância seja provido de tudo que ele razoavelmente necessite, incluindo computadores (...) e capacidade de gerenciamento de processos (...)".[48]

Andrews fez tais observações em 1994, portanto, antes da publicação do Relatório Woolf (1996). Mas é interessante notar que, de modo quase prospectivo à época, o autor menciona diversos tópicos que estariam a ser adotados dois anos depois de forma expressa na reforma do judiciário inglês.

4.3.4.3. Civil Procedure Rules (CPR) e o Relatório Final Woolf de acesso à justiça (*Lord Woolf´s Access to Justice Final Report*)

Antes de 1999, estavam em vigor as Regras da Suprema Corte ou *Rules of the Supreme Court*, também conhecidas como *RSC*. Haviam sido instituídas por um poder estatutário do Comitê de Regras da Suprema Corte (*Supreme Court Rule Committee*), composto pelo líder do Judiciário britânico, o *Lord Chancellor*, que indicava os demais membros, a saber, o *Master of the Rolls* (Presidente da Divisão Civil da Corte de Apelações)[49], os líderes das Divisões da *High Court* e quatro advogados. Tais regras foram revogadas pelas *Civil Procedure Rules*, cujo desenvolvimento será traçado a seguir em breves linhas.

No turbulento cenário até 1994, *Lord* Woolf foi indicado pelo então *Lord Chancellor* Mackay para detectar as causas da ineficiência da Justiça, de modo

---

47   Brooke J. *The Independent*. 4.08.92.

48   ANDREWS, Neil. *Principles of civil procedure*, cit., p. 44-45.

49   A *Court of Appeal* atua em muitos casos como última instância do Judiciário e, em outros, como instância intermediária à *House of Lords*.

a rever as *RSC*, com o propósito de melhorar o acesso à justiça, reduzindo a complexidade do sistema legal para torná-lo menos custoso e mais eficaz. Em 1996, publica-se o *Access to Justice Final Report*. A partir daí, o Relatório foi adotado como base de reforma legislativa para a criação e redação das *Civil Procedure Rules*, em vigor desde 26 de abril de 1999.

4.3.4.4. O *case management* inglês e as Reformas Woolf

O Relatório Final Woolf de acesso à justiça foi um extenso exame do processo civil britânico. Os problemas encontrados por *Lord* Woolf, em síntese, consistiram em: *a*) custos elevados, que, por vezes, superam o valor da causa em jogo; *b*) é lento demais para atingir o resultado esperado; *c*) demasiadamente iníquo: há um desequilíbrio no processo, com litigantes poderosos e abastados de um lado; de outro, litigantes sem recursos suficientes; *d*) por demais incerto: não há como prever os custos do processo e quanto durará, fatos que geram receio ao desconhecido; *e*) é incompreensível à maior parte dos litigantes; *f*) organização fragmentada, pois não há clara definição de responsabilidades na administração da justiça civil; e *g*) demasiadamente adversarial, pois os casos são conduzidos pelas partes, não pelos tribunais, e as regras da corte (*RSC*) são, frequentemente, ignoradas pelas partes e não implementadas pelos tribunais.[50]

O relatório Woolf (*Final Report*), assim, trouxe gama de princípios para que o acesso à justiça seja assegurado. O sistema, pois, deve:

a) ser *justo* nos resultados que fornece;

b) ser *isonômico* no modo como trata os litigantes;

c) oferecer procedimentos adequados a um *custo* razoável;

d) lidar com os casos em *velocidade* razoável;

---

50 No original, o *Woolf's Report* contém o seguinte: "**The problems.** (...) 2. The defects I identified in our present system were that it is too expensive in that the costs often exceed the value of the claim; too slow in bringing cases to a conclusion and too unequal: there is a lack of equality between the powerful, wealthy litigant and the under resourced litigant. It is too uncertain: the difficulty of forecasting what litigation will cost and how long it will last induces the fear of the unknown; and it is incomprehensible to many litigants. Above all it is too fragmented in the way it is organised since there is no one with clear overall responsibility for the administration of civil justice; and too adversarial as cases are run by the parties, not by the courts and the rules of court, all too often, are ignored by the parties and not enforced by the court". WOOLF´S Report, Overview. *A The National Archives*. Disponível em: <http://webarchive.nationalarchives.gov.uk/+/http://www.dca.gov.uk/civil/final/overview.htm>. Acesso em 19 fev. 2012.

e) ser *compreensível* aos que dele se utilizam;
f) ser *adequado* às necessidades aos que dele se utilizam;
g) garantir tanta *certeza* quanto a natureza dos casos particulares permitir e
h) ser *efetivo*: adequadamente recorrível e organizado.[51]

E apresenta dois principais eixos: *a)* "objetivo preponderante" ou *overriding objective*, atrelado à proporcionalidade; e *b)* "gerenciamento do processo" ativo ou *active judicial case management*. O primeiro aponta para como a lide deve ser conduzida pelo juiz, litigantes e advogados. O segundo pilar – *case management* – é compreendido como meio para que tal meta seja levada a efeito pelos tribunais, com o auxílio das partes.

E, de forma específica ao segundo tópico, a relevância de preparação dos juízes para que o exercessem de forma adequada foi salientada. Portanto, foi sugerido que recebessem: *a)* treinamento necessário para exercer tal atividade; *b)* incentivo à especialização por áreas, como negligência médica, a fim de que pudessem compreender também questões técnicas de forma adequada; *c)* suporte administrativo e tecnológico necessário para o efetivo gerenciamento dos casos.[52] Os elementos essenciais ao *case management*, portanto, incluem:

a) alocar cada caso à via (*track*)[53] e ao foro adequados;
b) encorajar e assistir às partes ao acordo ou, ao menos, ao acordo em determinada questão;
c) encorajá-las à utilização de *ADR*;
d) identificar, em estágio inicial do litígio, as questões fundamentais para julgamento integral;
e) dispensar de forma sumária os casos "fracos" e questões "sem esperança";
f) alcançar transparência no controle dos custos;
g) aumentar o grau de ciência do cliente quanto ao progresso e custos do caso;

---

51 WOOLF´S Report, Overview, cit.
52 Seção II do Relatório Woolf. WOOLF´S Report, Overview, cit.
53 *Lord* Woolf ainda propôs, basicamente, três principais vias ou *tracks*: *a)* pequenas causas (*small claims track*); *b)* rápida (*fast track*) e *c)* multi-via (*multi-track*). WOOLF´S Report, Overview, cit.

h) fixar e garantir o adequado cumprimento de rigoroso calendário para os passos processuais preparatórios ao julgamento e quanto ao próprio julgamento.[54]

Ele, assim, apontou que o gerenciamento ativo do processo seja uma das funções do juiz. É um dos meios essenciais para promover aquilo que deve o objetivo de qualquer sistema processual, ou seja, lidar com os casos de forma justa. Para Woolf, então, *case management* inclui identificar as questões do caso; decidir de forma célere algumas questões e decidir qual a ordem para que outras delas sejam solvidas; fixar calendários para que as partes cumpram com o necessário desenvolvimento do processo; e limitar a *disclosure* e *expert evidence*.[55]

A classificação foi adotada pelas *Civil Procedure Rules* com algumas modificações. E, assim, as *Civil Procedure Rules*, na Regra 1.4, preveem, logo no início, medidas de *case management*. É importante observar a menção de que há um dever do juiz nesse gerenciamento do processo; não mais mera atividade discricionária. O rol de atividades incorpora muito do que fora dito por *Woolf*, com algumas modificações. De qualquer forma, é relevante e merece ser transcrito:

> "1.4. Deveres do juiz no *case management* (gerenciamento do processo):
>
> (1) O juiz deve promover o objetivo preponderante por meio de ativo *case management* (gerenciamento do processo) nos casos.
>
> (2) O ativo *case management* inclui:
>
> (a) encorajar as partes a cooperar entre si na condução do processo;
>
> (b) identificar as questões em fase inicial;
>
> (c) decidir prontamente quais as questões demandam cognição plena e julgamento integral e quais podem ser tratadas de forma sumária;

---

54 Seção II do Relatório Woolf. WOOLF´S Report, Overview, cit.
55 Seção II do Relatório Woolf. WOOLF´S Report, Overview, cit.
Nota do autor: A *disclosure* é um dos atos pré-processuais relacionados à fase da *discovery*, em que uma parte deve "abrir" à outra as provas que pretende utilizar no julgamento. A *expert evidence* relaciona-se à prova pericial. Há um caráter distintivo nos sistemas inglês e norte-americano, pois lá o *perito* da parte poderá ser ouvido como testemunha (*expert witness*), instituto que tem gerado enorme controvérsia, dada à credibilidade (ou não) de tal meio de prova.

(d) decidir a ordem em que as questões serão resolvidas;

(e) encorajar as partes a utilizar os meios de resolução alternativa de conflitos, desde que o juiz os considere adequados e facilitar sua respectiva utilização;

(f) auxiliar as partes ao acordo integral ou parcial do caso;

(g) fixar calendários ou, de outro modo, controlar o progresso do caso;

(h) levar em consideração se os possíveis benefícios, ou não, quanto à adoção de determinado passo justificam os custos de tomá-lo;

(i) lidar com tantos aspectos do caso quanto possível na mesma ocasião;

(j) lidar com o caso sem que as partes necessitem comparecer ao fórum;

(k) fazer uso de tecnologia e

(l) dar orientações para assegurar que o julgamento do caso seja dado de forma rápida e eficiente".[56]

---

[56] No original, a *Rule* 1.4, *CPR*: "1.4 Courts duty to manage cases
(1) The court must further the overriding objective by actively managing cases.
(2) Active case management includes
(a) encouraging the parties to co-operate with each other in the conduct of the proceedings;
(b) identifying the issues at an early stage;
(c) deciding promptly which issues need full investigation and trial and accordingly disposing summarily of the others;
(d) deciding the order in which issues are to be resolved;
(e) encouraging the parties to use an alternative dispute resolution(GL)procedure if the court considers that appropriate and facilitating the use of such procedure;
(f) helping the parties to settle the whole or part of the case;
(g) fixing timetables or otherwise controlling the progress of the case;
(h) considering whether the likely benefits of taking a particular step justify the cost of taking it;
(i) dealing with as many aspects of the case as it can on the same occasion;
(j) dealing with the case without the parties needing to attend at court;
(k) making use of technology; and
(l) giving directions to ensure that the trial of a case proceeds quickly and efficiently".

O rol de atividades que englobam o *case management*, obviamente, não se limita à Regra 1.4, *CPR*; rol este exemplificativo. Ao contrário, permeia todas as *Civil Procedure Rules*. Destaca-se, também, a Parte 3, *CPR*; nela, as Regras 3 a 3.11 tratam dos poderes de *case management* do juiz ou tribunal.

E, de forma específica, a Regra 3 prevê, também de forma exemplificativa, outros poderes. Dentre eles, destacam-se: *a)* estender ou diminuir prazos de cumprimento a qualquer regra ou decisão judicial (Regra 3.1 (2)(a)); *b)* adiar ou adiantar audiência (Regra 3.1 (2)(b)); *c)* intimar a parte ou seu representante legal para comparecer perante o tribunal (Regra 3.1 (2)(c)); *d)* realizar audiência ou colher prova por telefone ou qualquer outro método de comunicação oral direta (Regra 3.1 (2)(d)); *e)* levar uma questão a julgamento em separado (Regra 3.1 (2)(i)); bem como *f)* adotar qualquer outra medida ou decisão com o propósito de *gerir* o processo e promover o objetivo preponderante (Regra 3.1 (2)(m)).[57]

---

57 No original, a Regra 3.1 é assim vazada: "3.1 The courts general powers of management
   (1) The list of powers in this rule is in addition to any powers given to the court by any other rule or practice direction or by any other enactment or any powers it may otherwise have.
   (2) Except where these Rules provide otherwise, the court may
   (a) extend or shorten the time for compliance with any rule, practice direction or court order (even if an application for extension is made after the time for compliance has expired);
   (b) adjourn or bring forward a hearing;
   (c) require a party or a partys legal representative to attend the court;
   (d) hold a hearing and receive evidence by telephone or by using any other method of direct oral communication;
   (e) direct that part of any proceedings (such as a counterclaim) be dealt with as separate proceedings;
   (f) stay the whole or part of any proceedings or judgment either generally or until a specified date or event;
   (g) consolidate proceedings;
   (h) try two or more claims on the same occasion;
   (i) direct a separate trial of any issue;
   (j) decide the order in which issues are to be tried;
   (k) exclude an issue from consideration;
   (l) dismiss or give judgment on a claim after a decision on a preliminary issue;
   (ll) order any party to file and serve an estimate of costs;
   (m) take any other step or make any other order for the purpose of managing the case and furthering the overriding objective".

Além disso, as *CPR*, nas Regras 2.3[58] e 26.6,[59] previram três vias – *tracks* – com regras específicas de procedimento para cada uma delas. Há dois principais critérios para distinção entre elas: por valor, ou seja, *ratione valorem*, e por matéria, *ratione materiae*.

As três vias ou *tracks* consistem, dessa maneira, em: pequenas causas (*small claims track*); via rápida (*fast track*) e multi-via ou múltiplos litígios[60] (*multi-track*). De modo sintético, causas menos complexas e com valor reduzido trilham a primeira via, ou seja, a *small claims track*. Aquelas com valor mediano e que não sejam tão complexas prosseguem pela *fast track*. E, por fim, para

---

58 No original, a Regra 2.3 segue deste modo: "Rule 2.3 defines claim for personal injuries as proceedings in which there is a claim for damages in respect of personal injuries to the claimant or any other person or in respect of a persons death)
(2) For the purposes of paragraph (1) damages for personal injuries means damages claimed as compensation for pain, suffering and loss of amenity and does not include any other damages which are claimed.
(3) Subject to paragraph (1), the small claims track is the normal track for any claim which has a value of not more than 5,000.
(Rule 26.7(4) provides that the court will not allocate to the small claims track certain claims in respect of harassment or unlawful eviction)
(4) Subject to paragraph (5), the fast track is the normal track for any claim (a) for which the small claims track is not the normal track; and
(b) which has a value
(i) for proceedings issued on or after 6th April 2009, of not more than 25,000; and
(ii) for proceedings issued before 6th April 2009, of not more than 15,000.
(5) The fast track is the normal track for the claims referred to in paragraph (4) only if the court considers that
(a) the trial is likely to last for no longer than one day; and
(b) oral expert evidence at trial will be limited to
(i) one expert per party in relation to any expert field; and
(ii) expert evidence in two expert fields.
(6) The multi-track is the normal track for any claim for which the small claims track or the fast track is not the normal track".

59 No original, a Regra 26.6 é assim redigida: "26.6 Scope of each track
(1) The small claims track is the normal track for
(a) any claim for personal injuries where
(i) the value of the claim is not more than 5,000; and
(ii) the value of any claim for damages for personal injuries is not more than 1,000;
(b) any claim which includes a claim by a tenant of residential premises against a landlord where
(i) the tenant is seeking an order requiring the landlord to carry out repairs or other work to the premises (whether or not the tenant is also seeking some other remedy);
(ii) the cost of the repairs or other work to the premises is estimated to be not more than 1,000; and
(iii) the value of any other claim for damages is not more than 1,000".

60 Tal versão para o português – múltiplos litígios – foi utilizada por Neil Andrews (*O moderno processo civil*: formas judiciais e alternativas de resolução de conflitos da Inglaterra, cit., p. 73).

causas de alto valor e/ou complexidade elevada, e todas que não se enquadrem nas duas primeiras, trilham a *multi-track*.

É relevante apontar que cada uma dessas três vias possuirá regras específicas de *case management*. Quanto maior o grau de complexidade do caso, em regra, maior a necessidade de que tal gerenciamento ocorra. O inverso é verdadeiro: para as "pequenas causas" (*small claims*), menor a intensidade do *case management*, que parece acontecer de forma mais leve. Aí, por exemplo, a regra para as *small claims* é de que não haverá conferências de gerenciamento do caso.

No que interessa a este estudo, de outro lado, aos casos que se inserem na *multi-track*, há expressa previsão da conferência de gerenciamento do caso ou *case management conference* (*CMC*) e da revisão pré-julgamento ou *pre-trial review* (*PTR*). As Regras 29.2 a 29.5, *CPR*,[61] apontam a *CMC* como uma conferência do juiz com as partes envolvidas.

Nessa ocasião, poderão debater sobre as questões fáticas e legais do caso e outros aspectos processuais como data de julgamento. Poderá ser realizada na fase inicial do processo, desde que haja necessidade para tanto, a fim de que as questões do caso sejam melhor definidas, enfocando-se a relevância de determinada prova pericial.[62]

Essa conferência, Neil Andrews indica, é também realizada pelas *Commercial Courts*. Em regra, oral, nela, as partes apresentam, além do quanto acima mencionado, seus planos para a *ADR* ou as razões pelas quais tais técnicas não sejam cabíveis no caso. Acaso sejam cabíveis, o Juiz poderá suspender o andamento do processo.[63] Em período recente, *Lord Justice* Jackson ressalta a relevância da *CMC* até mesmo para preparação de oitiva de testemunhas. Apontou ele que o juiz, na primeira *CMC*, deveria identificar as questões fundamentais a serem esclarecidas pelas testemunhas. Seus respectivos depoimentos, então, deveriam ter como foco tais questões.[64]

---

61 Tais regras constarão do Anexo I.

62 JACKSON, Rupert. Review of civil litigation costs: final report, cit., p. 394.

63 ANDREWS, Neil. *O moderno processo civil*: formas judiciais e alternativas de resolução de conflitos da Inglaterra, cit., p. 76-77.

64 JACKSON, Rupert. Review of civil litigation costs: final report. Dec. 2009. p. 377. Disponível em: <http://www.judiciary.gov.uk/publications-and-reports/review-of-civil-litigation-costs/reports>. Acesso em: 10 jun. 2012.

A revisão pré-julgamento ou *PTR* consiste em procedimento destinado a verificar se todas as questões antecedentes ao julgamento foram resolvidas. Poderá acontecer após as partes terem preenchido questionário prévio ao julgamento, chamado *pre-trial check list*, previsto na Regra 29.6, *CPR*.[65] Tal revisão, disposta na Regra 29.7, *CPR*,[66] poderá ser feita após a *CMC*, substituir a própria *CMC* ou, também, ser dispensada conforme o caso.

Law Lord Jackson aponta que tanto as *CMC* quanto as *PTR* devem ser utilizadas somente com o fim de exercício adequado de *case management* ou então substituídas por orientações escritas.[67] E, acerca de crítica quanto a possível aumento de custos e de tempo, feitas por Hazel Genn,[68] ele ressalta que, ao inverso, desde que haja bom e adequado uso do *case management*, o caso poderá ser julgado de modo mais célere e menos custoso.

Em vista das considerações acima, destacam-se, assim, os seguintes e relevantes pontos acerca do *case management* inglês pós-Reformas Woolf:

a) o Relatório Woolf constatou que o processo civil britânico estava a sofrer com diversos problemas, tais como: era altamente custoso; lento e incerto quanto ao resultado; iníquo, com intenso desequilíbrio material e processual; incompreensível para a maior parte da sociedade e demasiadamente adversarial;[69]

---

65 Tal regra constará do Anexo I.
66 Tal regra constará do Anexo I.
67 JACKSON, Rupert. Review of civil litigation costs: final report, cit., p. 399.
68 A Professora Elizabeth G. Thornburg, do College of William and Mary, aponta diversos aspectos das críticas tecidas pela Professora Hazel Genn. Em síntese, consistem, em sua perspectiva, em que as reformas Woolf acabaram por aumentar o custo dos processos. E têm sido utilizadas de forma a incentivar o uso das *ADR* a qualquer preço, ainda que isso não fosse aconselhável. Ou seja, a redução de custos adquiriu, na visão dela, Genn, importância maior do que deveria, prevalecendo, por vezes, sobre outros valores como a própria justiça do caso. (THORNBURG, Elizabeth G. Book review on Saving civil justice: judging civil justice. *Tulane Law Review*, v. 85, p. 247-267, Nov. 2010).
69 No original, o *Woolf's Report* contém o seguinte: "**The problems. (...) 2.** The defects I identified in our present system were that it is too expensive in that the costs often exceed the value of the claim; too slow in bringing cases to a conclusion and too unequal: there is a lack of equality between the powerful, wealthy litigant and the under resourced litigant. It is too uncertain: the difficulty of forecasting what litigation will cost and how long it will last induces the fear of the unknown; and it is incomprehensible to many litigants. Above all it is too fragmented in the way it is organised since there is no one with clear overall responsibility for the administration of civil justice; and too adversarial as cases are run by the parties, not by the courts and the rules of court, all too often, are ignored by the parties and not enforced by the court". WOOLF'S Report, Overview, cit.

b) todos esses fatores impediam o adequado acesso à justiça;

c) a despeito de se manter o sistema adversarial, o *case management* e o *overriding objective* constituem dois dos grandes pilares das *Civil Procedure Rules*;

d) o *case management* consiste, de forma sucinta, em atividade processual do juiz na condução ativa do caso; abrange, dentre outras medidas: identificar e alocar cada caso à via e foro adequados; encorajar às partes ao acordo ou à utilização de *ADR*; identificar, se possível desde o início do caso, suas questões fundamentais; reduzir o tempo de tramitação do processo e reduzir os custos do processo.

Woolf, repita-se, apontou que o gerenciamento ativo do processo seja uma das funções do juiz. É um dos meios essenciais para promover aquilo que deve o objetivo de qualquer sistema processual, ou seja, lidar com os casos de forma justa.[70]

4.3.5. Modelo norte-americano

4.3.5.1. Considerações preliminares

Ao longo da análise do *case management* norte-americano, será mencionado, por diversas vezes, o *Federal Judicial Center*, que consiste basicamente em um centro de pesquisas e práticas jurídicas, com exclusivo propósito acadêmico. Criado em 1967, integra o Judiciário federal-norte americano, tendo exercido, desde então, papel essencial na melhoria de qualidade da Justiça nos Estados Unidos da América.[71]

---

70 Seção II do Relatório Woolf. WOOLF'S Report, Overview, cit. A *disclosure* é um dos atos pré-julgamento relacionados à fase da *discovery*, em que uma parte deve "abrir" à outra as provas que pretende utilizar no julgamento. A *expert evidence* relaciona-se à prova pericial. Há um caráter distintivo nos sistemas inglês e norte-americano, pois neste último o *perito* da parte poderá ser ouvido como testemunha. O instituto tem gerado enorme controvérsia, dada à credibilidade (ou não) de tal meio de prova, questão levada até mesmo à Suprema Corte nos casos *Daubert v. Merrell Dow Pahramaceuticals, Inc.* 509 U.S. 579 (1993) e *Kumho Tire Co. v. Carmichael*, 526 S. Ct. 137 (1999). Tais precedentes definiram que o juiz de primeiro grau é o "porteiro" que admite ou não o que será produzido, de acordo com o teste da *Rule* 702, FRE. Ver, nesse aspecto, SCHWARZER, William; HIRSCH, Alan. *The elements of case management*: a pocket guide for judges. 2. ed. Washington, DC: Federal Judicial Center, 2006. p. 5.

71 FEDERAL JUDICIAL CENTER. Disponível em <http://www.fjc.gov/public/home.nsf/autoframe?openform&url_r=pages/102> Acesso em: 05 dez. 2015.

Também teve maior atenção de nossa parte o estudo das *Federal Rules of Civil Procedure*, pois foram adotadas, além, é claro, pelas Cortes federais, também por 40 estados da federação de um total de 50 e 1 Distrito Federal. Deles, 23 copiaram, com pequenas modificações, as *FRCP* e quase 2/3 basearam-se nelas.[72]

O *case management* norte-americano, a exemplo dos demais institutos analisados, envolve ativo papel do juiz na condução do processo. É ele responsável em guiar o caso – *shepherd the case* – até seu julgamento adequado. Assim, decide, com o auxílio das partes, o curso, o tempo e o escopo, tanto da fase pré, quanto pós-julgamento. Essas incumbências na condução do processo conferem ao juiz grande poder e, de igual modo, diminuem o número de recursos contra suas decisões.[73] Nesse sentido, Joel W. FRIEDMAN, Johnathan M. LANDERS e Michael G. COLLINS apontam o quanto segue:

> Conceitualmente, o objetivo da audiência prévia ao julgamento é planejar e, preferencialmente, simplificar o julgamento (o processo não é diferente de planejar um grande encontro ou evento). Os advogados do caso se encontram com o juiz para discutir pontos como (1) o tempo até o julgamento, (2) a identificação de questões e, preferencialmente, quais questões são incontroversas, (3) o número de testemunhas e quaisquer questões relativas a testemunhas especiais (por exemplo, a indisponibilidade de uma testemunha para parte do julgamento e, portanto, a necessidade de colher seu depoimento "fora de sequência"), (4) a prova a ser introduzida, questões especiais relacionadas à prova (e possíveis questões liminares – antes de o julgamento começar) e estipulações sobre admissibilidade (por exemplo, as partes concordam que cópias de todos os documentos sejam admissíveis ou estipulem previamente que certos documentos sejam admissíveis), quaisquer necessidades especiais (por exemplo, levar o júri para ver o local envolvido ou equipamento de vídeo), a submissão de relatórios para julgamento, e tantas outras. A audiência pré-julgamento também dá ao juiz a chance para explorar as perspectivas de acordo, sem que cada uma das partes tenha a iniciativa (o que poderia ser supostamente um sinal de insegurança quanto a seu caso).[74]

---

72 SHREVE, Gene R.; RAVEN-HANSEN, Peter. *Understanding civil procedure*, cit., p. 7. Também nesse sentido, Lawrence M. FRIEDMAN sinaliza a influência da legislação federal sobre as estaduais quanto a processo civil bem como o crescimento de leis escritas (*American Law in the 20th Century*, cit., p. 256-273).

73 RESNIK, Judith. Managerial judges, 96 Harv. L.Rev. 374, p. 376-85 (1982) *in* COUND, John J. et al. *Civil procedure*: cases and materials. Saint Paul: West Publishing Co., 1985. p. 749-750.

74 FRIEDMAN, Joel Wm.; LANDERS, Johnathan M.; COLINS, Michael G. *The law of civil procedure*. EUA: Thomson Reuters, 2002. p. 26.

Tal série de medidas ilustra bem o conceito de gerenciamento do processo (*case management*) nos Estados Unidos. De fato, como será analisado nos itens a seguir, o momento de maior concentração de atos típicos de gerenciamento do processo (*case management*) é previsto na *Rule 16, Federal Rules of Civil Procedure*. Ressalta-se, contudo: o *case management* não se esgota em tal *Rule*. Bem ao contrário, nas didáticas palavras do juiz William Schwarzer, o *case management*, em essência, remete à ideia de que os juízes façam uso dos:

> (...) instrumentos à sua disposição com justiça e bom senso (e, de algum modo, que seja adequado às suas personalidades e estilo) a fim de atingir o objetivo descrito na Regra 1.[75] Esses instrumentos incluem as *Federal Rules of Civil* e *Criminal Procedure*, as *Federal Rules of Evidence*, regras locais, algumas previsões no Título 28 e a autoridade inerente da corte. Embora juízes operem em um ambiente largamente moldado pela prática local e costume, inovação e adaptação às circunstâncias também contribuem para o efetivo *case management*.[76]

Feita a ressalva, o gerenciamento do processo (*case management*) ocorre, *primordialmente*, nas audiências previstas pelas *FRCP*, ou seja, nas *pretrial hearings* inicial e final. Assim, a *Rule 16, FRCP*, será por nós melhor enfatizada. O *case management* acontece, portanto, e em regra, após a fase da *discovery*, momento em que as partes já possuem ciência recíproca sobre as provas que possuem, as testemunhas que ouvirão e poderão, por simples conversa informal com o juiz, decidir quais são as questões do caso.[77]

4.3.5.2. Histórico da evolução

Nos Estados Unidos, tradicionalmente, a exemplo do sistema da *Common Law* inglesa, a postura quase passiva do juiz era valorizada como requisito de imparcialidade e isenção no julgamento da causa. Juízes não deveriam se envolver nas controvérsias por ele julgadas. Cabia, sim, às partes, o controle do caso, de modo a apresentar ao tribunal as alegações e provas que pretendiam produzir em juízo.

---

75 A Regra 1, *FRCP*, diz respeito a que o processo seja justo, eficiente e econômico.
76 SCHWARZER, William; HIRSCH, Alan. *The elements of case management*: a pocket guide for judges, cit., p. 1.
77 KANE, Mary Kay. *Civil procedure in a nutshell*. Saint Paul: West Publishing Company, 1981. p. 132.

Contudo, desde o século XIX, o Judiciário norte-americano passou a lidar com excessivo volume de demandas, a demonstrar a falta de estrutura do Judiciário para lidar com tal situação. Mesmo assim, mantinha-se o controle do processo nas mãos das partes, em sintonia ao sistema adversarial. FRIEDMAN, a respeito, expõe que o auge do movimento de mudança aconteceu em 1938, por meio das *Federal Rules of Civil Procedure*. Até então, as regras eram confusas e periclitantes.[78]

Mauro Cappelletti e Bryant Garth apontam que esse (exagerado) sistema de neutralidade judicial passou a ser duramente criticado. E, assim, a necessidade de conduta ativa do juiz passou a ser vista como algo benéfico:

> Atualmente admite-se em geral que a utilização de um juiz mais ativo pode ser um apoio, não um obstáculo, num sistema de justiça basicamente contraditório, uma vez que, mesmo em litígios que envolvam exclusivamente duas partes, ele maximiza as oportunidades de que o resultado seja justo e não reflita apenas as desigualdades entre as partes.[79]

Em 1906, esse absurdo grau de insatisfação foi traduzido nas palavras de Roscoe Pound no seu discurso *the Causes of Popular Dissatisfaction with Justice*. Foi a expressão de um sentimento crescente da sociedade, a fortalecer o movimento para mudanças legislativas, expressas na impactante reforma das *Federal Rules of Civil Procedure* de 1938.[80]

Em 1929, o Juiz Ira Jayne, de Michigan, desenvolveu método de condução do caso com técnicas próprias muito efetivas para a resolução de casos durante as suas *pretrial conferences*, o que pode ser compreendido como audiência preliminar.[81] O Juiz Ira convocava as partes e advogados, conversava com elas e, nessa ocasião, muitos dos objetivos estudados nos itens acima eram atingidos: as partes se conciliavam ou, senão, as questões ficavam mais claras. O resultado disso foi encorajador: desafogou-se a congestionada pauta de julgamentos.

---

78 FRIEDMAN, Lawrence M. *American Law in the 20th Century*, cit., p. 252.
79 CAPPELLETTI, Mauro; GARTH, Bryant. *Acesso à justiça*, cit., p. 77.
80 GARTH, Bryant; MENKEL-MEADOW, Carrie. *Process, people, power and policy: empirical studies of civil procedure and courts*. Disponível em: <http://scholarship.law.georgetown.edu/facpub/181>. Acesso em 23 maio 2012.
81 KARLEN, Delmar. *Procedure before trial in a nutshell*. Saint Paul: West Publishing Co., 1972. p. 217. Galeno LACERDA também menciona o sucesso da experiência do Juiz Wayne (*Despacho saneador*. Porto Alegre: Livraria Sulina, 1953. p. 19-20).

O instituto, tamanho o sucesso, foi incorporado à Regra 16 das *Federal Rule of Civil Procedures*[82] já em 1938.[83]

4.3.5.3. Os motivos das revisões da *Rule* 16, FRCP. Crise do Judiciário norte-americano na década de 1970

Nos EUA, houve explosivo e exponencial aumento de demandas, sensivelmente notado a partir da década de 1970. Isto levou à tamanha crise do Judiciário, que impeliu o juiz norte-americano a, gradativamente, adotar postura mais ativa na condução do processo, abandonando, por completo, a antiga posição tradicionalmente passiva, própria ao sistema adversarial outrora conhecido. Claro que não pretendemos defender que hoje os EUA convivam com um sistema inquisitorial aos moldes europeus. Porém, em muitos aspectos, a conduta do juiz é extremamente ativa, por vezes, mais até mesmo do que juízes de países de *Civil Law*, principalmente, na fase prévia ao julgamento (*pretrial*).

É interessante observar que muitas das críticas existentes nos Estados Unidos quanto à *pretrial conference* guardam semelhança com o que tem ocorrido no Brasil. Bem assim, grande parte das críticas quanto à *Rule* 16 diziam respeito a que sua aplicação resultava na excessiva regulação de alguns casos e insuficiente em outros.

Criticava-se, também, o fato de que as *conferences* eram tratadas como mera troca de conteúdo legal sem análise efetiva do caso concreto, de modo que, por vezes, tornavam-se desnecessárias, consumidoras de tempo, ritualísticas, cerimoniais e com pouco efeito para o julgamento. Ademais, algumas delas eram presididas por outra pessoa que não o Juiz, o que lhe gerava dificuldades em relação aos atos já findos no julgar o caso.

As sucessivas revisões buscaram sanar tais defeitos. Estudos empíricos demonstraram que a intervenção pessoal do Juiz já em um estágio inicial dos principais passos pré-processuais leva a uma maior possibilidade de acordos ou julgamentos menos custosos e mais céleres em relação a outros casos em que não há tal orientação.[84]

---

82   A *Rule* 16 foi revisada em 1983, 1987, 1993, 2006 e 2007. Está no Anexo I deste projeto.
83   FRIEDENTHAL, Jack H. et al. *Civil procedure*. Saint Paul: West Publishing Co., 1985. p. 424-425.
84   YEAZELL, Stephen C. *Federal rules of civil procedure with selected statutes and Cases - 1997*. Los Angeles: Aspen, 1997. p. 44-45.

As críticas acima feitas à *Rule* 16 são praticamente idênticas às dirigidas ao art. 331, CPC/1973. Lá, de fato, há quem critique a existência da *pretrial conference*. Argumentam que ela, por vezes, é contraproducente, cara e lenta. Admite-se que, por vezes, possa até ser. Mas menos custosa do que a própria existência do processo, desde a contratação dos advogados (do autor, do réu, do denunciado, do assistente etc.), do ajuizamento da ação, dos honorários periciais (e, por vezes, dos assistentes técnicos), do tempo de instrução em juízo, dos diversos recursos a tribunais até, por fim, eventualmente (ênfase no advérbio), a adjudicação do direito à parte.

Todos esses obstáculos de tempo e recursos são comuns aos sistemas processuais dos Estados Unidos e do Brasil. O estudo analisará, então, a relevância do estudo comparado para a efetividade e o uso do *case management* no ordenamento brasileiro.

4.3.5.4. O *case management* norte-americano e a *Rule* 16, das *Federal Rules of Civil Procedure*

Com o passar do tempo vieram novas necessidades e a audiência pré-julgamento teve sua eficácia reduzida em razão de não mais conseguir atender às necessidades e complexidades das relações sociais, que geravam novas espécies de controvérsias. Foi, então, revisada por emendas à lei em 1983, 1987, 2006, 2007 e a mais recente em 2015.

Na medida em que sua complexidade parece ter aumentado, aponta-se que a "[r]egra 16 foi emendada em 1993 para fortalecer a autoridade do juiz no gerenciamento da lide e para facilitar disposição do caso. A regra 16, atualmente, prevê prazos para atividades para litigância específica".[85]

De apenas um ou dois parágrafos, atingiu quase duas páginas;[86] os poderes do juiz e a lista de medidas judiciais que podem ser tomadas durante a *pretrial conference* foram aumentados.

---

85 FRIEDENTHAL, Jack H. et al. Civil procedure: cases and materials. Compact eleven edition for shorter courses. St. Paul: West Publishing Co., 2013. p. 577.

86 A *Rule* 16, *FRCP*, é bastante extensa. Por isso, constará na integralidade no Anexo I deste trabalho.

Assim, na redação atual, de dezembro de 2015, a *Rule* 16[87] tem como objetivos principais da *pretrial conference*, dentre outros, tratamento prévio e contínuo de controle do processo, a fim de que o caso não se alongue demais por falta de adequada condução – *management* – e a facilitação para a conciliação dos que defendiam a ampliação de tal audiência e dos que a consideravam gasto de tempo. A mudança buscou prevenir, também, o uso da audiência ou *conference* como trincheira de guerra entre as partes. Trouxe um rol explícito das medidas que podem ser tomadas nessa ocasião. Dentre elas, o próprio juiz, ao invés das partes, pode estimular o acordo, visto que a iniciativa de apenas uma delas poderia ser visto como um sinal de fraqueza pela adversária. Nesse sentido, aliás, a nova norma deu ao juiz poder explícito para intimar advogados e partes que tenham poderes para realizar acordos, bem como para lhes aplicar penalidades acaso não compareçam à audiência.[88]

A *pretrial conference* era e ainda é utilizada com dois diferentes propósitos. O primeiro enfatiza a preparação da causa para julgamento, uma oportunidade para delimitação das questões da lide. O segundo objetivo tende não só a anteceder como a evitar o julgamento; busca a negociação e o acordo.[89] De forma sintética, Kazuo Watanabe expõe as principais características do *case management* norte-americano em comparação ao "Modelo de Stuttgart":

> A mesma idéia de **juiz ativo na condução do processo** está à base do *case management* do sistema processual norte-americano (Rule 16, Federal Rules of Civil Procedure), instituto que é responsável pela maior celeridade dos processos e principalmente pela grande utilização pelas partes, por indução do próprio Judiciário, de meios alternativos de solução de conflitos (ADR). Em vários Estados norte-americanos, como na Califórnia, menos de 5% das causas ajuizadas vão até o julgamento final. É verdade que o sistema norte-americano tem especificidades, como júri para as causas cíveis, um sistema diferenciado de colheita de provas (*Discovery*) e outras peculiaridades, que certamente induzem à aceitação de meios alternativos de

---

87 A *Rule* 16, nesse tópico: "(a) PURPOSES OF A PRETRIAL CONFERENCE. In any action, the court may order the attorneys and any unrepresented parties to appear for one or more pretrial conferences for such purposes as: (1) expediting disposition of the action; (2) establishing early and continuing control so that the case will not be protracted because of lack of management; (3) discouraging wasteful pretrial activities; (4) improving the quality of the trial through more thorough preparation; and (5) facilitating settlement".

88 LANDERS, Jonathan M. et al. *Civil procedure*. 2. ed. Boston: Little, Brown and Company, 1988. p. 692.

89 SHREVE, Gene R.; RAVEN-HANSEN, Peter. *Understanding civil procedure*, cit., p. 430.

solução de conflitos (ADR), mas de qualquer forma o índice mencionado é simplesmente espantoso.

Case management, em suma, é uma atividade processual que fortalece o controle judicial sobre: (a) identificação das questões relevantes, (b) maior utilização pelas partes de meios alternativos de solução de controvérsias e (c) programação do tempo necessário para a conclusão adequada de todos os passos processuais. O juiz planeja o processo e disciplina o calendário com a colaboração das partes. Pelo contato frequente que mantém com as partes e destas entre si, há a facilitação da solução amigável da controvérsia. E mesmo não ocorrendo o acordo, as técnicas do *case management* possibilitam ao juiz a eliminação das questões despiciendas e o planejamento do processo de modo a fazê-lo caminhar para o julgamento final (*Trial*) com eficiência e sem custo exagerado.⁹⁰

A redação atual da *Rule* 16 ilustra bem as palavras acima. Os objetivos da Regra 16 são os seguintes:

"Regra 16. Audiências preliminares; Marcação; Gerenciamento

(a) Objetivos de uma audiência preliminar. Em qualquer ação, a corte poderá convocar advogados e partes a comparecerem a uma ou mais audiências preliminares com objetivos tais como:

(1) adiantar o andamento da ação;

(2) estabelecer prévio e contínuo controle a fim de que o caso não se protraia no tempo por falta de gerenciamento;

(3) desencorajar inúteis atividades prévias ao julgamento;

(4) melhorar a qualidade do julgamento por meio de rigorosa preparação e

(5) facilitar o acordo."⁹¹

Nessa ocasião, o juiz poderá decidir sobre as emendas aos pedidos, os acordos das partes quanto à fixação dos pontos controvertidos, ou seja, dos *issues* ou questões,⁹² regras da *discovery* em cada caso e decidir sobre as provas que serão produzidas, inclusive quanto ao uso ou limitação da *expert testimony*

---

90 WATANABE, Kazuo. A mentalidade e os meios alternativos de solução de conflitos no Brasil, cit., p. 8.

91 Para consulta no original, ver a nota de rodapé n. 163 ou, de forma integral, no Anexo I deste trabalho.

92 BERMAN, Harold J.; GREINER, William R. *The nature and functions of law*. 4. ed. Ner York: The Foundation Press, Inc., 1980. p. 183-184.

à luz da Regra 702 das *Federal Rules of Evidence*. Aí, é bom ressaltar que a atividade do juiz se equipara a do chamado *gatekeeper*,[93] de modo que permite ou veda a produção de determinada prova, cujo critério maior é a relevância ao caso posto.

Ademais, as decisões ali proferidas controlarão o curso subsequente da ação, a não ser que sejam modificadas por ocasião do julgamento para evitar injustiça manifesta.[94] O juiz poderá, ainda, facilitar a composição entre as partes. É, assim, lógica a utilidade dessas *pretrial conferences*, na medida em que poderão, em grande parte dos casos, encorajar à conciliação e, assim, reduzir o volume de casos. Ainda que não haja acordo, a condução do caso poderá ser ali desenhada, de modo adequado, na presença e com o auxílio das partes, a implicar em potencial aumento na qualidade do julgamento da causa e justiça do provimento.[95]

4.3.5.5. Nova revisão das *Federal Rules of Civil Procedure*

Durante nosso período de pesquisa, na qualidade de *Visiting Foreign Judicial Fellow* junto ao *Federal Judicial Center*, fomos informados acerca de nova mudança que estava prestes a ocorrer nas *FRCP*, que entraram em vigor em dezembro de 2015. Traçaremos, para o que nos interessa, a redação anterior e a atual, a fim de que se destaquem os motivos para a revisão, que têm impacto direto ao *case management* lá nos EUA[96]:

---

[93] Dois precedentes da Suprema Corte, *Daubert v. Merrell Dow Pharmaceuticals, Inc.*, 509 U.S. 579 (1993) e *Kumho Tire Co. v. Carmichael*, 526 S. Ct. 137 (1999) estabelecem que seja satisfeito o critério da suficiência da prova como requisito de sua admissão dentro do processo. Há, conforme lição de Gene R. SHREVE e Peter RAVEN-HANSEN, significativa relação da *pretrial conference* com a fase da *discovery*, já mencionada. Além das emendas de 1993 à Regra 16, ampla *discovery* é permitida hoje em parte, pois sua admissão ou não se dará na *pretrial conference* (*Understanding civil procedure*, cit., p. 430).

[94] *United States v. Hougham*, 364 U.S. 310 (1960). Nesse sentido, também, GREEN, Milton D. *Basic civil procedure*, cit., p. 164-165.

[95] FRIEDENTHAL, Jack H. et al. *Civil procedure*, cit., 425-426.

[96] As propostas de modificação foram aprovadas pela Conferência Judicial do Judiciário norte-americano em setembro de 2015 e nos foram gentilmente informadas por membro do comitê que sugeriu a reforma das *Federal Rules of Civil Procedure*, Juiz Federal (*United States District Judge*) Paul W. Grimm, especificamente para estudo de nosso trabalho de doutorado em outubro de 2015.

Redação anterior	Regra atual (nova)	Comentário
Regra 1. Estas regras governam o processo em todas as ações e procedimentos na Cortes Federais dos Estados Unidos, exceto aquelas previstas na Regra 81. Elas devem ser construídas e administradas para assegurar a justa, célere e não custosa determinação de toda ação e procedimento.	Regra 1. Estas regras governam o processo em todas as ações e procedimentos na Cortes Federais dos Estados Unidos, exceto aquelas previstas na Regra 81. Elas devem ser construídas, administradas <u>e empregadas pela Corte e pelas partes</u> para assegurar a justa, célere e não custosa determinação de toda ação e procedimento.	O objetivo da mudança foi salientar que a aplicação das FRCP de forma justa, célere e não custosa seja um dever não só do juiz, mas também das partes.
Regra 16. Audiências preliminares; Marcação; Gerenciamento (b) Marcação. (1) *Decisão de marcação.* Exceto nas categorias de ação isentas por regra local, o juiz federal – ou o juiz instrutor quando autorizado por regra local – deve proferir decisão de marcação de audiência; (A) após receber relatório das partes conforme Regra 26(f); ou (B) após consultar os advogados das partes e quaisquer partes não representadas por advogado em uma audiência (*conferência*) de agendamento por telefone, correio ou quaisquer outros meios.	Regra 16. Audiências preliminares; Marcação; Gerenciamento (b) Marcação. (1) *Decisão de marcação.* Exceto nas categorias de ação isentas por regra local, o juiz federal – ou o juiz instrutor quando autorizado por regra local – deve proferir decisão de marcação de audiência; (A) após receber relatório das partes conforme Regra 26(f); ou (B) após consultar os advogados das partes e quaisquer partes não representadas por advogado em uma audiência (*conferência*) de agendamento.	A menção por "telefone, correio ou quaisquer outros meios" foi excluída, pois a audiência (conferência) pode ser presencial, por telefone ou por meios eletrônicos mais sofisticados.

4.3.5.6. Análise de gerenciamento do processo (*case management*) dos EUA e Conferências Judiciais do *Federal Judicial Center*

O modelo norte-americano de gerenciamento do processo (*case management*) é bastante presente nos EUA. Para promover este instituto, o *Federal Judicial Center* periodicamente realiza congressos e *workshops* com juízes de todo o país em diversos estados da federação, promovendo a troca de experiências e boas práticas. Então, são fornecidas apostilas aos juízes, nas quais se veiculam modelos de decisões de outros juízes. Da leitura de tais modelos, extraem-se as seguintes considerações:

> A Corte espera que tenha lido e concordado com esta ordem integralmente. Quando comparecer à conferência da Regra 16, a Corte espera que você conheça seu caso e esteja preparado para discutir todos os itens nesta decisão e no seu plano de agendamento do caso e esteja preparado para discutir os fatos de seu caso, o alcance dos danos, a postura do seu cliente quanto a acordo, que provas já foram produzidas e qual será; que tipo de testemunha perita será ouvida; se o julgamento sumário ou outras disposições são cabíveis;[97]

É prática comum que os juízes norte-americanos lancem decisões bastante detalhadas, objetivas e práticas nas quais estabeleçam, conforme Regras 16 e 26, ambas das *FRCP*: cronograma com toda a marcha do processo; possibilidade de prorrogação de prazo para cumprimento da decisão mediante justificativa comprovada; as provas a serem produzidas, que devem ser especificadas; as possibilidades de que o caso seja remetido para *ADR*, ou seja, para tentativa de composição do litígio pelos meios alternativos de resolução de conflitos, marcando-se data de início e de término de tal período, em geral, pelo prazo de 2 meses[98], as possibilidades específicas para acordo; acaso o acordo não seja possível, a parte deve explicar as razões pelas quais não pode ou não quer celebrar acordo.

Esta última providência parece bastante salutar, pois, na medida em que o juiz encampa e endossa a resolução do caso pelos métodos alternativos de

---

97 PERRY, Catherine D. Phase I: orientation seminar for newly appointed district judges. *Supplemental Handout*, Federal Judicial Center, Redondo Beach, California Aug. 9-13, 2004. Federal Judicial Center, Aug. 2004.

98 Caso No. 4:03CV1546CDP, Eastern District of Missouri, Eastern Division, Star Manufacturing International, Inc. vs. Carrier Commercial Refrigeration, Inc.

resolução de conflitos, dá força e encoraja as partes para que resolvam pacificamente seus casos.

É bastante comum que, sempre que necessário, sejam marcadas as chamadas *MCSC*, ou seja, *meet and confer status conference*, ou, simplesmente, *status conference*. São audiências mais informais, em regra, nas quais as partes poderão apresentar ao juiz breves memoriais, com descrição objetiva, sucinta e clara das alegações; tudo conforme a Regra 16, *FRCP*. Relativamente frequente, também, que os juízes remetam o caso para que o *magistrate judge* realize um ou mais atos processuais pré-julgamento. Há casos em que, na concordância prévia das partes, o próprio *magistrate judge* pode julgar a causa.

Soluções inovadoras como audiências cíveis por telefone devem, a nosso sentir, ser valorizadas. O uso da tecnologia, como o envio de e-mail eletrônico às partes, em que o juiz pergunta, às partes, questões de fato e de direito previamente à audiência, abreviará, com certeza, a duração da audiência.

Tais medidas, de fato, parecem indicar, de modo saudável, que o juiz possa se tornar o "gerenciador" do caso. O juiz Robert J. Bryan, a esse respeito, disse o seguinte:

> Nós, juízes federais, somos todos gerenciadores das cortes, quer gostemos ou não, quer estejamos preparados ou não. Enquanto nós gostamos de pensar em nossos trabalhos como prolatores de decisões e realizadores de justiça, não poderemos fazer nem uma coisa nem outra sem que controlemos o fluxo de trabalho. Nós devemos gerenciar nossos gabinetes e nossos processos, a fim de que possamos proferir decisões que levem à Justiça.[99]

4.3.5.7. *Brown v. Board of Education, quasi-administrative role* e *case management*

O famoso caso *Brown v. Board of Education*[100] é estudado, por vários autores, pelos mais diversos ângulos; destaca-se seu aspecto constitucional em abrir portas ao movimento das ações afirmativas e caminhar na busca da eliminação da segregação racial nas escolas públicas. Seria ainda importante destacar o caso no contexto do chamado ativismo judicial e o controle jurisdicional de políticas públicas (isto é, *policies*). Porém, não é objetivo deste trabalho esgotar

---

99 EUA. *Phase I*: orientation seminar for newly appointed district judges. Texas: Federal Judicial Center, Mar. 2002. p. 1.

100 347 U.S. 483 (1954).

todas as interpretações. Nossa análise, antes, se limitará à influência desse importantíssimo caso para a evolução do *case management* nos EUA. O enfoque dado será sobre o impacto ao processo civil norte-americano.

Em 1951, um grupo de pais de crianças afro-americanas ajuizou *class action* contra a *Board of Education of the City of Topeka, Kansas*. Oliver Brown, pai de Linda Brown, pretendia que a filha não precisasse ir a uma escola a quase duas milhas de onde morava na medida em que havia outra escola a poucos quarteirões de sua residência.[101]

Porém, havia lei estadual que determinava a segregação em escolas públicas por raça. Era a doutrina até então prevalente à época, *separate but equal*. Tal entendimento havia sido sedimentado em *Plessy v. Fergusson*.[102] Nele, a Suprema Corte afirmava a constitucionalidade de leis estaduais que defendiam a segregação por raças em facilidades públicas. *Plessy* versava sobre assentos especiais para negros em vagões separados de trens. Dizia-se que isso era consistente à Constituição norte-americana no sentido de que a utilidade pública servia tanto para "brancos" quanto para "negros". Tinham a mesma estrutura e haviam sido construídas com os mesmos materiais. Ou seja, eram "separadas, mas iguais". O silogismo prevaleceu durante bastante tempo.

Após diversos obstáculos, o caso chegou à Suprema Corte. Lá, outros casos essencialmente semelhantes foram reunidos para julgamento conjunto. E outras questões passaram também a ser discutidas. Dentre elas arguiu-se o efeito psicológico maligno nas crianças quanto à segregação, que estavam a sofrer.

Earl Warren foi o relator. Em 1954, a Suprema Corte (ou à época, Corte Warren) julgou, à unanimidade, que a segregação baseada em critério de raças em escolas públicas impedia os estudantes afro-americanos de receberem a *equal protection of the laws*, garantia constitucional que lhes era prevista pela 14ª Emenda à Constituição norte-americana. Na decisão desse caso, *Brown I*, porém, Warren não traçou quais as medidas específicas poderiam ser adotadas pelos tribunais para garantir os direitos dos autores contra a segregação.

---

101 COVER, Robert M. *The origins of judicial activism in the protection of minorities*. Faculty Scholarship Series. Paper 2704. Disponível em: <http://digitalcommons.law.yale.edu/fss_papers/2704>. Acesso em: 22 maio 2012. Além das referências fáticas já constantes no próprio corpo do aresto (347 U.S. 483 (1954)), Cover também destaca vários detalhes do caso.

102 163 U.S. 537 (1896).

Nesse contexto, os juízes de primeira instância iniciaram a implementação dessa política pública. Contudo, além da natural resistência das escolas locais a cumprir tal aresto, havia diversas questões de ordem logística, o que levou a novo questionamento perante a Suprema Corte. A pergunta principal consistia em se saber quais meios deveriam ser adotados para implementar os princípios expostos em *Brown I*. Tal julgado, na feliz expressão de Frank T. Read, não era *self-executing*.[103]

Então, a Suprema Corte, nesse caso seguinte, *Brown II*,[104] julgou no sentido de que os problemas apurados requeriam diversas soluções locais e *with all deliberate speed*, ou seja, a toda velocidade. Warren, na prática, houve por delegar muito dessa responsabilidade no cumprimento da decisão às autoridades das escolas locais e aos juízos em que os casos haviam sido decididos em instância originária.

É claro que o *ruling* de *Brown II* também não apontou de forma clara o modo de implementação. Ao contrário, o que mais se concluiu foi que a atribuição para implementação dessa política pública era de alçada dos juízes. Nesse sentido, Abraham Chayes traça a distinção entre os dois grandes modelos de atividade judicial. A primeira, relacionada ao tradicional conflito *inter partes*. A segunda, própria da *Public Law*, em que o juiz seria chamado a exercer maior controle, com vistas também a implementar medida de largo espectro também para o futuro.[105]

Contudo, independente de eventuais críticas ao posicionamento de Chayes, a partir daí, Steven Harmon Wilson, estudioso sobre o assunto, aponta que os juízes tiveram que assumir responsabilidade *quase-administrativa* (*quasi-administrative responsibility*) na implementação de *Brown*.[106]

Wilson relata o caso do Juiz Connally e as medidas que tomou para concretizar *Brown I*. Connally realizou diversas conferências informais com as

---

103 READ, Frank T.; STRICKLAND, Rennard. *The lawyer myth*: a defense of the American legal profession. Ohio: Ohio University Press, 2008. p. 94-95.

104 349 U.S. 294 (1955).

105 CHAYES, Abraham. The Role of the Judge in Public Law Litigation. *Harvard Law Review*, v. 89, n. 7, p. 1313, May 1976.

106 WILSON, Steven Harmon. *The rise of judicial management in the U.S. District Court, Southern District of Texas, 1955-2000*. Athens, Georgia: The University of Georgia Press, 2002. p. 8.

partes envolvidas, a portas fechadas, com fundamento na *pretrial hearing*, disposta nas *FRCP*.

Também realizou audiências abertas ao público para colher o depoimento dos pais dos alunos segregados e de membros do conselho da *Houston Independent School District (HISD)*, maior sistema de escola pública de Houston e local de implementação de *Brown*. Por diversas vezes, requereu que a *HISD* fornecesse o plano de execução do julgado, evitando tomar decisão mais drástica e imediata, que era o pedido dos autores e da *National Association for the Advancement of Colored People* ou *NAACP*. Aguardou por três anos tal plano.

Como não foi feito a contento, o próprio Connally traçou um plano para eliminar a segregação de forma gradativa, de forma a equalizar uma série por ano, de modo que até 1972 *Brown* estaria integralmente realizado. É relevante notar, ainda, que durante esse período, o Juiz Connally teve que decidir diversas questões paralelas nesse período. Assim, algumas das políticas da *HISD* foram também questionadas em juízo, como a *brother-sister rule*, em que se um dos irmãos já estivesse matriculado em uma escola, o outro deveria lá estudar também. Pais de alunos negros questionaram o fato de que se um dos irmãos estivesse estudando em ano letivo ao qual a política de *Brown* ainda não fora implementada, o irmão mais novo sofreria consequente preconceito injustificado. Connally decidiu que a restrição era válida, porquanto posta de forma igual para qualquer raça. Tal decisão, contudo, foi revertida em grau de recurso. A implementação do julgado, novamente, foi delegada ao juiz de primeira instância.[107]

Percebe-se, assim, que os tribunais tiveram que acompanhar a implementação dessa política de eliminação de segregação por anos.[108] E a questão da segregação, por incrível que possa parecer, continua atual. Em 1978, Linda Brown, a aluna beneficiada em *Brown I*, pediu a reabertura do caso original por seus filhos, que eram, agora, alunos do sistema público de ensino. Estava preocupada que a política de *open enrollment*, ou seja, livre admissão (sem exame admissional) pudesse novamente gerar segregação entre escolas. O tribunal reconheceu vestígios de segregação e a Suprema Corte negou a admissão

---

107 WILSON, Steven Harmon. *The rise of judicial management in the U.S. District Court, Southern District of Texas, 1955-2000*, cit., p. 13-28.

108 WILSON, Steven Harmon. *The rise of judicial management in the U.S. District Court, Southern District of Texas, 1955-2000*, cit., p.8.

do recurso interposto contra tal decisão no caso chamado de *Brown III*.[109] A implementação do caso foi delegada ao Juiz Richard Rodgers. O plano de execução foi aprovado em 1994, de modo que, a partir daí, criou-se o conceito de *status* unificado conforme certificação em 1999.

E, em 2007, Read relata que a Suprema Corte voltou a discutir a questão da segregação quanto a programas de ensino que levavam o fator raça quanto à manutenção dos alunos em escolas integradas.[110]

O que se extrai, então, é que o papel do juiz, em casos como os vistos, assume essencial relevância. Em casos que apresentam maior grau de complexidade (infinitude de questões das mais diversas naturezas: sociais, culturais, logísticas, financeiras, morais etc.), em que o julgado não seja *self-executing*, cabe ao juiz, com auxílio permanente das partes, exercer o adequado *case management*. Cabe a ele a tarefa de executar, de concretizar o comando. Nos casos analisados, várias decisões foram atos próprios ao gerenciamento do processo (*case management*). Diversas *pretrial hearings*, algumas realizadas com o intuito predominante de planejamento conjunto, outras para oitiva de testemunhas, foram realizadas ao longo do processo de implementação de *Brown*. O critério preponderante de necessidade parece ter prevalecido; sem prejuízo de outros realizados pelo Juiz Connally de forma bastante hábil, tais como oralidade, informalidade e incentivo ao acordo. Aí, é importante destacar o espírito coletivo e a colaboração de todos os envolvidos.

4.3.5.8. *Magistrate judges*

As cortes, em razão do excesso de serviço, procuraram soluções alternativas.

As *Federal Rules of Civil Procedure* prevêem, nas *Rules* 72 a 76,[111] a figura do *magistrate judge*. O juiz poderá indicar o *magistrate judge*, delegando-lhe alguns poderes, mormente quanto à supervisão e direcionamento da causa para julgamento. Nos casos em que isso ocorre, é recomendável que ambos – tanto o juiz quanto o *magistrate judge* – cheguem a um entendimento comum sobre a

---

109 *Brown v. Board of Education*, 671 F.Supp. 1290 (1987).

110 *Parents Involved in Community Schools v. Seattle School District No. 1, No. 05-908* (arguido em 4.12.06, decidido em 28.6.07).

111 Ver Anexo I.

condução do caso para que a coordenação seja conjunta e periódica.¹¹² Trata-se, assim, de magistrados que executam uma imensa variedade de funções judiciais, incluindo a negociação de acordos, observância da *discovery* e até mesmo fixação do valor de indenização, cuja responsabilidade já tenha sido apurada.

4.3.5.9. *Multidistrict litigation* (*MDL*)

Na década de 1960, nos Estados Unidos, o volume de litígios que envolvia casos de alta complexidade e identidade de questões de direito ou de fato aumentou de forma considerável. Muitos casos passaram a trazer, consigo, elevadíssimo volume de documentos e demandariam produção de provas que poderiam se repetir em cada uma das ações, a gerar aumento de tempo e de custos. Mais de 1800 ações envolvendo questões semelhantes ligadas a *antitrust* foram, nessa época, ajuizadas em 33 cortes distritais federais. Juízes e advogados atuaram de forma cooperada para: *a*) fixar os procedimentos da *discovery*; *b*) realizar depoimentos orais nacionais, com comitê indicado pelos autores e réus e *c*) estabelecer um repositório único de documentos, acessível às partes.

E, ainda sob a Corte Warren, um comitê governamental – *Coordinating Committee for Multiple Litigation of the United States District Courts* – foi criado para cuidar dos casos. A experiência gerou proposta de lei, que se transformou na *multidistrict litigation*, por meio da *Rule* 28 *U.S.C.A.* §1407, promulgada em 1968.¹¹³ Essa *Rule* estabelece que, quando "ações civis que envolvam uma ou mais questões comuns de fato sejam processadas em distritos diferentes",¹¹⁴ poderão ser transferidas a outro distrito para que sejam realizados os procedimentos prévios ao julgamento de forma coordenada ou consolidada.

O objetivo do instituto é, então, evitar a repetição de produção de provas, já na *discovery*, evitar decisões conflitantes, reduzir custos do processo, bem como evitar às partes, aos juízes e aos envolvidos repetir atos processuais, poupando tempo e energia.

O órgão que analisa esse ato de alocação do caso – *transfer* – é um painel de juízes designados para tanto, o *Judicial Panel on Multidistrict litigation* ou

---

112 SCHWARZER, William; HIRSCH, Alan. *The elements of case management*: a pocket guide for judges, cit., p. 3.

113 OSTOLAZA, Yvette; HARTMANN, Michelle. Overview of multidistrict litigation rules at the state and federal level. *The Review of Litigation*, v. 26, n. 1, p. 49, 2007.

114 No original, a Rule consta no Anexo I deste trabalho.

JPML.[115] Acaso o *panel* reconheça que o caso deverá ser reunido a outro para processamento conjunto, poderá, então, designar o juízo competente para tanto. Diversos critérios norteiam tal decisão e variam conforme as peculiaridades de cada caso concreto. Assim, por exemplo, casos envolvendo vítimas de contaminação por *asbestos* poderão ser processados perante o juízo onde o fato ocorreu. Por outro lado, considerada a complexidade dos litígios, o *panel* também poderá designar um *juiz* de notória competência para lidar com o processamento dos casos. O juízo que remete o caso é chamado de *transferor* e o destinatário será o *transferee*.

Todo esse instituto envolve atos próprios de *case management* por diversos órgãos e juízos de forma integrada. Vê-se, assim, que o *transferor* poderá suspender o andamento da ação até que o *panel* decida quanto ao pedido de *transfer*. Recente caso da Corte distrital de Lousiana (*Patricia Hill et. al v. Depuy Orthopaedics, Inc., et. al – Civil Action n. 11-2265*)[116] teve o andamento suspenso pelo juiz até que o *Judicial Panel on Multidistrict Litigation* decidisse a questão da transferência do processo. Tal suspensão por prejudicialidade externa é um primeiro passo.

E, ao que nos interessa, o juiz que processará os casos (*transferee*), ao recebê-los, poderá, então, designar um conselho de advogados, delegar-lhe funções, obrigações e a base de sua compensação (honorários). Tradicionalmente, o juiz indicará um comitê condutor dos autores (*Plaintiff's Steering Committee*) ou comitê gestor (*Management Committee*), composto por três a quatro advogados com experiência em *multidistrict litigation*. Este comitê será responsável pela condução da *discovery*, trazer depositório de documentos, arguir questões legais. Além disso, representará os autores em todas as fases prévias ao julgamento, inclusive em eventuais acordos. O juiz poderá, ainda, indicar um advogado para auxiliá-lo no fluxo de informações entre o comitê gestor dos autores e os réus; traçar plano detalhado para a *discovery*, em que disponha sobre linhas mestras para os depoimentos a serem colhidos; estabeleça o modo como será feito o depositório de documentos a ser analisado pelo juiz *transferor* e, principalmente, poderá realizar outros atos de *case management* nos distritos

---

115 GREEN, Milton D. *Basic civil procedure*, cit., p. 166-167.
116 2011 WL 5078619 (E.D.La.).

envolvidos. O juiz terá autoridade em qualquer outro distrito envolvido quanto aos procedimentos preparatórios, prévios ao julgamento.[117]

4.4. NOTAS CONCLUSIVAS E TENTATIVA DE COMPILAÇÃO DOS PRINCÍPIOS DO PROCESSO CIVIL TRANSNACIONAL (UNIDROIT)

O estudo comparativo dos sistemas legais acima mencionados aponta, de modo geral, que, apesar de haver diferenças relevantes nos modelos legais, há questões que gravitam sobre um mesmo eixo: a busca pelo adequado acesso à justiça por meio de instrumentos ou técnicas processuais mais adequadas às necessidades de cada sociedade. Os dois modelos mais tradicionais e, portanto, mais influentes, podem ser vistos na Alemanha e nos Estados Unidos.

Sobre isso, aliás, na medida em que nos aprofundamos na análise dos sistemas, assentimos, cada vez mais, com o quanto sustentado por Peter L. MURRAY e Rolf STÜRNER no sentido de que tem havido gradativa, crescente convergência dos sistemas de justiça civil europeu e norte-americano:

> Mais recente estudo e a experiência nos últimos 50 anos desde o renascimento da Alemanha moderna sugerem, contudo, que os sistemas alemão e norte-americano representam pontos de uma continuidade de desenhos políticos optativos por instituições de justiça e pelo papel de seus participantes. É claro que dentro do mundo ocidental privilegiado, do qual Alemanha e EUA são partes, muitos valores importantes de política, economia, cultura e sociedade são comumente partilhados por todos os estados nacionais e suas economias políticas. Na medida em que os sistemas de justiça preenchem papéis semelhantes nas economias políticas modernas, suas funções podem ser estudadas e comparadas de modo frutífero. Na medida em que a sociedade em geral se desenvolve não é surpreendente que haja sinais de convergência de instituições previamente diferentes.

> Alguém poderia pensar em convergência em pelo menos dois níveis. Primeiro, em certo aspecto, mudanças convergentes na estrutura geral da sociedade podem levar a mudanças no objetivo e no papel da justiça civil naquela sociedade. Segundo, se o objetivo e o papel da justiça civil se tor-

---
117 CHAVEZ, Mark A. The MDL Process. In: 13TH ANNUAL CONSUMER FINANCIAL SERVICES LITIGATION INSTITUTE 2008. p. 7. (PLI Corporate Law & Practice, Course Handbook Series. PLI Order No. 14257).

nam muito semelhantes em duas economias políticas diferentes, alguém poderá antecipar uma convergência atual das instituições de justiça civil para refletir os meios mais eficientes de se carregar seu respectivo papel.[118]

Dentro desse contexto, ainda, é louvável a iniciativa do *ALI* (*American Law Institute*) e do *UNIDROIT* (the International Institute for the Unification of Private Law) ao elaborarem os Princípios de um Processo Civil transnacional. E, em particular, ao elegerem de forma veemente o gerenciamento do processo (*case management*) como um dos artigos-chave, qual seja, o item 23, a seguir:

(...)

23. Gerenciamento do Processo

23.1. A fim de incentivar a adequada administração da justiça, a corte deve assumir papel ativo no gerenciamento do procedimento.

23.2 A corte deve designar uma ou mais audiência durante o estágio preparatório. Os advogados das partes deverão comparecer a tais audiências e outras pessoas que tenham sido também intimadas de acordo com a lei local. A corte poderá conduzir a audiência por qualquer meio de comunicação.

23.3 Após consulta com as partes, a corte pode:

23.3.1 Ordenar emendas aos pedidos em adição, eliminação ou revisão das reclamações, defesas e questões à luz dos esclarecimentos das partes naquele fase;

23.3.2 Ordenar o isolamento para oitiva em separado e decisão de uma ou mais questões do casos. A corte poderá proferir julgamento interlocutório em relação a tal questão e ao restante do caso;

23.3.3 Ordenar a consolidação de casos pendentes para si, seja por estas Regras ou as do local quando versarem sobre a mesma transação ou correlata, e quando a consolidação puder facilitar o processo e decisão. O julgamento final deve encampar todos os casos;

23.3.4 Definir questões quanto à admissibilidade ou exclusão de prova quanto às questões processuais;

23.3.5 Prescrever a sequência para oitiva de testemunhas e experts;

23.3.6 Designar data para audiência;

23.3.7 Proferir outras decisões para simplificar o procedimento;

23.3.8 De acordo com a lei local, ordenar a qualquer pessoa sujeita à sua

---

118 MURRAY, Peter L.; STÜRNER, Rolf. *German civil justice*, cit., p. 632-633.

competência a produzir documentos ou outra prova ou se submeter a depoimento conforme Regra 21.

23.4 A corte poderá sugerir que as partes considerem acordo, mediação ou arbitragem ou qualquer outra forma de métodos alternativos de resolução de disputas. A corte poderá suspender o andamento do processo e remeter o caso a ADR como conciliação ou mediação.

Tal tentativa é pautada pelo bom senso e pela experiência. Como modelo, serve não só de influência legislativa a outros países. Mas, também, e aí se ressalta, há claro indicativo de tentativa de aproximação dos sistemas legais. E, aí, os modelos britânico e japonês, nota-se, são muito bem elaborados. Contudo, são recentes se comparados aos modelos alemão e norte-americano, de modo que a consolidação do *case management* na cultura legal de cada um desses países demandará depuração; ao que, aguarda-se, a jurisprudência cumpra com seu dever. E, de qualquer modo, cada um dos modelos revela potenciais benefícios como a seguir apontados.

Assentadas tais premissas, feitas as ressalvas próprias, o "Modelo de Stuttgart" alemão tem se revelado, ainda hoje, um instrumento bastante hábil para debelar a crise de efetividade do processo que o país atravessava. A audiência prévia foi, então, concebida como momento adequado e oportuno para a incidência da concentração e da imediatidade, em que as alegações podem ser esclarecidas ou corrigidas; as provas podem ser apresentadas e outras, relevantes, podem ser determinadas; o acordo poderá ser facilitado pelo diálogo sério e ponderado das partes e juiz e a condução do processo deve ser feita pelo juiz de forma corretiva e supletiva. Ademais, as partes devem agir de boa-fé e, assim, falar a verdade.

Na Inglaterra, o Relatório Woolf constatou que o processo civil britânico estava a sofrer com diversos problemas como ser altamente custoso; lento e incerto quanto ao resultado; iníquo, com intenso desequilíbrio material e processual; incompreensível para a maior parte da sociedade e demasiadamente adversarial;[119] todos esses fatores impedem o adequado acesso à justiça; com

---

119 No original, o *Woolf's Report* contém o seguinte: "**The problems.** (...) **2.** The defects I identified in our present system were that it is too expensive in that the costs often exceed the value of the claim; too slow in bringing cases to a conclusion and too unequal: there is a lack of equality between the powerful, wealthy litigant and the under resourced litigant. It is too uncertain: the difficulty of forecasting what litigation will cost and how long it will last induces the fear of the unknown; and it is incomprehensible to many litigants. Above

as *Woolf Reforms*, a despeito de se manter o sistema adversarial, o *case management* e o *overriding objective* constituem dois dos grandes pilares das *Civil Procedure Rules*; o *case management* consiste, de forma sucinta, em atividade processual do juiz na condução ativa do caso; abrange, dentre outras medidas: identificar e alocar cada caso à via e foro adequados; encorajar às partes ao acordo ou à utilização de *ADR*; identificar, se possível desde o início do caso, suas questões fundamentais; reduzir o tempo de tramitação do processo e reduzir os custos do processo.

No Japão, a exemplo do "Modelo de Stuttgart", a audiência é momento alto dentro do processo. É ocasião adequada e oportuna para a incidência da oralidade, concentração e imediatidade; os três modelos legais de *preparatory procedures*, previstos atualmente, buscam preservar a essência do "Modelo de Stuttgart", quais sejam, a concentração dos atos, oralidade e imediatidade, além do incentivo ao acordo; as questões fundamentais do caso são identificadas, limitando-se ao mais relevante e o acordo poderá ser facilitado pelo diálogo mais informal e aberto entre as partes e juiz, ainda que por *conference call*, isto é, sem presença física das partes à audiência.

Nos Estados Unidos, o *case management* apresenta semelhantes objetivos dos demais. Assim, procura, desde logo, identificar ou limitar as questões relevantes do caso, determinar as provas necessárias e incentivar o acordo, inclusive por meio das ADR. Porém, talvez a existência do júri para questões civis (o que não ocorre nem mais na Inglaterra) consiga explicar, ao menos em parte, as características do *case management* norte-americano, que, por vezes, são um pouco distintas dos outros modelos. O caráter preparatório do caso para o julgamento (pelo júri) parece, por vezes, ser mais prevalente aí do que nos outros sistemas legais. Não que isso seja em si ruim. Aqui não se pretende fazer juízo de valor.

Ao contrário, busca-se apenas uma possível explicação para as constantes críticas ao possível aumento dos custos com o *case management*.[120] É dizer, na

---

all it is too fragmented in the way it is organised since there is no one with clear overall responsibility for the administration of civil justice; and too adversarial as cases are run by the parties, not by the courts and the rules of court, all too often, are ignored by the parties and not enforced by the court". WOOLF´S Report, Overview, cit.

120 MARCUS, Richard L. Malaise of the litigation superpower. ZUCKERMAN, Adrian A. S. (Ed.). *Civil justice in crisis*: comparative perspectives of civil procedure. London: Oxford University Press, 1999. p. 105.

medida em que o veredito do caso, em regra, pertence ao júri, o juiz, no direito norte-americano, procura, mais do que decidir o caso, garantir a lisura da decisão pelos jurados. E, talvez justamente por isso, os outros objetivos do *case management* (valores de justiça e retidão do caso) não tenham sido também tão considerados pelas críticas tecidas.

É claro que não se pretende simplesmente ignorar a necessidade de redução de custos. O que não se pode é, tão-somente por causa dos custos, ignorar o valor de justiça possivelmente melhorado pela preparação mais adequada do caso, com correta delimitação das questões, correta produção de provas, correta colheita de depoimentos; tudo a redundar em provável resultado mais justo dentro do processo.

Ainda por outro ângulo, Richard Marcus é bastante feliz ao dizer que "aceitar a ideia de *case management* não implica necessariamente em aceitar seu conteúdo".[121] Muitas das críticas são no sentido de excessivo abuso de tal poder ou total falta dele. Critica-se, assim, por vezes, tanto o *individual tailoring* (total flexibilidade) quanto o modelo do *cookie-cutter* (total rigidez). A crítica não tem respostas prontas. Talvez o equilíbrio entre esses dois sistemas. Mas atingi-lo depende das circunstâncias sociais de cada ordenamento.

De qualquer forma e por outro lado, o inverso é verdadeiro. Quando o *case management* é bem exercido, seus resultados são positivos. Prova disso foi a implementação de *Brown*, caso em que, mais do que o valor econômico, o que se discutia era a questão da manutenção da segregação racial ou não. E esse valor constitucional não era e nem é mensurável por indicadores de valor monetário.

De qualquer modo, é elogiável a conquista do direito norte-americano e, inclusive, a busca por um tratamento mais econômico sem, porém, perder de vista, a justiça da decisão. Isso talvez seja a expressão máxima da *multidistrict litigation*.

Outro ponto interessante foi levantado por John Langbein, da Universidade de Direito de Chicago. Ele defende a ideia central de que, ao delegar aos juízes, ao invés dos advogados, a atividade de investigar os fatos, os alemães conseguiram evitar diversos problemas do sistema da *Common Law* norte-a-

---

121 MARCUS, Richard L. Malaise of the litigation superpower. ZUCKERMAN, Adrian A. S. (Ed.). *Civil justice in crisis*: comparative perspectives of civil procedure, cit., p. 110-111.

mericana. Contudo, faz ressalva no sentido de que as tradições legais apresentam tendência convergente nesse aspecto. Nesse sentido, menciona que o *Manual for Complex Litigation* é permeado de noções de *judicial case management* quanto à colheita de provas em casos multi-partes, os chamados *Big Cases*. Tal tendência, nos Estados Unidos, que se espraia também em lides ordinárias, é chamada de *managerial judging*.[122]

Langbein menciona que o clima da audiência no sistema germânico, ao contrário do norte-americano, cheio de surpresas, artimanhas e teatralidades, tal como divulgado no cinema e séries de TV, lembra um encontro de negócios. Assim, é sério; e não tenso. Ilustra o raciocínio da seguinte forma: "em um sistema que não pode diferenciar um ensaio (teatral) e uma estréia, quase não há chance para o temor do palco".[123]

Ainda nesse sentido:

> Nosso estudo comparativo da justiça civil alemã e americana sugere que o sistema do futuro aguarda juízes que possam assumir papéis maiores na preparação, formatação e "gerenciamento" da maioria dos casos cíveis que têm tradicionalmente assumido na América. Desenvolvimentos na Inglaterra bem como tentativas de reformas nos EUA parecem indicar tal sentido. Os Princípios Transanacionais elegeram o gerenciamento do caso pelo juiz como um princípio central da justiça civil moderna.[124]

Hoje, mais do que nunca, nota-se que os sistemas legais estão dialogando constantemente entre si. O *case management* é prova viva disso. Para sua adoção no Japão, buscou-se estudá-lo na Alemanha. Para adotá-lo na Inglaterra, diversos juristas, inclusive o próprio *Lord* Woolf, pesquisaram o direito norte-americano. Recentemente, *Lord* Jackson elogiou o sistema germânico quanto à oitiva de testemunhas; manifestou interesse em adotar tal modelo.[125]

---

122 LANGBEIN, John H. The German advantage in civil procedure, cit., p. 824.
123 LANGBEIN, John H. The German advantage in civil procedure, cit., p. 831. No original: "In a system that cannot distinguish between dress rehearsal and opening night, there is scant occasion for stage night".
124 MURRAY, Peter L.; STÜRNER, Rolf. *German civil justice*, cit., p. 648.
125 JACKSON, Rupert. Review of civil litigation costs: final report, cit., p. 377.

5

GERENCIAMENTO DO PROCESSO (*CASE MANAGEMENT*) E MÉTODOS ALTERNATIVOS DE SOLUÇÃO DE CONFLITOS (*ADR*)

5.1. EVOLUÇÃO DOS MÉTODOS ALTERNATIVOS DE SOLUÇÃO DE CONFLITOS NOS EUA (*ADR*) E POSIÇÃO E IMPORTÂNCIA DO JUIZ NO GERENCIAMENTO DO PROCESSO (*CASE MANAGEMENT*)

Nos Estados Unidos, durante as décadas de 1980 e 1990, muitas cortes federais implementaram procedimentos de resolução alternativa de disputas (ADR), de modo a fornecer opções de mediação, arbitragem e prévia avaliação neutra. Faziam-no com base na *Rule* 16, *FRCP*. Tais procedimentos ocorriam nos três tipos de cortes federais (distritais, de falência e de apelação). Nesse quadro, é interessante observar, que, em função do tempo e despesas da adjudicação formal, tem havido maior interesse na resolução de disputas por outros meios. Entre os instrumentos de ADR, em adição à negociação tradicional de acordo, estão *mediação, arbitragem* e julgamentos sumários por júri (*summary jury trials*).[1]

As causas disso, como bem apontado por Lawrence Friedman, estavam ligadas a:

> (...) um sentimento coletivo, na última parte do século XX, de muita litigiosidade; e porque a litigiosidade é desgastante e consome tempo, deveria haver uma via melhor. O advogado regular e o juiz provavelmente concordam nisso. Houve uma busca ansiosa para encontrar métodos alternativos em substituição à litigância.[2]

---

1   SHREVE, Gene R.; RAVEN-HANSEN, Peter. *Understanding civil procedure*, cit., p. 414.
2   FRIEDMAN, Lawrence M. *American Law in the 20th Century*, cit., p. 278.

Bem assim, o autor menciona, sobre o desenvolvimento dos métodos alternativos de resolução de conflitos:

> (...) um movimento de métodos alternativos de resolução de conflitos (*ADR*) foi desenvolvido com força total na década de 1970. Em 1976, em St. Paul, Minnesota, uma conferência foi convocada acerca das Causas da Insatisfação Popular com a Administração da Justiça (título emprestado de um famoso discurso de Roscoe Pound, no começo do século). A conferência ajudou a reforçar a ideia de métodos menos custosos, mais rápidos e justos de resolução de disputas. A Lei de Reforma da Justiça Civil de 1990 determinou que todas as cortes federais adotassem um "plano de redução de custos e de atrasos na justiça civil", que incluiriam técnicas de *ADR*. A Lei de Resolução de Disputas Administrativas de 1990 determinou a todas as agências federais a "adotarem uma política voltada ao uso de métodos alternativos de resolução de disputas e gerenciamento de casos", na busca de "resultados mais criativos, eficientes e sensíveis".[3]

Em 1998, foi promulgada a Lei de *ADR* (*ADR Act*). E, conforme seu respectivo item 28 U.S.C. § 651(a):

> "um processo de resolução alternativa de disputas inclui qualquer processo ou procedimento, diferente de uma adjudicação pelo juiz, pelo qual uma terceira parte neutra participa a fim de auxiliar na resolução das questões na controvérsia, por procedimentos tais como prévia avaliação neutra, mediação, minijulgamento, e arbitragem".

Sobre os métodos alternativos de resolução de conflitos no Brasil, José Carlos BARBOSA MOREIRA traça alentada observação quanto ao papel do Judiciário na composição do litígio:

Compete ao órgão judicial tentar conciliar as partes (art. 448, 1ª parte), perguntando-lhes se estão dispostas a resolver amigavelmente o litígio, propondo a uma a solução alvitrada pela outra, ou sugerindo, ele próprio, uma ou mais de uma solução viável. É de extrema delicadeza o papel do juiz nesse momento: cabe-lhe envidar esforços no sentido da composição amigável da lide, abstendo-se, porém, de fazer presssão sobre qualquer das partes para que aceite um acordo em termos a que não se mostra disposta a anuir. Deve o juiz, especialmente, evitar que transpareçam de sua intervenção indícios de um prejulgamento da causa.[4]

---

3   FRIEDMAN, Lawrence M. *American Law in the 20th Century*, cit., p. 279.
4   BARBOSA MOREIRA, José Carlos. *O novo processo civil brasileiro*. 29. ed. Rio: Forense. 2012. p. 81.

Ressalta-se: na medida em que o juiz, por si (ou por conciliador ou mediador) remete o caso para tentativa de resolução por conciliação, mediação ou outro método autocompositivo, está a realizar gerenciamento do processo (*case management*) e, de qualquer forma, deve manter *posição ativa* na condução do processo. Além disso, deve funcionar como um "facilitador" para que o acordo seja viável e desejável. A posição do juiz, sustentamos, nesta tese, deve partir do ângulo da solução do caso ou conflito (*problem solver*) ao invés de, simplesmente, dizer quem ganhou ou quem perdeu na ação.

5.2. MECANISMOS DE *ADR* NOS EUA

Atualmente, nos EUA, cortes federais utilizam de modo primordial os seguintes procedimentos de *ADR*:[5]

> *a) Mediação*: por meio dela, um terceiro neutro facilita discussões entre as partes a fim de assisti-las na busca de uma resolução mutuamente aceitável para o caso. O objetivo do mediador, que poderá se encontrar com as partes juntas ou em separado, é ajudá-las a identificar os interesses subjacentes, melhorar a comunicação entre elas, e gerar opções de acordo. As sessões de mediação são informais, confidenciais, em que geralmente comparecem os advogados e partes; podem ocorrer em qualquer fase processual.
>
> *b) Arbitragem*: em uma audiência com os advogados e clientes, um ou três árbitros ouvem as manifestações de cada parte e, então, proferem decisão baseada nos fatos e na lei aplicável. As partes podem aceitar a decisão, hipótese em que tal decisão se torna o julgamento da corte. Ou podem pedir o rejulgamento da causa (*trial de novo*). A arbitragem geralmente ocorre após, no mínimo, a principal fase da *discovery* ter se encerrado. Embora frequentemente as testemunhas não sejam chamadas e as *Rules of Evidence* sejam aplicadas com lassidão, a audiência arbitral é um procedimento razoavelmente formal.
>
> *c) Prévia avaliação neutra*: em uma sessão confidencial em que os advogados e as partes comparecem, um terceiro neutro ouve as manifestações de cada parte e, então, oferece uma avaliação não-vinculante dos pontos fortes e fracos das respectivas posições das partes. O avaliador, em geral um advogado com experiência no assunto do caso, poderá também auxiliar as partes nas discussões para acordo ou desenvolvimento de um plano de *discovery*. A prévia avaliação é geralmente utilizada na fase inicial do processo e tem por objetivo mais uma delimitação das questões do caso do que o acordo.

---

5 Tais informações constam no *Guide to Judicial Management of Cases in ADR*, manual de práticas elaborado pelo *Federal Judicial Center*, órgão ligado às cortes federais estabelecido para o desenvolvimento e aprimoramento das práticas jurídicas.

d) Julgamento sumário pelo júri ou pelo juiz: cada um desses tipos de julgamento é caracterizado pela presença ou ausência do júri. Este procedimento, semelhante ao de um julgamento ordinário, é presidido por um juiz e cada parte apresenta uma versão abreviada de seu caso. Após, recebem um veredito opinativo do júri ou do juiz; o qual poderão utilizar a título de base a discussões para um acordo ou, então, para julgamento. Tal forma de ADR é geralmente utilizada após a fase da *discovery* ter se completado.

e) Minijulgamento: nele, cada parte apresenta uma versão sintética de seu caso a representantes das partes que possuem poder para firmar acordos. Um juiz ou um terceiro neutro pode presidir o ato e auxiliar nas negociações do acordo acaso assim seja requerido. O objetivo é expor o caso a cada um dos representantes das partes que possuem poder decisório, tais como os diretores executivos de empresas, que podem, eventualmente, não estar informados sobre o caso.

f) Semana do acordo: durante a semana do acordo, a corte suspende toda a atividade de julgamento e utiliza as instalações físicas da corte para mediação de casos já maduros para julgamento. Mediadores voluntários conduzem as sessões confidenciais de mediação.

g) Avaliação do caso: nesse procedimento, cada parte apresenta seus argumentos em audiência perante um painel de três advogados neutros. O colegiado, então, profere uma avaliação por escrito, não-vinculante, do caso. As partes poderão aceitar tal avaliação como um acordo, utilizá-la em futuras negociações, ou pedir o julgamento da causa. É também denominada *Michigan mediation*, pois é lá utilizada.

h) Med-Arb: tal procedimento se inicia como mediação e, então, acaso as partes cheguem a um impasse, continuará, com o respectivo consentimento delas, como arbitragem.[6]

A conferência inicial da *Rule* 16, FRCP, constitui excelente oportunidade para avaliação prévia das possibilidades do caso e interesse das partes quanto aos meios alternativos. Para auxiliar as partes na utilização da ADR, o juiz poderá tecer as seguintes indagações:

- as partes consideraram utilizar a ADR, tal como previsto na Lei de ADR?
- as partes conhecem quais opções de ADR a corte oferece e como cada uma delas funciona?
- as partes chegaram a alguma decisão quanto ao uso de ADR?

---

6   FEDERAL JUDICIAL CENTER. *Guide to judicial management of cases in ADR*. 4. ed. Washington, D.C.: Federal Judicial Center, 2010. p. 8-9.

– se as partes decidiram em utilizar a ADR, qual dos procedimentos preferem?
– as partes preferem algum terceiro neutro para ADR em particular?
– as partes decidiram em não utilizar ADR, o que as levou a tal decisão?
– se algumas questões são impróprias para ADR, algumas das questões são apropriadas?
– as partes tentaram entrar em acordo?
– há alguma informação que, acaso trocada imediatamente, possa tornar o procedimento prévio de ADR mais prdutivo?
– os advogados informaram a seus clientes o custo potencial e o tempo possível de duração do processo?

E na tentativa de encorajar as partes e os advogados a utilizarem ADR, alguns juízes tentam educá-los quanto aos benefícios de tais meios alternativos. Outros convocam o auxílio do administrador de *ADR* da corte ou algum terceiro neutro escolhido para responder a eventuais questões a tal respeito.[7]

Como disposto em minucioso estudo do *Federal Judicial Center* sobre o tema, para ajudar as partes a começar sérias discussões para acordo, é sugerido que o juiz possa adotar, desde a primeira audiência (ou *conference*, mais informal) da Regra 16, *FRCP*, as seguintes providências, dentre várias outras:

– pedir aos advogados uma manifestação escrita ou oral sobre as tratativas de acordo em progresso ou já obtidas, quais as perspectivas e como o acordo poderia ser facilitado;
– fazer com que os advogados identifiquem e produzam apenas as provas necessárias para que avaliem o caso à luz do acordo, deixando para depois qualquer questão relativa a provas que não para discussões sobre acordo;
– ajudar os advogados, sem entrar em discussões de mérito, no desenvolvimento de um formato ou procedimento para negociações, incluindo preparativos para troca de exigências e ofertas por meio de um terceiro neutro (possível aplicação do "acordo de procedimento" previsto no art. 190, CPC/2015);

---

7 FEDERAL JUDICIAL CENTER. *Guide to judicial management of cases in ADR*, cit., p. 12-13.

- orientar os advogados para que discutam com seus clientes antecipadamente os custos do processo;
- remeter o caso a um mediador, instrutor ou *magistrate judge*, ou a pedido do advogado, que o próprio juiz conduza as negociações;
- levantar a atenção para os danos, incluindo possível responsabilidade tributária, ao invés de enfocar questões de responsabilidade civil pelo caso, porquanto em vários acordos o fator monetário é o princípio que ultimamente importa;
- cindir uma ou mais questões para julgamento em separado desde que isso leve ao acordo de outras questões;
- procurar soluções imaginativas e inovativas, como concessões mútuas, perdão, programa de recrutamento;
- discutir as questões de forma que as partes possam compreender;
- "injetar" realidade, como o risco de falência;
- recomendar ou encorajar as partes a excluírem danos morais como um elemento da proposta para fins de acordo;[8]

A escolha de casos para encaminhamento para *ADR* poderá se dar a requerimento das partes ou por decisão do juiz. Tal análise, em regra, é feita caso a caso e o U.S. Code prevê, de modo geral, que qualquer caso, inclusive falimentar, poderá ser remetido para *ADR*, com o consentimento das partes, salvo determinadas exceções legais.

Dentre elas, excluem-se da arbitragem ações fundadas em alegada violação de direitos protegidos pela Constituição norte-americana, que envolvam direitos civis e que o pedido contenha valor indenizatório superior a 150.000 dólares.[9]

Há, por outro lado, casos tradicionalmente indicados para arbitragem, tais como os que: envolvam pequenas quantias em dinheiro; questões técnicas ou científicas e um árbitro com experiência naquele assunto seja benéfico para a respectiva solução.[10]

---

8 COMMITTEE ON COURT ADMINISTRATION AND CASE MANAGEMENT (Dir.). *Civil litigation management manual*. The Judicial Conference of the United States. 2. ed. Washington, D.C.: Federal Judicial Center, 2010. p. 91-94.

9 28 U.S.C. §654 (a).

10 FEDERAL JUDICIAL CENTER. *Guide to judicial management of cases in ADR*, cit., p. 41.

Ainda, a *ADR* tem sido, por vezes, utilizada em litígios complexos (*complex cases*), *class actions* e casos de delito em massa (*mass tort cases*). O sucesso ou insucesso de ADR nessas hipóteses é objeto de certa controvérsia. Para alguns, a "privatização da justiça" não se coaduna à proteção do interesse público subjacente em diversas *class actions* ou casos de delito em massa. Para outros, porém, os meios alternativos podem oferecer soluções mais flexíveis e eficazes.[11]

O gerenciamento do processo (*case management*), ainda que o juiz remeta o caso para *ADR*, permanece sob seu controle. O terceiro neutro, respeitada a confidencialidade de vários procedimentos (mediação, arbitragem), manterá o juiz informado por memorandos quanto ao andamento do caso. E o juiz decidirá eventuais questões incidentais, permitirá que o caso permaneça em *ADR*, e, até mesmo, retire o caso de tais meios. Eventualmente, poderá perceber que uma das partes não esteja interessada em solucionar o caso por meio de *ADR*, mas, queira, antes, retardar a solução definitiva em má-fé.[12]

---

11 FEDERAL JUDICIAL CENTER. *Guide to judicial management of cases in ADR*, cit., p. 32-35.
12 FEDERAL JUDICIAL CENTER. *Guide to judicial management of cases in ADR*, cit., p. 111-122.

6

DESPACHO SANEADOR, AUDIÊNCIAS PRELIMINARES AO JULGAMENTO, SANEAMENTO E CONSIDERAÇÕES SOBRE O GERENCIAMENTO DO PROCESSO (CASE MANAGEMENT) NO BRASIL

6.1. DEFINIÇÃO DE DESPACHO SANEADOR

Na clássica definição de Galeno Lacerda, despacho saneador pode ser caracterizado como decisão "proferida logo após a fase postulatória, na qual o juiz, examinando a legitimidade da relação processual, nega ou admite a continuação do processo ou da ação, dispondo, se necessário, sôbre a correção de vícios sanáveis".[1] A respeito, o autor expõe as características do instrumento processual:

> O despacho saneador é dos marcos mais avançados dessa aspiração.
>
> Colocado logo após a fase postulatória, no processo jurisdicional de conhecimento, por meio dêle decide o juiz questões relativas à legitimidade da relação processual. Dessa forma, pode ordenar o suprimento oportuno de vícios sanáveis, e extinguir, no nascedouro, processos de constituição maculada por defeito irremediável, ou não sanado.
>
> Exame oficial, prévio e compulsório, do instrumento de prestação da atividade judiciária, tal como se configura após a litiscontestação e antes da audiência para instrução do mérito, desnecessário será ressaltar-lhe a importância excepcional, como manifestação do princípio de economia.
>
> Graças a êle, deixam de realizar-se atos e despesas inúteis pela decisão da questão prejudicial. Impede-se que processo inviável transponha os umbrais da audiência. Ordena-se o suprimento oportuno de vícios sanáveis, para que não contaminem os atos posteriores, libertos, assim, de repetições ou ratificações onerosas. Poupa-se tempo, evitam-se desperdícios.
>
> Não se faça, porém, do despacho saneador a panacéia preclusiva de todos os males do processo. Seria visão exagerada e irreal de seu alcance.[2]

---

1 LACERDA, Galeno. *Despacho saneador*, cit., p. 7.
2 LACERDA, Galeno. *Despacho saneador*, cit., p. 6.

Acerca da atividade saneadora, o mestre gaúcho ensina que:

> Ora, a inspeção do processo, visando a êsse objetivo, é nitidamente saneadora, quer conclua o juiz a favor ou contra o seu prosseguimento. Saneadora, no primeiro caso, porque aberto o caminho para o conhecimento do mérito; saneadora, no segundo, porque evita o desperdício de tempo e esfôrço inúteis. Em ambas as situações, o ato de inspeção teve o mesmo objetivo de expurgar, de limpar, de impedir o curso de demanda viciada. Saneou-se a atividade do juiz e a das partes, muito embora os efeitos da decisão tenham pôsto têrmo ao processo ou à lide.
>
> Tendo em vista a posição que assumimos, quanto ao objeto de apreciação do juiz, a denominação ideal, sem dúvida, é "decisão saneadora", porque assim se abrangem numa só expressão os efeitos diversos do ato judicial.
>
> Com esta reserva doutrinária, adotaremos, porém, o nome "despacho saneador", porque consagrado por lei e pelo uso de Portugal e Brasil.[3]

Gabriel REZENDE FILHO menciona que o despacho saneador "visa expurgar o processo de possíveis vícios e irregularidades e ordenar a realização de atos preparatórios para a instrução da causa".[4] Alfredo BUZAID, por seu turno, menciona que o despacho saneador tem origem no direito português moderno[5] e "não é *sempre e necessariamente um ato único*; a sua *unidade formal* compõe-se de distintos atos, emanados do juízo em momentos sucessivos, a fim de atender à função para que foi criado."[6] Acerca da influência do direito português, ensina:

> Quem consegue levar às últimas consequências as conquistas do processo é o legislador português, porque, servindo-se das importantes experiências anteriores, atinge, no despacho saneador, aquêle supremo desejo de simplificação, obedecendo à tendência científica dos nossos tempos. Ordena ao juiz que conheça, antes de iniciar a instrução, não só os pressupostos processuais, mas também as condições da ação; e até decidir o mérito, se êle versar ùnicamente sôbre questão de direito e puder ser resolvido com perfeita segurança, ou, sendo a questão de direito e de fato, ou só de fato, o processo contiver todos os elementos necessários para um julgamento conscencioso.

---

3   LACERDA, Galeno. *Despacho saneador*, cit., p. 12.
4   REZENDE FILHO, Gabriel. *Curso de direito processual civil*. 4.ed. São Paulo: Saraiva. 1956. v. 3, p. 9.
5   BUZAID, Alfredo. *Estudos de direito*. São Paulo: Saraiva, 1972. p. 15.
6   BUZAID, Alfredo. *Estudos de direito*, cit., p. 34.

No direito português a simplificação é o resultado da racionalização do processo.⁷

O Mestre expõe o intuito do legislador:

> E, finalmente, no despacho saneador, cabe ao juiz determinar exame e vistorias e diligências, "*ex officio*" ou a requerimento das partes. O intuito do legislador foi o de exigir que o magistrado conhecesse atentamente os articulados da causa, de modo que, ao proferir o despacho saneador, estivesse inteirado da necessidade de tôdas as provas que hão de ser produzidas na audiência, determinando a sua realização, não tanto para suprir deficiências da parte quanto para formar o seu livre convencimento. De acôrdo com a estrutura dialética do processo moderno, compete às partes o ônus de alegar e provar os fatos; pode o juiz, no entanto, ordenar de ofício as providências necessárias para formar a sua convicção.⁸

Conclui sua lição do seguinte modo:

> O instituto do despacho saneador tem, no direito brasileiro, a função de expurgar o processo de vícios e defeitos, verificar os pressupostos processuais e a concorrência dos requisitos de admissibilidade da ação. Ele representa, sob êste aspecto, uma valiosa contribuição do direito luso-brasileiro a fim de racionalizar o processo civil.⁹

6.2. DEFINIÇÃO DE AUDIÊNCIA PRELIMINAR

A audiência preliminar prevista no art. 331, CPC/1973, era, por excelência, o momento processual de mais alta concentração de diversos atos do juiz típicos do gerenciamento do processo, qual seja, *case management*. Primeiro, incentivava as partes ao acordo. Segundo, acaso não fosse possível, o juiz, então, fixava as questões do caso, decidia questões incidentes e determinava a realização das provas a serem produzidas. Tal norma – art. 331, CPC/1973 – segue transcrita na redação dada pela Lei n. 10.444, de 7.5.2002:

> "Art. 331. Se não ocorrer qualquer das hipóteses previstas nas seções precedentes, e versar a causa sobre direitos que admitam transação, o juiz designará audiência preliminar, a realizar-se no prazo de 30 (trinta) dias, para a qual serão as partes intimadas a comparecer, podendo fazer-se representar por procurador ou preposto, com poderes para transigir.

---

7   BUZAID, Alfredo. *Estudos de direito*, cit., p. 30.
8   BUZAID, Alfredo. *Estudos de direito*, cit., p. 43.
9   BUZAID, Alfredo. *Estudos de direito*, cit., p. 43-44.

§ 1º Obtida a conciliação, será reduzida a termo e homologada por sentença.

§ 2º Se, por qualquer motivo, não for obtida a conciliação, o juiz fixará os pontos controvertidos, decidirá as questões processuais pendentes e determinará as provas a serem produzidas, designando audiência de instrução e julgamento, se necessário.

§ 3º Se o direito em litígio não admitir transação, ou se as circunstâncias da causa evidenciarem ser improvável sua obtenção, o juiz poderá, desde logo, sanear o processo e ordenar a produção da prova, nos termos do § 2º."

Nesse contexto, Pontes de MIRANDA ensina que:

(...) Nada se *declara* sem se saber se *existe*: saneamento houve e faz-se a declaração.

Há a declaração, ainda que nenhuma providência se tenha decretado, salvo se cabe o julgamento antecipado do pedido (art. 330). A declaração diz, explícita ou implicitamente, que foi *saneado* ou está *são* o processo.

Como problema de técnica legislativa, sentia-se, de longa data, a conveniência de se separar e concentrar a apreciação de certas questões não atinentes ao mérito da causa, antes de se haverem empregado no processo esforço e tempo (*princípio de economia processual*). A solução de submetê-las, todas, ao *princípio da eventualidade* foi uma das soluções sugeridas, sem se ter, porém, chegado à exaustão. Outra, a da *audiência preliminar* ou de *saneamento* (solução austríaca). A solução do Código de 1939 foi a do *despacho saneador*, - restrito ao processo sumário e depois acolhido pelo Código português e pelo brasileiro de 1939, com mais amplitude. Mas o Código volveu à concepção das exceções dilatórias, de origem na Glosa e recebida pelo velho direito luso-brasileiro, segundo política fundada no *princípio da eventualidade*, sem que a sua atitude pudesse significar que o juiz estava inibido de conhecer, de ofício, por exemplo, da nulidade, por incompetência absoluta e da ineficácia por infração, da coisa julgada.

O legislador de 1973 repeliu o conceito anterior de "despacho saneador".[10]

Infelizmente, tais disposições até hoje não têm sido bem compreendidas na praxe forense. Carlos Alberto CARMONA faz crítica da forma abaixo:

É verdade que o legislador tentou implementar a atividade conciliativa do magistrado, impondo – com a reforma de 1994 – a necessidade da realização de uma audiência de conciliação. A reforma foi um retumbante desastre: os advogados não se preparavam para tentar seriamente uma com-

---

10 MIRANDA, Francisco Cavalcanti Pontes de. *Comentários ao Código de Processo Civil*. 2. ed. Rio de Janeiro: Forense. 1979. t. 4, p. 308.

posição do litígio e os magistrados igualmente não liam os autos e nada sabiam sobre o conflito, de modo que aportavam pouca (ou nenhuma) colaboração. Em 2002 o legislador alterou novamente o art. 331, introduzindo o §3º que, na prática, tornou a audiência de conciliação facultativa (e normalmente dispensada pelas partes ou pelo próprio magistrado).

A determinação do legislador, no sentido de que o juiz tentasse conciliar as partes antes do início da audiência de instrução, da mesma forma (e pelos mesmos motivos) também não funcionou. O julgador normalmente limitava-se a cumprir seu dever de modo protocolar, indagando às partes se tinham interesse na composição, sem que se preparasse para fazer uma intervenção útil.[11]

Nesse sentido, em referência, ainda à mencionada *cultura da sentença*:

> Devido à mentalidade anteriormente citada, o art. 331 do Código de Processo Civil, que designa audiência para a tentativa de conciliação e um contato pessoal entre as partes e seus advogados, e destes com o juiz e, em caso de fracasso na tentativa de conciliação, para a fixação oral pelo juiz, após ouvirem as partes os pontos controvertidos da causa, é cumprido como mera formalidade por muitos magistrados. Poucos se aperceberam do real objetivo do legislador, que é a *indução de papel mais ativo do juiz na condução dos processos e para o efetivo cumprimento do princípio da imediatidade, que é uma das bases do processo oral* adotado pelo nosso legislador processual. Alguns juízes chegam mesmo a descumprir abertamente o modelo instituído pelo legislador, deixando de designar a audiência sob a alegação de que, no caso concreto, será inútil a tentativa de conciliação porque as partes certamente não entrarão em acordo, inutilidade essa apenas intuída, que somente poderia ser comprovada com a efetiva realização de tentativa de conciliação. Aliás, a conciliação é apenas um dos objetivos do art. 331, conforme salientado.[12]

De forma sucinta, examinaremos os institutos do despacho saneador e da audiência preliminar do art. 331, CPC/1973. E, com base nessa experiência, como poderão ser utilizadas de forma mais eficiente as audiências preliminares ao julgamento previstas no CPC/2015, quais sejam, conciliação e mediação (art. 334), saneamento (art. 357, §3º) e, finalmente, instrução e julgamento (art. 358 e seguintes).

---

11 CARMONA, Carlos Alberto. O novo Código de Processo Civil e o juiz hiperativo. In: BONATO, Giovanni (Org.). *O novo Código de Processo Civil*: questões controvertidas. São Paulo: Atlas, 2015. p. 65.

12 WATANABE, Kazuo. Cultura da sentença e cultura da pacificação, cit., p. 687-688.

6.3. BREVE HISTÓRICO DO DESPACHO SANEADOR E DA AUDIÊNCIA PRELIMINAR

Galeno LACERDA traça detalhado escorço histórico das origens do despacho saneador. Remonta à época de Roma antiga, com o papel do pretor para decidir questões prévias.[13] Levanta o papel dos povos germânicos em acentuar a mudança do "escopo de justiça pelo de paz social, subvertendo por completo a finalidade do processo e da prova",[14] a retomada do modelo romano com a adoção das *Sete Partidas*, denominadas "leis romanas traduzidas em espanhol",[15] o formalismo excessivo daí oriundo e o papel passivo do juiz,[16] até que novamente em Portugal houvesse mudança de pensamento:

> A reação contra o formalismo do processo escrito e a inércia do juiz surgiu no século passado com o retôrno à oralidade, operado pelos sistemas alemão e austríaco. Quebrava-se enfim a longa praxe medieval, que roubara ao processo a visão de sua finalidade e de seu caráter instrumental.
>
> Em Portugal o movimento renovador manifestou-se na criação do chamado despacho ordenador, no processo sumário, em que se determinava ao juiz, de-ofício, o julgamento prévio da nulidade. Esta, inegàvelmente, é a fonte imediata do saneador.[17]

Em 1907, surge o *despacho regulador do processo* português por meio do Decreto n. 3, de 29.05.1907. Por sugestão do Professor Alberto dos Reis, o Decreto n. 12.353, de 1926, alterou a nomenclatura para *saneador* e ampliou o campo de incidência da norma para que o juiz pudesse decidir sobre todas "as outras questões prévias ou prejudiciais, por forma a ficar o processo desembaraçado de tudo quanto possa obstar ao conhecimento do fundo da causa."[18] No Brasil, o *despacho saneador* foi adotado no Código de Processo Civil de 1939 e mantido no de 1973, até a nova redação que lhe foi dada pela Lei n. 10.444, de 07.05.02.

---

13   LACERDA, Galeno. *Despacho saneador*, cit., p. 20.
14   LACERDA, Galeno. *Despacho saneador*, cit., p. 25.
15   LACERDA, Galeno. *Despacho saneador*, cit., p. 32.
16   LACERDA, Galeno. *Despacho saneador*, cit., p. 33.
17   LACERDA, Galeno. *Despacho saneador*, cit., p. 36.
18   LIEBMAN, Enrico Tullio. *Estudos sobre o processo civil brasileiro*. São Paulo: José Bushatsky, 1976. p. 101-102. Nesse sentido, também, TUCCI, Rogerio Lauria. A nova fase saneadora do processo civil brasileiro, cit., p. 352-353.

A audiência preliminar, tal qual posta, tinha, desde o início, dois principais objetivos: tentativa de conciliação ou preparação para instrução. Aliás, a tentativa de conciliação já era prevista no art. 161, Constituição de 1824, no sentido de que "[s]em se fazer constar, que se tem intentado o meio da reconciliação, não se começará Processo algum"[19].

A conciliação foi também prevista para casos cíveis pelos arts. 1º a 7º, "Disposição Provisória acerca da Administração da Justiça Civil", Código do Processo Criminal de 1832:

> Art. 1º Póde intentar-se a conciliação perante qualquer Juiz de Paz aonde o réo fôr encontrado, ainda que não seja a Freguezia do seu domicilio.
>
> Art. 2º Quando o réo estiver ausente em parte incerta poderá ser chamado por edictos para a conciliação, como é prescripto para as citações em geral.
>
> Art. 3º Se o autor quizer chamar o réo á conciliação fóra de seu domicilio, no caso do artigo primeiro, será admittido a nomear procurador com poderes especiaes, declaradamente para a questão iniciada na procuração.
>
> Art. 4º Nos casos de revelia á citação do Juiz de Paz se haverão as partes por não conciliadas, e o réo será condemnado nas custas.
>
> Art. 5º Nos casos que não soffrem demora, como nos arrestos, embargos de obra nova, remoção de Tutores, e Curadores suspeitos; a conciliação se poderá fazer posteriormente á providencia, que deva ter lugar.
>
> Art. 6º Nas causas, em que as partes não podem transigir, como Procuradores Publicos, Tutores, Testamenteiros; nas causas arbitraes, inventarios, e execuções; nas de simples officio do Juiz; e nas de responsabilidade; não haverá conciliação.
>
> Art. 7º Nos casos de se não conciliarem as partes, fará o Escrivão uma simples declaração no requerimento para constar no Juizo contencioso, lançando-se no Protocolo, para se darem as certidões, quando sejam exigidas. Poderão logo ser as partes ahi citadas para Juizo competente que será designado, assim como a audiencia do comparecimento, e o Escrivão dará promptamente as certidões.[20]

---

19 BRASIL. *Constituição Politica do Imperio do Brazil (de 25 de março de 1824)*. <http://www.planalto.gov.br/ccivil_03/Constituicao/Constituicao24.htm>. Acesso em: 19 nov. 2015.

20 BRASIL. *Código do Processo Criminal de primeira instancia (de 29 de novembro de 1832)*. <http://www.planalto.gov.br/ccivil_03/leis/lim/LIM-29-11-1832.htm >. Acesso em: 20 dez. 2016.

Nota-se, assim, que o legislador, já naquela época, deu relevante ênfase à conciliação, delegando tal atribuição ao juiz de Paz. Aliás, a esse respeito, Kazuo Watanabe expõe:

> Essa disciplina legal foi fruto das "ideias liberais de que estavam imbuídos os homens que detinham o poder" nos primeiros anos do Império, que procuraram "transformar o processo civil em instrumento mais dúctil e menos complicado, despindo-o de atos e formalidades inúteis e de recursos excessivos, para possibilitar distribuição de justiça mais rápida em menos dispendiosa", informa Moacir Lobo da Costa (1970, p. 6-10)[21]

Pouco depois, os arts. 23 a 27, Decreto n. 737, de 23.11.1850, estipulavam o seguinte:

> Art. 23. Nenhuma causa commercial será proposta em Juizo contencioso, sem que préviamente se tenhn tentado o meio da conciliação, ou por acto judicial, ou por comparecimento yoluntario das partes. Exceptuam-se:
>
> § 1º As causas procedentes de papeis de credito commerciaes, que se acharem endossados (art. 23 do Titulo unico Codigo).
>
> § 2º As causas em que as panes nao podem transigir (cit. art. 23), como os curadores fisçaes dos fallidos durante o processo da declaração da quebra (art. 838 Codigo), os administradores dos negociantes fallidos (art. 856 Codigo), ou fallecidos (arts. 309 e 310 Codigo), os procuradores publicos, tutores, curadores e testamenteiros.
>
> § 3º Os actos de declaração da quebra (cit. art. 23).
>
> § 4º As causas arbitraes, as de simples officio do Juiz, as execuções, comprehendidas as preferencias e emhargos de terceiro; e em geral só é necessaria a conciliação para a acção principal, e não para as preparatorias ou incidentes (Tit, 7º Codigo).
>
> Art. 24. Póde intentar-se a conciliação perante qualquer Juiz de Paz, onde o réo fôr encontrado, ainda que não seja a freguezia do seu domicilio.
>
> Art. 25. Póde tambem o réo ser chamado por edictos para a conciliação nos casos do art. 53 § 1º, e nos termos do art. 45.
>
> Art. 26. Quer no Juizo do domicilio do réo, quer no caso do art. 24, poderá o autor chamar o réo á conciliação, e nella poderão comparecer as partes, por procurador com poderes especiaes para transigir no Juizo conciliatorio.

---

21 WATANABE, Kazuo. Mediação como política pública social e judiciária. *Revista do Advogado*. São Paulo: AASP, Ano XXXIV, n. 123, Agosto de 2014, p. 36.

Art. 27. A petição para a conciliação deve conter: os nomes, pronomes, morada dos que citam e são citados; a exposição succinta do objecto da conciliação, e a declaração da audiencia para que se requer a citação; podendo esta ser feita para comparecer no mesmo dia só em caso de urgencia, e por despacho expresso do Juiz.[22]

Tanto a Constituição quanto o Decreto n. 737/1850 exigiam a prévia tentativa de conciliação antes do ajuizamento da causa. Já o segundo objetivo (preparação para a instrução) foi argutamente apontado por Liebman. Disse ele:

> Em outros tempos e em outros países também se procurou pôr ordem na série de questões que o juiz deve resolver. Houve e há, portanto, outros institutos jurídicos que tiveram ou têm, pelo menos parcialmente, uma finalidade análoga à do despacho saneador.
>
> A partição do processo romano clássico em duas fases distintas, uma que se desenvolvia perante o pretor (*in jure*) e outra perante o juiz privado (*in judicio*), tinha, por exemplo, a consequência de levar ao exame do juiz só a questão principal controvertida, normalmente limpa de qualquer questão preliminar. Contudo, questões jurídicas importantes, que hoje incluiríamos no mérito, eram resolvidas pelo magistrado, antes da *litis contestatio*, de modo que a separação das duas fases do processo romano não coincide com a distinção que fazemos hoje entre questões processuais e mérito da controvérsia.[23]

6.4. O "MODELO DE STUTTGART" COMO INSPIRAÇÃO PARA A REDAÇÃO DA AUDIÊNCIA PRELIMINAR DO ART. 331, CPC/1973, O CÓDIGO MODELO DE PROCESSO CIVIL IBEROAMERICANO E O CÓDIGO DE PROCESSO CIVIL DE 2015

Como bem analisado por Daniel A. Assumpção NEVES, a audiência preliminar no Brasil teve forte influência do Código Modelo de Processo Civil Iberoamericano. Nesse sentido, menciona que "a idéia de se inserir uma audiência preliminar no procedimento dos países da América do Sul vem sendo insistentemente invocada, como comprova o artigo 301 do Código de Processo Civil Tipo para a América Latina".[24]

---

22 BRASIL. *Decreto Nº 737, de 25 de novembro de 1850*. <http://www.planalto.gov.br/ccivil_03/decreto/Historicos/DIM/DIM737.htm>. Acesso em: 19 nov. 2015.

23 LIEBMAN, Enrico Tullio. *Estudos sobre o processo civil brasileiro*, cit., p. 100-101.

24 NEVES, Daniel A. Assumpção. Audiência preliminar. In: MOREIRA, Alberto Camiña;

Porquanto pertinente, transcreve-se a redação do art. 301, do Código Modelo Iberoamericano:

> *Art. 301. (Contenido de la audiencia preliminar).*
>
> En la audiencia preliminar se cumplirán las siguientes actividades:
>
> 1) Ratificación de la demanda y de la contestación y, en su caso, de la reconvención y de la contestación a la misma, pudiéndose alegar hechos nuevos siempre que no modifiquen la pretensión o la defensa, así como aclarar sus extremos si resultaren oscuros o imprecisos, a juicio del Tribunal o de las partes.
>
> 2) Contestación por el actor de las excepciones opuestas por el demandado y por éste de las que hubiere opuesto el actor respecto de la reconvención.
>
> 3) Tentativa de conciliación, que deberá realizar el Tribunal, respecto de todos o algunos de los puntos controvertidos.
>
> 4) Recepción de la prueba sobre las excepciones, en la situación extraordinaria de entender el Tribunal que existe algún hecho a probar, en cuyo caso se recibirán, exclusivamente, las pruebas solicitadas en el escrito en que se hubieren opuesto las excepciones y aquellas que lo fueron en la ocasión a que refiere el numeral 2.
>
> 5) Pronunciamiento de sentencia interlocutoria con el fin de sanear el proceso, para resolver los problemas planteados por las excepciones procesales propuestas o las nulidades denunciadas o las que el Tribunal hubiere advertido y decidir, a petición de parte o de oficio, todas las cuestiones que obstaren a la decisión de mérito, incluyendo la improponibilidad de la demanda y la legitimación en la causa, cuando ésta sea definible al comienzo del litigio. El Tribunal podrá prorrogar la audiencia a los efectos de lo dispuesto en el numeral 4), pero en la siguiente oportunidad deberá recibirse la totalidad de la prueba y pronunciarse la sentencia interlocutoria de saneamiento. La formulación de sus fundamentos podrá diferirse hasta otra audiencia que habrá de llevarse a cabo en plazo no mayor d diez días y, cuando la complejidad del asunto lo justifique, se podrá prorrogar la audiencia por plazo no mayor de quince días para pronunciar la sentencia con sus fundamentos.
>
> 6) Fijación definitiva del objeto del proceso y de la prueba; pronunciamiento sobre los medios de prueba solicitados por las partes, rechazando los que fueren inadmisibles, innecesarios o inconducentes (artículo 33.6), disponiéndose la ordenación y diligenciamiento de los que correspondan, recepción de los que fuere posible diligenciar en la propia

---

NEVES, Daniel A. Assumpção; ORIONE NETO, Luiz; SHIMURA, Sérgio (Orgs.). *Nova Reforma Processual Civil*. São Paulo: Método, 2002. p. 162.

audiencia y fijación de otra complementaria para el diligenciamiento de los restantes, acordándose lo necesario para que, en ocasión de esa audiencia complementaria, se diligencien totalmente las pruebas que no se hubieren recibido en la audiencia preliminar (artículo 303.1.).

Las partes podrán proponer nuevos medios de prueba que, a juicio del Tribunal, refieran a hechos nuevos o a rectificaciones hechas en la propia audiencia (numeral 1).[25]

Ainda conforme Daniel A. Assumpção Neves:

> A redação dada ao artigo 331 fez com que nosso direito se afastasse da tradição da decisão saneadora escrita, herdada do direito português, que apesar de designar uma audiência preliminar (art. 508 do CPC), concede o prazo de 15 dias para que o juiz saneie o processo (art. 510, CPC). Assim também era no direito brasileiro, que inclusive dispensava essa primeira audiência, permitindo ao juiz o saneamento escrito sem qualquer participação das partes em sua elaboração.[26]

A audiência preliminar recebeu forte influência do "Modelo de Stuttgart", tal qual preconizada por Fritz Baur. Aliás, ele expõe que, na lógica do acordo, não há apenas vantagem econômica nem meramente processual (com formação mais rápida do título executivo judicial). Há efeito psicológico que não pode ser ignorado. As partes não deixarão o *campo de batalha* como *homens derrotados*. O juiz, aí, teria o papel de *pacificador* na solução do conflito (*animable compositeur*). E, ademais, na medida em que o acordo não está jungido aos rígidos princípios processuais próprios da ação, é possível que haja ampliação do objeto e dos sujeitos no acordo.[27]

É dizer, o objetivo primeiro do art. 331, CPC/1973, buscava a solução pacífica do litígio. Esses objetivos acima foram preservados pelo CPC/2015, que o desdobra nos arts. 334 (mediação e conciliação), 357, §3º (saneamento) e até no art. 358 (instrução e julgamento). A tentativa de acordo é a medida, por excelência, mais econômica (evitará a partir de então, quaisquer gastos futuros), surtirá eficácia imediatamente (a partir da homologação do acordo) e mais vantajosa, sob a perspectiva de que ambas as partes ganham, ainda que parcialmente.

---

25 INSTITUTO BRASILEIRO DE DIREITO PROCESSUAL. *Códigos Modelo*. Disponível em <http://www.direitoprocessual.org.br/index.php?codigos-modelo-4>. Acesso em: 05 jan. 2016.

26 NEVES, Daniel A. Assumpção. Audiência preliminar, cit., p. 162.

27 BAUR, Fritz. Die aktivität des richters im prozessm cit., p. 198.

Contudo, caso o acordo não fosse possível, no CPC/1973, aproveitava-se o mesmo ato (audiência), em que as partes estivessem reunidas e, desde logo, com seu respectivo auxílio, o juiz fixava as questões essenciais para decidir o caso. Nesse sentido, Proto Pisani ensina:

> In estrema sintesi, la prima udienza dovrebbe avere la funzione di consentire la fissazione tendenzialmente definitiva del *thema decidendum* (domande ed eccezioni) e del *thema probandum* (fatti controversi o comunque bisognosi di prova). A questa fissazione tendenzialmente definitiva dovrebbero collaborare le parti personalmente, i loro difensori ed il giudice, cui dovrebbe essere restituita la funzione di direzione dell'udienza prevista dagli artt. 127 e 175. Frutto di questa intensa attività di collaborazione dovrebbe essere la semplificazione e la riduzione della lite a quelle poche questioni di fatto e/o di diritto effettivamente controverse, con conseguente maggiore probabilità di pervenire a conciliazioni sia giudiziali sia stragiudiziali.[28]

Atualmente, é possível que o juiz remeta o caso para audiência de conciliação ou de mediação (art. 334, CPC/2015). Caso não haja acordo, o juiz poderá, assim, sanear e organizar o processo. Poderá adotar medidas de gerenciamento, em nova audiência, caso necessário, conforme art. 357, §3º, CPC/2015. Infelizmente, as vantagens desse modelo ainda estão a ser compreendidas pela sociedade; aqui ainda prevalece a litigiosidade. Nesse sentido, Kazuo Watanabe destaca:

> (...) Todavia, a **mentalidade** forjada nas academias e fortalecida na práxis forense é aquela já mencionada, de solução adjudicada autoritativamente pelo juiz por meio de sentença, mentalidade essa agravada pela sobrecarga excessiva de serviços que têm os magistrados (os juízes cíveis da Capital do Estado de São Paulo recebem, anualmente, cerca de 5.000 novos processos).
>
> 7   Disso tudo nasceu a chamada **cultura da sentença**, que se consolida assustadoramente. Os juízes preferem proferir sentença ao invés de tentar conciliar as partes para a obtenção da solução amigável dos conflitos. Sentenciar, em muitos casos, é mais fácil e mais cômodo do que pacificar os litigantes e obter, por via de consequência, a solução dos conflitos.
>
> 8   Em razão dessa mentalidade, o art. 331 do Código de Processo Civil, que determina a designação de audiência preliminar para a tentativa de conciliação e para um contato pessoal entre as partes e seus advogados, e destes com o juiz e, em caso de insucesso na tentativa de conciliação, para **fixação oral pelo juiz**, após ouvir as partes, **dos pontos controvertidos da causa**, é cumprido como mera formalidade por muitos magistrados.

---

28   PROTO PISANI, Andrea. *Lezioni di diritto processuale civile*. Napoli: Jovene, 1994. p. 101.

Poucos se aperceberam do real objetivo do legislador, que é o de **indução de papel mais ativo do juiz na condução dos processos e para o efetivo cumprimento do princípio da imediatidade, que é uma das bases do processo oral** adotado pelo nosso legislador processual.

9   A solução adotada pelo art. 331 teve por base o conhecido "**Modelo de Stuttgart de audiência no processo civil**", que alcançou grande êxito na República Federal da Alemanha, conforme informa *FRITZ BAUR* ("Transformações do processo civil em nosso tempo", tradução de J.C. BARBOSA MOREIRA, *Ver. Brasil. Direito Processual*, Uberaba, v. 7, p. 61)" (...)

10 Idêntica idéia (em comparação ao "Modelo de Stuttgart" e ao *case management* norte-americano), de **juiz mais ativo na condução dos processos**, é o fundamento principal do art. 331 do nosso estatuto processual, mas não foi ele, como já ficou anotado, bem compreendido por uma grande parte dos operadores do Direito.[29]

Em vista de todos os avanços legislativos e institucionais já mencionados (Lei dos Juizados, Lei da Ação Civil Pública, Código de Defesa do Consumidor, Resolução n. 125/10, CNJ), aguarda-se, porém, por uma mudança de postura não só dos juízes, como também das partes e seus advogados. É dizer, conforme claro espírito da Resolução n. 125 bem como do CPC/2015, é necessário que o juiz assuma postura ativa na condução do caso.

Sem esforço cooperado e integrado da sociedade, não se vê muita esperança. A cultura da pacificação só poderá funcionar na exata medida em que também as partes caminharem nesse sentido. A mudança desse paradigma (que a resolução de conflitos só é boa se apresentada na forma de sentença ao invés de um acordo) requer esforço.

E a técnica e poderes inerentes ao gerenciamento do processo (*case management*), infelizmente, também não foram compreendidos pelas partes e juízes. Na medida em que forem absorvidas pela comunidade jurídica brasileira (e a sociedade como um todo), também aí haverá profunda mudança no modo de se enxergar o processo. É dizer, o processo não pode mais ser visto como mera relação processual ou procedimental, mas como um *instrumento*[30] para

---

29 WATANABE, Kazuo. A mentalidade e os meios alternativos de solução de conflitos no Brasil, cit., p. 7-8.

30 Nesse sentido, Galeno LACERDA sintetiza o seguinte: "Processo é meio. Portanto, o rito não pode erigir-se em fim. Meio de solução justa de um conflito individual de interesses e meio também, eficaz e pronto, de harmonia social". (*Teoria geral do processo*. Rio de Janeiro:

que se atinja, sempre que possível, desde que respeitadas as garantias constitucionais mínimas (tais como devido processo legal, contraditório, ampla defesa etc.), o acesso à ordem jurídica justa, com a pacificação do conflito.

6.5. FUNÇÕES DAS AUDIÊNCIAS PRELIMINARES NO CPC/1973 E NO CPC/2015

A audiência preliminar do art. 331, CPC/1973, guardava, por pressuposto, intensa atividade judicial. Era amparada por uma gama de funções, as quais, aliás, lhe conferem legitimidade para que ocorram. A característica da audiência, por excelência, é a **oralidade**.[31] E a oralidade, dentro do processo, tem propósitos claros. É dizer, tem-se que auxilia no intercâmbio de informações mais específicas e atualizadas. Também facilita o diálogo e o caráter informal, permite que as partes compreendam melhor e muito mais rápido as pretensões umas das outras e destas com o juiz.

Consequência lógica do exercício adequado desse vetor é a **imediatidade** dos atos. Ou seja, nada impede – e, ao contrário, tudo favorece – que o juiz tome contato com as provas e com as partes, já em audiência, de modo que possa conhecer todas as questões prévias ao julgamento que lhe forem apresentadas. Esses dois vetores, ainda que não se atinja o "estado quimicamente puro" de Fritz Baur, caso bem exercidos pelo juiz (então a exercer o *case management*), comporão excelente **solução**. Tais questões foram brilhantemente expostas por Proto PISANI. Reportamo-nos ao mestre:

> "L'interrogatorio libero delle parti assolve ad una pluralità di funzioni: a) funzione di chiarificazione della allegazione dei fatti principali posti dall'attore e dal convenuto a fondamento delle relative domande ed eccezioni; b) funzione di favorire l'emersione di fatti che siano a fondamento di eccezioni rilevabili d'ufficio non ancora proposte dal convenuto o di fatti costitutivi (anch'essi operanti *ipso iure*) idonei a fondare in via alternativa o concorrente il diritto fatto valere in giudizio, ma non allegati dall'attore nella citazione; c) funzione di favorire l'emersione di fonti materiali di prova in ordine ai fatti principali e, in loro manzanza, di fatti secondari e relative fonti di prova; d) funzione di favorire la presa di posizione di ciascuna delle parti sui fatti affermati dall'altra (e quindi anche di rendere effettivo

---

Forense, 2008. p. 17).

31 LIEBMAN, Enrico Tullio. *Estudos sobre o processo civil brasileiro*, cit., p. 109-110.

quanto previsto dal 'o comma dell'art. 167), allo scopo di far emergere ammissioni le quali varranno, a seconda che il processo sai relativo a diritti disponibili o indisponibili, o ad escludere i fatti ammessi dal *thema probandum*, o come strumenti di conoscenza idonei anche da soli a fondare il convicimento del giudice sull' esistenza dei fatti ammessi (v. infra cap.X, sub 2); e) richiesta di chiarimenti sulla compatibilità di affermazioni tra loro logicamente incompatibili, e sul sistema complessivo di attacco o di difesa; f) indicazione delle questioni rilevabili d'ufficio ivi comprese le possibili utilizzazioni probatorie delle risultanze dell'interrogatorio libero; g) funzione di favorire la conciliazione della lite."[32]

Nota-se, portanto, que, não só, mas *principalmente*, na audiência preliminar prevista no art. 331, CPC/1973, o juiz podia, e pode, atualmente, principalmente na audiência de saneamento do art. 357, §3o, CPC/2015::

a) incentivar o acordo (art. 125, IV, CPC/1973, ou art. 139, V, CPC/2015);

b) esclarecer ou clarificar alegações das partes;

c) ouvidas as partes, identificar as questões do caso e delimitá-las ao que for **relevante** para o julgamento (art. 451, CPC/1973);

d) decidir questões incidentais, tais como: i) determinar a regularização de representação processual (art. 9º, CPC/1973); ii) suspender o processo e conceder prazo para regularização da representação processual (art. 13, CPC/1973, ou art. 76, CPC/2015); iii) intervenção de terceiros, dentre outras;

e) adiar a análise de outras questões sem urgência e que poderão ser melhor decididas no julgamento definitivo da causa acaso isso seja conveniente;

f) determinar as provas relevantes (art. 130, CPC/1973 e art. 370, CPC/2015);

g) determinar, a pedido ou *ex officio*, a **produção** de provas relevantes ao julgamento da causa (art. 130, CPC/1973) e fixar prazo às partes para cumprimento;

h) nomear peritos e

1) designar audiência de instrução e julgamento. .

---

32 PROTO PISANI, Andrea. *Lezioni di diritto processuale civile*, cit., p. 103-104.

O rol, obviamente, é meramente exemplificativo. Não esgota as possíveis atividades do juiz no momento da audiência. O que vale destacar é que, para todas essas questões, na medida do possível e do desejável *(em termos de duração do processo e disponibilidade das partes)*, é prudente que o juiz estabeleça diálogo com as partes, a exemplo do "Modelo de Stuttgart". Atualmente, o art. 357, CPC/2015, como já visto, permite muitas dessas atividades e incentiva o diálogo. Isso e o acompanhamento dos vetores preconizados por Proto PISANI levam, automaticamente, senão a um bom acordo, pelo menos, a uma boa solução dada na sentença. Nesse sentido, Cássio Scarpinella BUENO:

O art. 357, proveniente do Projeto da Câmara, vai muito além do tímido art. 331 do CPC atual, sabendo conservar o que de importante consta daquele dispositivo sobre a ordenação do processo, e propondo a prática de diversos atos no sentido de racionalizar a atividade jurisdicional incentivando a cooperação entre os variados sujeitos processuais, inclusive a depender da complexidade do caso, em audiência especialmente designada para tanto.[33]

6.6. *CASE MANAGEMENT, PRETRIAL CONFERENCES,* SANEAMENTO DO PROCESSO E AUDIÊNCIAS PRELIMINARES AO JULGAMENTO

Em vista da análise comparativa dos modelos de gerenciamento do processo nos países estudados ao saneamento do processo e da audiência preliminar do art. 331, CPC/1973, bem como na atual audiência de saneamento do art. 357, §3º, CPC/2015, extraem-se características fundamentais e essencialmente idênticas em todos os institutos. A função ativa do juiz no gerenciamento do processo é, atualmente, traço comum nos ordenamentos processuais norte-americano, japonês, inglês e alemão. Na Alemanha, aliás, Fritz Baur defende a conduta ativa do juiz, cujas teses soam assim:

a) "O processo civil da atualidade caracteriza-se por uma posição mais forte do juiz no processo, por sua "ativização". Ela não se relaciona apenas com a condução do processo, mas também com a colheita dos fundamentos de fato e com a assistência às partes na formulação de requerimentos e de afirmações de fatos. Não significa a desvinculação do juiz de regras processuais gerais, estabelecidas na lei";[34]

---

33 BUENO, Cassio Scarpinella. *Novo Código de Processo Civil anotado*, cit. p. 266.
34 BAUR, Fritz. Transformações do processo civil em nosso tempo, cit., p. 60.

b) "Cada vez mais se difunde a noção de que só um procedimento célere preenche a finalidade do processo. Esse fim pode ser alcançado por meio de uma audiência de debate oral e tomada de provas, preparada sob a direção do tribunal. Assim se realizam os princípios processuais da oralidade e da imediatidade, o que constitui pressuposto de uma apuração da matéria de fato que corresponda à realidade";[35]

c) "Um novo âmbito de competência do juiz, que – além da tradicional sentença sobre pretensões – lhe atribui uma função formadora, equilibradora".[36]

Nos Estados Unidos, a previsão é clara. A *Rule* 1, *FRCP*, dispõe, para o que interessa, que o processo civil deve assegurar o "justo, célere e econômico andamento de toda ação".[37]

O Japão adotou o modelo processual alemão e a estrutura constitucional é, em essência, a norte-americana. Por lógica, portanto, valem as premissas expostas tanto para o sistema processual alemão quanto para o norte-americano.

Na Inglaterra, o juiz tem o dever de exercer o gerenciamento do processo (*case management*), conforme a *Rule* 1.4, das *CPR*:

"1.4. Deveres do juiz no *case management* (gerenciamento do processo):

(1) O juiz deve promover o objetivo preponderante por meio de ativo *case management* (gerenciamento do processo) nos casos.

(2) O ativo *case management* inclui:

(a) encorajar as partes a cooperar entre si na condução do processo;

(b) identificar as questões em fase inicial;"

No Brasil, a conclusão nos parece clara no sentido de que o juiz deve também exercer o gerenciamento do processo ou *case management*. Nesse contexto, o art. 3º, inciso I, Constituição da República, garante, como objetivo do Estado, construir uma sociedade livre, **justa** e solidária. Já o art. 5º, LXVII, Constituição da República, diz que:

"a todos, no âmbito judicial e administrativo, são assegurados a razoável duração do processo e os meios que garantam a **celeridade** de sua tramitação".

---

35 BAUR, Fritz. Transformações do processo civil em nosso tempo, cit., p. 62.

36 BAUR, Fritz. Transformações do processo civil em nosso tempo, cit., p. 67.

37 No original, a *Rule* 1, *FRCP*: "(...)They shall be construed and administered to secure the just, speedy, and inexpensive determination of every action".

No âmbito infraconstitucional, o art. 125, IV, CPC/1973, dispunha que:

> Art. 125. O juiz dirigirá o processo conforme as disposições deste Código, competindo-lhe:
>
> (...)
>
> IV - tentar, a qualquer tempo, **conciliar** as partes.

O art. 139, V, CPC/2015, no mesmo espírito, traz nova redação em homenagem aos métodos alternativos de solução de conflitos:

> Art. 139. O juiz dirigirá o processo conforme as disposições deste Código, incumbindo-lhe:
>
> (...) V - promover, a qualquer tempo, a autocomposição, preferencialmente com auxílio de conciliadores e mediadores judiciais;

É dizer, a conduta ativa do juiz no gerenciamento do processo (*case management*) constitui imperativo constitucional. Decorre de interpretação harmônica do art. 3º, I, em conjunto com o art. 5º, XXXV, Constituição da República.

No âmbito legal, o art. 125, CPC/1973, bem como o art. 139, CPC/2015,[38] mencionam que a direção (gerenciamento) do processo buscará garantir às partes igualdade de tratamento (isonomia e paridade de armas); velar pela rápida solução do litígio (celeridade) e tentar, a qualquer tempo, conciliar as partes (incentivo ao acordo).

Não se pretende pura e simplesmente importar o instituto do gerenciamento do processo (*case management*) sem quaisquer reflexões e mudanças. Antes, sugere-se que tal atividade de adequado gerenciamento do processo já tem expressa previsão constitucional. Em outras palavras, há plena *possibilidade*, pela Constituição Federal, da efetiva implementação do gerenciamento do processo (*case management*) no ordenamento brasileiro. Por seus efeitos, identifica-se em muitos aspectos ao saneamento do processo.

---

38 Art. 139. O juiz dirigirá o processo conforme as disposições deste Código, incumbindo-lhe:
I - assegurar às partes igualdade de tratamento;
II - velar pela duração razoável do processo;
III - prevenir ou reprimir qualquer ato contrário à dignidade da justiça e indeferir postulações meramente protelatórias;
IV - determinar todas as medidas indutivas, coercitivas, mandamentais ou sub-rogatórias necessárias para assegurar o cumprimento de ordem judicial, inclusive nas ações que tenham por objeto prestação pecuniária;
V - promover, a qualquer tempo, a autocomposição, preferencialmente com auxílio de conciliadores e mediadores judiciais;

Nessa exata medida, assim como as *pretrial conferences* nos processos civil norte-americano, japonês e inglês concentram intensas medidas próprias de gerenciamento do processo (*case management*), as audiências preliminares ao julgamento congregam intensa atividade saneadora. Daí a íntima relação da audiência preliminar com o consagrado *despacho saneador*.

6.7. DIFERENÇAS DO GERENCIAMENTO DO PROCESSO (*CASE MANAGEMENT*) E SANEAMENTO DO PROCESSO. ADEQUADA COMPREENSÃO DA EXPRESSÃO *GERENCIAMENTO DO PROCESSO* COMO *GERENCIAMENTO DE CASOS*

De fato, o termo *saneamento do processo* apresenta certa dose de idiossincrasia, pois, como argutamente expõe Cândido Dinamarco, "saneia-se o que não é são."[39] Portanto, tal atividade – a de *saneamento*, literalmente, prenderia--se a atos processuais que corrigiriam eventuais falhas, tais como a "regularização de atos ou da representação processual."[40]

DINAMARCO continua sua lição no sentido de que, para a doutrina do processo civil brasileiro, *sanear o processo* deriva da expressão antiga *despacho saneador*, vinda, como já visto, do direito luso. Assim, expõe:

> Segundo esse uso corrente, o juiz saneia o processo, organizando a prova e designando a audiência, quando reconhece que estão presentes todos os pressupostos de admissibilidade do julgamento de mérito – ou seja, quando nada há a sanar, corrigir, purificar.[41]

Antonio Carlos MARCATO parece endossar tal entendimento:

> (...) Ou, mais apropriadamente, o saneamento inicia-se antes mesmo de instaurada a fase ordinatória, pois como alerta Sálvio de Figueiredo Teixeira, ele "está fragmentado no novo Código, surgindo em mais de um momento. Tanto assim que, ao despachar a inicial, o juiz já deverá examinar pressupostos e condições" (Código de Processo Civil anotado, nota ao art. 331). Consequentemente, o ato de saneamento a que alude o art. 331 em

---

39 DINAMARCO, Cândido Rangel. *Instituições de direito processual civil*. 5. ed. São Paulo: Malheiros, 2005. v. 3, p. 561.

40 DINAMARCO, Cândido Rangel. *Instituições de direito processual civil*, cit., v. 3.

41 DINAMARCO, Cândido Rangel. *Instituições de direito processual civil*, cit., v. 3, p. 561-562.

seus §§2º e 3º tem conteúdo declaratório, por meio dele afirmando o juiz que o processo se mostra isento de irregularidades ou nulidades e pronto, portanto, para o início de sua fase instrutória.[42]

Portanto, em regra, *sanear* é expressão utilizada para corrigir, regularizar, examinar pressupostos e condições do *processo*. Eventualmente, significará também determinar a produção de provas ou designar audiências; medidas essas mais próximas do gerenciamento do processo ou *case management*. Ou seja, por vezes, pode haver certa dose de confusão semântica.

Daí a nossa preocupação. É claro que o objetivo deste trabalho não é apresentar nova nomenclatura; não se pretende "dar nome a cometa". A rigor, pouca ou nenhuma diferença faz em que se continue a utilizar a expressão *saneamento* ou que a modifiquemos para *gerenciamento, gestão, condução, direção* ou coisa que o valha.

O que para nós importa é que *sanear, gerenciar, gerir, conduzir ou dirigir* o processo indique mais do que simplesmente corrigir falhas, vícios ou defeitos processuais.

Deve, sim, valer o caráter *ativo* do juiz no saneamento, direção, condução, gerenciamento do processo; ou, simplesmente, *case management*. É dizer, essa atividade judicial deve ser compreendida no contexto atual do Judiciário brasileiro, dentro da perspectiva de que o Judiciário e o juiz que age em nome dele garantam o acesso à ordem jurídica justa.

Convida-se à reflexão acerca do papel do juiz no gerenciamento do processo: se deve permanecer estático, passivo ou se ele pode, sem ofensa a qualquer princípio constitucional, assumir caráter ativo, isto é, gerir o processo (aí compreendido como conflito) de forma célere, eficaz e, *sobretudo, justa*.

Temos, portanto, que, na medida em que haja ativa conduta do juiz, exercerá condução, gerenciamento, direção do processo ou coisa que o valha. Porém, não mais se limitará a regularizar eventuais vícios ou defeitos processuais. Bem antes disso – e aí é o ponto de vista que se quer sugerir –, o juiz deve exercer adequado gerenciamento não só do processo, mas do *conflito* ou do *caso*. E o conceito de processo trazido por LUCON leva em consideração boa parcela desse raciocínio, ao mencionar a visão de Fazzalari:

> Na moderna visão do processo, que tem em Fazzalari um de seus maiores representantes, o processo é um método de trabalho eleito pelo legislador

---

42 MARCATO, Antonio Carlos. *Código de Processo Civil interpretado*. 3. ed. rev. São Paulo: Atlas, 2008. p. 1044.

como o melhor para atender ao fim a que se destina (solução dos conflitos com a correta aplicação do direito); é uma espécie do gênero procedimento, que se caracteriza por se desenvolver em contraditório. É, em apertada síntese, um mecanismo que tem por fim a realização do direito material.[43]

Talvez nesse sentido deva ser entendido o *verbo sanear* no processo civil brasileiro hoje em dia. Portanto, pode-se perfeitamente prestigiar a expressão já consagrada de *gerenciamento de processo*. Porém, deve ser entendida em sentido mais amplo, é dizer, gerenciamento de *casos* ou *conflitos*.

6.8. OBRIGATORIEDADE OU FACULTATIVIDADE DAS AUDIÊNCIAS PRELIMINARES AO JULGAMENTO

Com a redação da Lei n. 10.444, de 7.5.2002, a audiência só é possível, em regra, quando há possibilidade de transação. Assim, para o bem ou para o mal, a posição de Cândido Dinamarco, apesar de extremamente abalizada, não prevaleceu. Entende ele que a audiência preliminar era obrigatória. Isto porque a conciliação era apenas um dos objetivos previstos na audiência. Dessa forma, ainda que a causa versasse sobre direitos ou interesses indisponíveis, haveria oportunidade de adequada discussão e fixação das questões fundamentais do caso, determinação de provas, etc. Além disso, expôs uma contradição na redação nova do art. 331, §3º, CPC/1973, acerca de o juiz poder dispensar a audiência acaso, quanto à transação, "as circunstâncias da causa evidenciarem ser improvável sua obtenção":

> *Evidenciar uma probabilidade* é uma contradição em termos, porque *evidência* é a clareza de uma situação e *probabilidade* nada mais é que uma possibilidade potenciada. Reputa-se *evidente* a improbabilidade de conciliar, quando as partes já houverem declarado expressamente a vontade de prosseguir no litígio ou, por seu comportamento, infundirem essa impressão no espírito do juiz, com alguma dose de segurança. A Fazenda Pública quase nunca se concilia, por aceitar comodamente o mito da indisponibilidade de todos os direitos e interesses do Estado.[44]

---

43 LUCON, Paulo Henrique dos Santos. Duração razoável e informatização do processo nas recentes reformas, cit., p. 1398.

44 DINAMARCO, Cândido Rangel. *Instituições de direito processual civil*, cit., v. 3, p. 558-559.

A posição nos é irrefutável. Mais até. A indisponibilidade do interesse público deve ser compreendida dentro do contexto em que se insere. Isto é, a considerar a probabilidade de derrota provável do Estado, e, portanto, litigar seja mais caro do que simplesmente entrar em acordo, o mito parece cair por seus fundamentos. Ou seja, se é verdade que o interesse público é indisponível e se é verdade que o Estado gastará mais litigando do que celebrando acordo, permanecer no litígio é, no mínimo, imprudente.

Por outro lado, se há casos que, mesmo versando sobre direitos indisponíveis, apontam à necessidade da audiência preliminar, o oposto também nos soa verdadeiro. Há casos que, mesmo versando sobre direitos disponíveis e que não podem ser objeto de julgamento antecipado (porquanto demandem produção de prova), são por vezes tão rotineiros (por exemplo, relações de massa, sendo as questões tão conhecidas pelo juiz), que, a rigor, não dependem da audiência preliminar para a cognição do juiz. Ainda por outro ângulo, o outro viés da audiência preliminar (de saneamento de questões) também é prescindível, porquanto não haja complexidade fática suficiente a gerar sua necessidade.

6.9. CRITÉRIO DA NECESSIDADE DAS AUDIÊNCIAS PRELIMINARES AO JULGAMENTO

Nosso objetivo não é endossar uma ou outra posição, pois os argumentos de ambas são bastante convincentes. Antes disso, procuramos verificar a questão sob outro ângulo, qual seja, a *necessidade* ou *desnecessidade* da audiência. Há casos rotineiramente julgados pelo juiz, que, a rigor, dispensam a audiência, visto serem casos bastante freqüentes e cuja posição já se sabe de antemão. Como já mencionado acima, é bastante comum, em Varas de Fazenda Pública Federais ou Estaduais, ações ajuizadas por servidores a pleitearem benefícios em seus vencimentos, tais como adicional por tempo de serviço. Em Varas Cíveis, por outro lado, há um sem número de ações com pedido para retirada do nome da parte autora dos órgãos de proteção ao crédito em razão de inscrição indevida. Também nesses casos a prova é essencialmente documental. Ora, para tais casos, portanto, desde que se adote o procedimento comum com rito ordinário, parece-nos ser totalmente desnecessárias – aliás, procrastinatórias – tanto a audiência preliminar, quanto até mesmo a audiência de instrução e julgamento. A técnica do julgamento antecipado se amolda com perfeição ao caso.

Relevante trazer a lição de Galeno LACERDA a respeito. Desde a década de 1950, para ele, a audiência de instrução e julgamento seria dispensável acaso não fosse necessária. Aliás, bastante por sua influência,[45] a técnica do julgamento antecipado foi adotada pelo art. 330, CPC (1973). Sobre a prescindibilidade da audiência de instrução e sua relação com a oralidade, o mestre gaúcho tece o seguinte raciocínio:

> Não pretendemos, em absoluto, negar os méritos da oralidade e as virtudes da audiência. O que postulamos, sim, é uma visão teleológica do processo.
>
> Antes de afirmar que o processo brasileiro é oral, que o debate e a audiência são essenciais, impõe-se, primeiro, indagar quais, em nosso sistema, a natureza e a finalidade de tais atos.
>
> Na ordem do juízo há que distinguir os atos essenciais, indispensáveis à constituição e aos fins da relação processual, de outros, não essenciais, porque pertencem à esfera de disponibilidade das partes ou à do juiz. Assim, exemplificando, o recurso, a contestação, a exceção, a perícia, não constituem atos essenciais ao processo.
>
> Como classificar, entre nós, a audiência de instrução e julgamento? Qual a sua finalidade?
>
> Nela podemos vislumbrar três objetivos:
>
> - provar,
>
> - discutir, e
>
> - julgar.
>
> A prova não tem a virtude de transformá-la em ato essencial do juízo. Por que? Por dois motivos:
>
> 1.o) Porque nem tôda a prova nela se produz. A documental, por exemplo, se oferece com os atos de postulação. Reservam-se para a audiência, apenas, as inspeções diretas e as provas orais – interrogatório de peritos, depoimento de partes e testemunhas.
>
> Logo, onde tais provas não se fizerem necessárias, a audiência para coligi-las será ato inútil e dispersivo.
>
> 2.o) Porque a prova pertence ao poder de disposição da parte ou do juiz

---

45 Athos Gusmão CARNEIRO ensina que "a lição do processualista e as exigências de ordem prática, no entanto, ao final conduziram a uma das inovações mais exitosas – acolhida com geral aplauso – do CPC de 1973, ao *julgamento antecippado da lide* (melhor dito, julgamento imediato da lide)". (*in Audiência de instrução e julgamento e audiências preliminares*. Rio de Janeiro: Forense, 2004. p. 7).

(art. 117 do C.P.C.). Como ato disponível, o meio através do qual êle possa manifestar-se – a audiência – não será essencial ao processo.

A discussão entre as partes teria o dom de dar à audiência êsse caráter? Também não, porque discutir continua a ser ato disponível, renunciável, cuja existência pertence ao alvedrio das partes. Portanto, não será daí que a audiência possa receber a nota de ato essencial ao processo.

Dir-se-á que o julgamento a justificaria como ato indispensável. De que maneira, se o juiz tem a finalidade de proferir a sentença depois da audiência, sempre que não se sentir habilitado a julgar a causa naquela ocasião?

Como se vê, são disponíveis, para as partes ou para o juiz, todos os atos a serem praticados dentro da audiência, em razão dos quais ela existe.

A conclusão, portanto, só pode ser uma: a audiência de instrução e julgamento não é ato essencial à ordem do juízo.

Êste o resultado lógico da análise do sistema processual brasileiro. Entre nós, a oralidade não é imperativa, mas disponível. Aqui reside o grande equívoco de LIEBMAN. Nossos atos postulatórios são escritos; sua apresentação em juízo e a produção da prova documental, tantas vêzes única a existir, não se fazem em audiência; nossas discussões orais são renunciáveis; nossas sentenças, salvo a publicação, independem de audiência.

LIEBMAN raciocinou, no Brasil, em têrmos de oralidade européia.

Sua afirmação de que a petição inicial, a contestação e a réplica "não são absolutamente suficientes para dar ao juiz um conhecimento satisfatório da causa", é puro dogmatismo. Se o réu, com a contestação, demonstrou de forma cabal a prescrição, ou a coisa julgada, ou o pagamento, ou a transação, e o autor nenhum argumento consistente lhe opôs, ao voltar a falar no feito, acaso não estará o juiz habilitado a julgar?

Se a audiência, portanto, em nosso processo, não é ato essencial, desaparece a "única razão" que, ao ver de LIEBMAN, impediria a decisão a respeito do mérito, por ocasião do despacho saneador.

Alega, porém, êle que só disposição expressa poderia autorizar o magistrado a proferir sentença sem a realização da audiência. Por que? Será que as normas processuais não admitem interpretação teleológica?

Em face do caráter instrumental do processo, cremos que nenhum outro ramo do direito é mais apto para acolher êsse método inteligente e racional de hermenêutica.

Graças a essa visão finalística da natureza dos institutos é que se admite, por exemplo, em nosso direito, a declaração oficiosa e a argüição de coisa julgada ou de incompetência absoluta a qualquer tempo, muito embora uma interpretação literal dos textos nos conduzisse a proscrever, no caso, a iniciativa do juiz, e a impor à exceção do réu um prazo inicial máximo de três dias (art. 182 do C.P.C.).[46]

É preciso ponderar, por outro lado, que, atualmente, há casos que demandam rápida solução e, concomitantemente, apresentam alta complexidade fática e até mesmo jurídica. Nesse contexto, ações civis públicas para regularização de loteamentos, em regra, demandam profunda e percuciente análise de fatos e decisão acerca de questões incidentais das mais diversas (nomeação de perito, formulação de quesitos, competência, admissão de litisconsortes, espécies de provas a serem produzidas etc.), as quais, acaso sejam feitas apenas na forma escrita, tendem a demorar muito mais tempo.

Do contrário, na medida em que o juiz designe audiência preliminar, as partes e ele poderão esclarecer e resolver questões incidentais, definir o correto andamento do caso, dentre tantas outras coisas. Pode, ainda, proferir decisão de saneamento do processo, nomeando perito e formulando os quesitos necessários e, na audiência de instrução e julgamento, que sejam debatidas e resolvidas tais questões (em prestígio da *oralidade* e *concentração de atos*), com auxílio e presença do perito e assistentes técnicos das partes.

Nos EUA, aliás, há expressão muitíssimo utilizada, qual seja, *complex litigation*, ou seja, "litígio complexo". Tal expressão é obviamente bastante genérica. Porém, em termos muito simples, qualquer demanda que passe a ter uma multiplicidade e complexidade de questões, pluralidade de autores ou réus ou qualquer outra circunstância que afaste a singeleza do caso é considerada como *complex litigation*,[47] ou seja, "litígio complexo"

Isto porque o só exercício do contraditório obriga o juiz a, não raro, abrir vista à parte contrária, que pode contar com uma plêiade de réus, com diferentes procuradores. É dizer, a mera aplicação do atual art. 398, CPC/1973, cuja essência foi mantida no art. 437, §1º, CPC/2015, sugere longa demora na apreciação de cada uma destas questões. Isto, óbvio, sem falar na possibilidade de uma multiplicidade de agravos de instrumento a cada decisão interlocutória.

---

46   LACERDA, Galeno. *Despacho saneador*, cit., p. 143-146.
47   SHREVE, Gene R.; RAVEN-HANSEN, Peter. *Understanding civil procedure*, cit., p. 279.

Daí porque nos soa de todo razoável que, principalmente nesses casos, o juiz estabeleça, após *sanear* o processo, audiência de instrução e julgamento. É dizer, a sintética exposição dos problemas enfrentados pelo juiz e pelas partes gera, mais do que a obrigatoriedade ou disponibilidade, a *necessidade* da audiência.

Aliás, apesar de não haver expressa menção, seja no CPC de 1973, seja no CPC de 2015, parece de boa prudência que o juiz, ao designar a audiência de instrução, oriente as partes a que tragam as questões que pretendem dirimir, o possível trajeto do processo, as provas que pretendem produzir, o prazo para que isso aconteça e até mesmo as providências necessárias para que haja acordo.

Nesse contexto, é a audiência necessária para que, presentes as partes e seus procuradores, possam, em conjunto com o juiz, esclarecer as questões de forma concentrada, imediata e, preferencialmente, oral.

Oralidade não significa a ausência de registro adequado no termo de audiências das questões tratadas.

Significa, antes de tudo, debate civilizado, de boa-fé, em cooperação, das partes com o juiz. Ora, tamanha será a clareza da definição das questões e das posições das partes que, muitas vezes, afasta-se a indesejável multiplicidade de recursos (agravo na forma retida ou de instrumento, embargos de declaração, etc.) e até mesmo de mandados de segurança, por vezes, impetrados.

Ainda, é de se notar que, uma vez bem realizadas as providências pelas partes e bem dirigida a audiência pelo juiz, as questões relevantes ao julgamento tendem a ficar muito mais claras. Isto trará como conseqüência lógica a criação de solo fértil para o acordo, parcial ou total, do caso.

Em suma, o critério por nós humildemente sugerido é a necessidade ou desnecessidade da audiência preliminar do art. 331, CPC/1973, bem como das audiências preliminares ao julgamento previstas nos arts. 334 (tentativa de conciliação ou mediação), 357, §3º (saneamento), e 358 (instrução e julgamento), CPC/2015. E o aferimento disso dependerá, mais do que as peculiaridades do *processo* (questões preliminares, prejudiciais ou incidentais), das peculiaridades do *caso*, do *conflito*, isto é, a indicar a complexidade, e, portanto, necessidade da audiência preliminar, ou singeleza do caso (seja ela fática, seja ela a posição majoritária da jurisprudência sobre determinado tema), o que leva, pois, à desnecessidade da audiência preliminar. Tal modo de conduzir o processo parece ter eco na lição de CHIOVENDA:

> De outro turno, o princípio da oralidade não exige em rigor a exclusão da escrita no processo, como o nome poderia levar os desavisados a presumir,

uma vez que a escrita, como meio aperfeiçoado, que é, de exprimir o pensamento e de conservar-lhe duradouramente a expressão, não pode deixar de ocupar no processo o lugar, que ocupa em qualquer relação da vida. Mas precisamente não se lhe quer atribuir senão o lugar que lhe compete segundo as condições da vida moderna e conforme a utilidade efetiva que possa ter nos processos.

Ora, em todos os casos em que se imponha avaliar a atendibilidade da declarações de qualquer pessoa, seja parte, testemunha ou perito, o certo é que o emprego da voz possibilita ao juiz apreciar melhor o depoimento. E, se a verdade dos fatos tem de resultar de um contraditório, seja de partes, testemunhas ou peritos, o confronto perde toda a eficácia no escrito que o reproduz.

E ainda nas questões meramente jurídicas, e nas em que a matéria de fato resulta inteiramente de documentos, a discussão oral, entendida, não como declamação acadêmica, senão como a concisa oposição de razões, pode conduzir a uma definição por certo mais pronta e provavelmente melhor do que a amadurecida na mente do juiz com a orientação, apenas, dos escritos. A maior rapidez, a maior facilidade de entender-se reciprocamente, a seleção que a defesa falada opera naturalmente nas razões e argumentos, dando a perceber a eficácia dos bons e a inanidade dos maus, a genuinidade da impressão de quem ouve, explicam a importância que o debate oral oferece nas relações públicas e privadas da vida moderna.

Nada disso, porém, exclui a necessidade da escrita. Duplo mister exerce a escrita no processo oral. Consiste o primeiro em preparar o debate. O primeiro escrito preparatório é o que insere a demanda judicial, e esta deve indicar os elementos da demanda e os meios de prova de modo tão preciso e determinado que coloque o réu em condições de se defender; de outra forma, declarar-se-á inadmissível o pedido.[48]

Óbvio que tal análise é de ser realizada com prudência, sensibilidade, bom senso e experiência, seja dos advogados, seja (principalmente) do juiz no caso concreto. Nesse quadro, a posição de Sidnei Beneti nos soa irrefutável, no sentido de que tal audiência deve ser instrumento de aceleração do andamento do processo[49] e não de atraso ou morosidade.

---

48 CHIOVENDA, Giuseppe. *Instituições de direito processual civil*. 4. ed. São Paulo: Quorum Ed., 2009. p. 1003-1004.

49 BENETI, Sidnei. A reforma processual alemã de 1976 e a interpretação da reforma do CPC brasileiro, cit., p. 881-882. Beneti é contrário à obrigatoriedade da audiência em casos que versem exclusivamente sobre direitos disponíveis. Mas faz a ressalva de Sergio Bermudes no sentido de que mesmo direitos indisponíveis podem ser objeto de composição.

6.10. SANEAMENTO E ORGANIZAÇÃO DO PROCESSO E ACORDO DE PROCEDIMENTO NO NOVO CPC

O CPC/2015 parece prestigiar a atividade de saneamento do processo, bem como de sua respectiva organização. Para que tal ocorra, parece-nos aplicável a lição de José Carlos Barbosa MOREIRA, ainda sobre o CPC/1973, de *necessidade* como norte. Diz ele:

> A decisão de saneamento tem lugar justamente nas hipóteses restantes, ou seja, naquelas em que, descabida a audiência preliminar, por inadmissível a transação, ou pela evidente improbabilidade da respectiva concretização, dadas "as circunstâncias da causa" (art. 331, § 3º, na redação da Lei n. 10.444), o órgão judicial chega à convicção de que é *necessário* o prosseguimento do feito – porque *ainda* não pode ser resolvido o mérito - , e além disso é útil fazê-lo prosseguir – porque tudo indica que o mérito *poderá* ser resolvido. Configura-se, pois, a decisão de saneamento como o ato pelo qual o juiz, verificando ser admissível a ação e regular o processo, o impele em direção à audiência de instrução e julgamento, por não estar ainda madura a causa para a decisão de mérito.[50]

Nesse contexto, o art. 357, CPC/2015, traz explícita menção ao saneamento e organização do processo da seguinte forma:

> "Art. 357. Não ocorrendo qualquer das hipóteses deste Capítulo, deverá o juiz, em decisão de saneamento e de organização do processo:
>
> I -   resolver as questões processuais pendentes, se houver;
>
> II -   delimitar as questões de fato sobre as quais recairá a atividade probatória, especificando os meios de prova admitidos;
>
> III – definir a distribuição do ônus da prova, observado o art. 380;
>
> IV – delimitar as questões de direito relevantes para a decisão do mérito;
>
> V – designar, se necessário, audiência de instrução e julgamento.
>
> § 1.º Realizado o saneamento, as partes têm o direito de pedir esclarecimentos ou solicitar ajustes, no prazo comum de cinco dias, findo o qual a decisão se torna estável.
>
> § 2.º As partes podem apresentar ao juiz, para homologação, uma delimitação consensual das questões de fato e de direito a que se referem os incisos II, III e IV do caput deste artigo. Uma vez homologada, a delimitação vincula as partes e o juiz.

---

50   BARBOSA MOREIRA, José Carlos. *O novo processo civil brasileiro*, cit., p. 51-52.

§ 3º Se a causa for complexa, fática ou juridicamente, deverá o juiz designar audiência, para que o saneamento seja feito em cooperação com as partes. Nesta oportunidade, o juiz, se for o caso, convidará as partes a integrar ou esclarecer as suas alegações.

§ 4º Caso tenha sido determinada a produção de prova testemunhal, o juiz fixará prazo comum não superior a quinze dias para que as partes apresentem rol de testemunhas. Na hipótese do § 3º, as partes já devem trazer, para a audiência ali prevista, o respectivo rol de testemunhas.

§ 5º O número de testemunhas arroladas não pode ser superior a dez, sendo três, no máximo, para a prova de cada fato. O juiz poderá limitar o número de testemunhas levando em conta a complexidade da causa e dos fatos individualmente considerados.

§ 6º Caso tenha sido determinada a produção da prova pericial, o juiz deve observar o disposto no art. 472 e, se possível, estabelecer, de logo, um calendário para a sua realização.

§ 7º As pautas deverão ser preparadas com intervalo mínimo de uma hora entre as audiências.

Na medida em que o juiz saneia e organiza o processo, exercerá o gerenciamento do processo. Muito do espírito da audiência preliminar prevista no art. 331 CPC/1973 foi incorporado ao vigente CPC. Assim, além de poder designar audiência de conciliação ou mediação (art. 334, CPC/2015), o juiz poderá, a qualquer momento: a. incentivar o acordo (art. 139, V, CPC/2015); b. ouvidas as partes, identificar as questões do caso e delimitá-las ao que for relevante para o julgamento (art. 357, II e IV, CPC/2015); c. esclarecer ou clarificar alegações das partes, pois soa lógico que antes de o juiz proferir decisão de saneamento as partes esclareçam suas alegações (art. 357, §1º, CPC/2015); d. decidir questões incidentais (art. 357, I, CPC/2015); e. determinar a pedido ou *ex officio* a produção das provas relevantes ao julgamento do caso (art. 370, CPC/2015); f. nomear peritos (art. 465, CPC/2015) e g. designar audiência de instrução e julgamento (art. 357, V, CPC/2015).

O rol é exemplificativo, pois não esgota as possíveis atividades do juiz no gerenciamento. Sempre que possível, o juiz deve estabelecer diálogo com as partes, na medida em que se busca celeridade, efetividade e economia processual. É lógico que a preparação, não só do juiz, mas também da parte, seja prévia à audiência (como o modelo alemão de processo civil). Tal providência favorecerá às partes, porque, ao esclarecerem o que pretendem de forma clara e objetiva, pontecializarão o adequado gerenciamento do processo. Resultado lógico de tal conduta será um bom acordo ou, no mínimo, sentença adequada e justa ao caso.

Louvável a preocupação do legislador com o saneamento e organização do processo. Feita tal consideração, somos obrigados a levantar alguns questionamentos sobre possíveis problemas a serem logo mais enfrentados por todo operador do direito, seja ele o juiz, a parte ou o advogado.

O §1º estabelece que as partes pedirão esclarecimentos ou solicitem ajustes ao juiz. Porém, parece prudente que, antes disso (e até mesmo em prol da celeridade do processo), as partes esclareçam suas alegações, conforme decisão do juiz prévia à audiência de saneamento.

Como já visto, na Alemanha, o ZPO §139 confere ao juiz poder para que as partes esclareçam o teor de suas alegações:

> (1) Na medida do necessário, a corte deve discutir com as partes circunstâncias e fatos, bem como a relação das partes com a disputa, tanto em termos de aspectos fáticos da questão quanto suas ramificações legais e deve formular questões. A corte deve trabalhar de forma a garantir que as partes em litígio façam declarações de forma tempestiva e completa, relativas aos fatos significantes e, em particular, deve se assegurar de que as partes emendem por informação futura aqueles fatos que tenham alegado apenas de forma incompleta, que elas especifiquem as provas e que façam os pedidos relevantes.[51]

Porém, a redação do §3º infelizmente parece indicar momento processual diverso, qual seja, durante a própria audiência de saneamento. Na medida em que se busca a concretização de celeridade, efetividade e economia processual – pilares do CPC/2015 -, soa lógico que a preparação, não só do juiz, mas, também da parte, seja prévia à audiência, a exemplo do modelo alemão de processo civil. Assim, o juiz poderá designar uma ou mais audiências, caso necessário, para esclarecer e delimitar questões relevantes do caso, preparando o caso para julgamento ou para tentar conduzir as partes ao acordo, total ou parcial.

Tal providência favorecerá, sem dúvida, a própria parte. Ora, na medida em que as partes esclareçam e manifestem o que pretendem, de forma clara,

---

51 CODE of Civil Procedure. Disponível em: <http://www.gesetze-im-internet.de/englisch_zpo/englisch_zpo.html>. Acesso em: 10 jan. 2016.

específica e objetiva, tanto mais fácil será o saneamento ou organização do processo.

Por outro lado, no campo do CPC/2015, houve coisa inédita que se espera seja bem compreendida. Trata-se do chamado acordo de procedimento, conforme arts. 190 e 191, ambos do CPC/2015:

> Art. 190. Versando o processo sobre direitos que admitam autocomposição, é lícito às partes plenamente capazes estipular mudanças no procedimento para ajustá-lo às especificidades da causa e convencionar sobre os seus ônus, poderes, faculdades e deveres processuais, antes ou durante o processo.
>
> Parágrafo único. De ofício ou a requerimento, o juiz controlará a validade das convenções previstas neste artigo, recusando-lhes aplicação somente nos casos de nulidade ou de inserção abusiva em contrato de adesão ou em que alguma parte se encontre em manifesta situação de vulnerabilidade.
>
> Art. 191. De comum acordo, o juiz e as partes podem fixar calendário para a prática dos atos processuais, quando for o caso.
>
> § 1º O calendário vincula as partes e o juiz, e os prazos nele previstos somente serão modificados em casos excepcionais, devidamente justificados.

Cassio Scarpinella BUENO menciona que:

> [o] dispositivo admite, nos casos que especifica, que as partes realizem verdadeiros acordos de procedimento para otimizar e racionalizar a atividade jurisdicional.
>
> De acordo com o *caput*, as partes plenamente capazes podem ajustar mudanças no procedimento, nos processos que tratem de direitos que admitem autocomposição, para ajustá-lo às especificidades da causa e convencionar sobre os seus ônus, poderes, faculdades e deveres processuais, antes ou durante o processo. Ao magistrado cabe, de ofício ou a requerimento, controlar a validade destes ajustes – que vêm sendo chamados de "negócios jurídicos processuais" –, recusando-lhes aplicação somente nos casos de nulidade – palavra que deve ser entendida amplamente para compreender qualquer violação de ordem pública – ou inserção abusiva em contrato de adesão ou em que alguma parte se encontre em manifesta situação de vulnerabilidade.[52]

Quer-nos parecer que o saneamento e organização do processo, bem como o acordo de procedimento, previstos no CPC/2015 possam, talvez, ser úteis. Na medida em que perfeição é sempre lugar a ser buscado, mas nunca atingi-

---

52 BUENO, Cassio Scarpinella. *Novo Código de Processo Civil anotado*, cit., p. 162-163.

do, cremos que o gerenciamento do processo mais se faz necessário para que tanto o saneamento quanto até mesmo o acordo de procedimento possam ser aplicados de forma adequada. Carlos Alberto CARMONA tece pesada crítica sobre o novo art. 190, CPC/2015:

> O art. 190 do NCPC, como se percebe, traz ingrediente complicador para a já atribulada tarefa de gestão processual que se pretende colocar nas mãos do magistrado. Partes sofisticadas poderão impor (este o verbo!) ao julgador a utilização de mecanismos que exigirão dele um preparo importante para bem julgar. Não se trata apenas de gestão de tempo (o que já seria um problema) mas também de recursos – e boa vontade – para empregar técnicas diferentes daquelas previstas tanto no CPC (que estamos abandonando e sob cuja égide foram formados nossos magistrados) quanto no NCPC.[53]

As dificuldades apontadas acima são reais. Com efeito, o saneamento e organização, dizem respeito, seja pelo CPC/1973, seja pelo novo, muito mais ao processo, menos ao conflito.

Na medida em que o legislador abriu campo fértil para significativa maleabilidade na marcha do processo (acordo de procedimento), tanto mais se faz necessária intensa atividade do juiz no controle do andamento do processo. Deve o juiz evitar abusos de ambas as partes ou mesmo intervir, quando necessário, a fim de se assegurar igualdade no tratamento; igualdade essa que legitima, aliás, a própria existência do processo.

6.11. NOTAS CONCLUSIVAS

Infelizmente, a audiência preliminar prevista no art. 331, CPC/1973, não foi bem compreendida por diversos segmentos da sociedade. Contudo, espera-se que a cultura da pacificação traduzida em diversos dispositivos do CPC/2015 (arts. 190, V, 334, entre outros), possa, ao longo do tempo, ser sedimentada como mudança de paradigma de aplicação da Justiça.

As vantagens com essa mudança do paradigma seriam enormes. O grau de pacificação social aumentaria. No âmbito forense, o volume de ações e recursos tende a cair. E os processos que permaneceram sem acordo e, portanto, para julgamento, seriam potencialmente melhor instruídos em menor tempo

---

53 CARMONA, Carlos Alberto. O novo Código de Processo Civil e o juiz hiperativo, cit., p. 70.

e com menos recursos. A sentença daí proveniente, também, seria potencialmente melhor fundamentada (em vista das alegações claras, questões bem definidas e provas bem produzidas) e atingiria, em tempo mais célere, a eficácia almejada. Os recursos também tenderiam a diminuir, pois as partes ficariam mais convencidas do acerto do julgador. Aliás, muito provavelmente, durante as fases postulatória e instrutória, teriam também participado na elaboração do processo decisório dentro do processo.

Isso leva a outra conclusão. É insuficiente que se mude apenas o caráter ainda hoje passivo do juiz para outro mais ativo. Com efeito, de nada adianta que o juiz esteja bem disposto a incentivar o acordo, tenha se preparado para discutir as questões com as partes se elas estão arrefecidas em suas posições de batalha ou seus advogados não tenham se preparado da forma adequada para a audiência.

A rigor, não se pode culpar a atual geração de operadores do direito. Tal mudança é gradativa, lenta e demanda mudança de paradigma.

Requer, até mesmo, mudança na formação dos advogados, advogados públicos, promotores e juízes, desde a faculdade. Talvez isso seja uma explicação para a utilização até hoje inadequada da audiência preliminar do art. 331, CPC/1973.

E, por outro lado, a mudança nos soa benvinda. Os ideais a serem atingidos nas audiências preliminares ao julgamento previstas no CPC/2015 (oralidade, imediatidade, concentração de atos processuais) são claramente benéficos, céleres e econômicos. Esta percepção de que a conduta ativa do juiz (e das partes também) exposta no gerenciamento do processo (*case management*) é, pois, garantia de melhora no acesso à ordem jurídica justa.

7

MODELO BRASILEIRO DE GERENCIAMENTO DO PROCESSO *(CASE MANAGEMENT)*. PRINCÍPIOS, CARACTERÍSTICAS E QUESTÕES

Logo no início do capítulo, ratificamos posição: o gerenciamento do processo ou *case management* é em tudo condizente aos objetivos do Estado previstos na Constituição da República. De forma mais clara, Galeno LACERDA ensina que "[p]rocesso é meio. Portanto, o rito não pode erigir-se em fim. Meio de solução justa de um conflito individual de interesses e meio também, eficaz e pronto, de harmonia social".[1]

Em outras palavras, o gerenciamento do processo no Brasil não é só possível; é, antes, desejável e constitucional. A reforçar tal posição, indicaremos alguns princípios que parecem informar toda a atividade do gerenciamento do processo. São plenamente pertinentes as palavras de COUTURE:

> O sistema legal é, pois, um sistema de princípios que constituem uma espécie de esqueleto, a estrutura rígida e interna da obra, seu arcabouço lógico, sôbre o qual se ordenam os detalhes da composição. A lei processual é a lei que determina as minúcias por meio das quais se realiza a justiça.
>
> Tôda lei processual, todo texto particular que regula um trâmite do processo é, em primeiro lugar, o desenvolvimento de um princípio processual; êsse princípio é, em si mesmo, um partido adotado, uma escolha entre vários postulados análogos feita pelo legislador para assegurar a realização da justiça, enunciada pela Constituição.[2]

Abordaremos, assim, alguns dos princípios existentes em nossa Constituição e que possivelmente informem o instituto do *case management*. Após,

---

1 LACERDA, Galeno. *Teoria geral do processo*, cit., p. 17.

2 COUTURE, Eduardo J. *Interpretação das leis processuais*. São Paulo: Max Limonad, 1956. p. 50.

analisaremos o instituto à luz da cognição; do processo e procedimento; da rigidez ou flexibilidade; do tratamento molecular de direitos; e da necessidade (ou não) de novos instrumentos legais em atenção às necessidades de acesso à ordem jurídica justa.

7.1. PRINCÍPIOS APLICÁVEIS AO GERENCIAMENTO DO PROCESSO (CASE MANAGEMENT)

Na medida em que o gerenciamento do processo guarda relação com a audiência (porém nela não se limita), ainda, sim, é plenamente válida a lição do mestre Moacyr Amaral Santos:

A audiência regulada pelo Código de Processo Civil, com efeito, se informa pelos seguintes princípios em que se traduz o procedimento oral:

a) *princípio da concentração da causa*: na audiência se concentram as provas de natureza oral e, oralmente, se completam outras provas, discute-se e profere-se o julgamento da causa. Tôdas essas atividades deverão realizar-se numa só reunião, ou, quando isso não for possível, em reuniões consecutivas, realizadas a curto intervalo uma da outra.

b) *princípio da imediatidade*: o juiz entra em contacto direto com as partes e seus advogados, com as testemunhas e peritos, aos quais ouve pessoalmente. Até mesmo certos aspectos da prova escrita poderão ser examinados diretamente pelo juiz;

c) *princípio da oralidade*: os depoimentos das partes e das testemunhas serão orais; orais as informações e esclarecimentos dos peritos; orais os debates das partes e, bem assim, como regra, o julgamento da causa;

d) *princípio da identidade física do juiz*: o mesmo juiz, que houver iniciado a instrução da causa em audiência, deverá completá-la e proferir a sentença (Cód. Cit., art. 120).[3]

Sem prejuízo, o objetivo deste tópico não é elencar, de forma exaustiva, todos os princípios aplicáveis ao instituto do *case management*. Ao contrário, apontaremos alguns que se mostram mais relevantes e informam (ou devem

---

3   SANTOS, Moacyr Amaral. *Primeiras linhas de direito processual civil*. 2. ed. São Paulo: Max Limonad, 1965. v. 2, p. 240-241.

informar) a conduta do juiz no gerenciamento do processo. Bem assim, destacam-se:

a) *igualdade*: a igualdade é princípio formador de todo o direito, prevista no art. 5º, II, Constituição da República. No âmbito do processo civil, não poderia ser diferente. O juiz deve zelar pelo tratamento isonômico entre as partes, garantindo-lhe a paridade de armas. Aí, é interessante apontar a posição de Fritz Baur. Toma por premissa o respeito ao princípio do acesso à justiça. E isto, a seu ver, permite que o juiz corrija distorções processuais ao perceber a iniquidade processual no caso de absurda desigualdade econômica que se reflita também no plano processual.[4] Elogiamos a postura de Fritz Baur, inclusive no que respeita aos diferentes conceitos de justiça e proporcionalidade. Porém, há que se ter tremenda cautela para que as garantias constitucionais da outra parte também não sejam violadas. Bem assim, o conceito de hipossuficiência no Código de Defesa do Consumidor, mais do que econômico, diz respeito à falta de acesso adequado às informações do produto ou serviço. Isto justifica um dos pontos mais altos do CDC, que é a inversão do ônus de prova, a qual temos para nós como regra de julgamento;

b) *devido processo legal*: tal princípio talvez legitime, sobretudo, a existência do gerenciamento do processo ou *case management*. O *due process* deve ser entendido, no âmbito processual, como garantia de que as partes possam ter a efetiva oportunidade de produzir, em juízo, as provas que pretendam, em atenção ao contraditório e à ampla defesa. A partir dessas garantias, justificam-se vários dos poderes do juiz no *case management*, tais como o poder de clarificação das alegações (que ao fundo, visa expungir o indesejável julgamento sem resolução de mérito); o de fixar as questões fundamentais, delimitando-as ao que for essencial; estender prazos para que uma ou ambas as partes consigam produzir determinada prova; conceder às partes o direito de produzir determinada prova;

c) *razoável duração do processo*: tal vetor foi elevado a princípio pelo constituinte reformador por meio da Emenda Constitucional n. 45/04.

---

4 BAUR, Fritz. Die aktivität des richters im prozess, cit., p. 190-191.

Entendeu o constituinte que uma das facetas de um processo justo é que ele seja justo também dentro do tempo. Isto é, que o processo seja julgado de forma célere, sem atrasos injustificados; sem atos protelatórios (por qualquer um dos envolvidos no trinômio processual autor-réu-juiz). E aí vem reforço à nossa posição no sentido de que tal princípio impõe também a conduta *ativa* (e não só ou mais reativa) do juiz. Compete a ele, juiz, sanar eventuais irregularidades ou vícios processuais (acaso sejam sanáveis), mas, também, se o caso, determinar às partes que produzam determinada prova em determinado prazo, que cumpram com decisão judicial proferida no processo, bem como zelar por seu adequado e tempestivo cumprimento; a impor, acaso se faça necessário, penalidades acessórias, como multa ou *astreintes*;

d) *oralidade*: tal princípio é aplicável ao gerenciamento do processo (*case management*) na medida em que consideramos que as partes e o juiz devem debater os fatos, as alegações, as questões, as provas etc. E, bem utilizada a audiência de instrução e julgamento, ou mesmo outra prévia (preliminar) que possa ser designada pelo juiz, reduzem-se drasticamente o tempo de tramitação do processo, o volume de recursos e a ambiguidade das manifestações. O princípio da oralidade não desprestigia a necessidade da manifestação escrita. Antes disso, escrita e oralidade caminham juntas. São coisas complementares, conjugadas pelo critério do bom senso e da necessidade. Esse tipo de abordagem é mais simples, informal e, por conseguinte, ao deixar as partes em estado menos arrefecido, favorece e estimula o acordo[5] ou ao menos julgamento mais célere, com melhor análise das questões de direito e de fato e, consequentemente, menos sujeito a recurso;

e) *eficiência*: este princípio, presente em quase todos os ordenamentos legais estudados neste trabalho, não é, porém, de fácil definição. Isto porque eficiência varia conforme o lugar, o tempo e a cultura de cada sociedade. Nos Estados Unidos, diversos estudiosos das mais diversas áreas procuraram explicar tal conceito, principalmente, sob o aspecto do jogo de soma

---

5 Giuseppe CHIOVENDA, a respeito da oralidade, traz importantes lições sobre a oralidade no processo (CHIOVENDA, Giuseppe. *Instituições de direito processual civil*, cit., p. 1003-1017).

positiva *(positive-sum game)*. De forma geral, porém, tal princípio parece impor que os resultados obtidos no provimento jurisdicional satisfaçam as necessidades de quem os pediu de modo e no tempo razoáveis.

7.2. COGNIÇÃO NO GERENCIAMENTO DO PROCESSO *(CASE MANAGEMENT)*

Na obra *da cognição no processo civil*, Kazuo WATANABE traça as raízes históricas da *cognitio* até a moderna atividade cognitiva do juiz,[6] mormente no exame das tutelas antecipatórias ou liminares:

> A cognição é prevalentemente um ato de inteligência, consistente em considerar, analisar e valorar as alegações e as provas produzidas pelas partes, vale dizer, as questões de fato e as de direito que são deduzidas no processo e cujo resultado é o alicerce, o fundamento do *judicium*, do julgamento do objeto litigioso do processo.[7]

Esta é a primeira premissa lógica e que justifica a própria existência do gerenciamento do processo (*case management*) tal qual estudado. Com efeito, sem o ato de cognição, esvazia-se, por suposto, toda a lógica do gerenciamento do processo. Por outro lado, a partir do conceito de cognição, estabelecemos esse gerenciamento como atividade cognitiva informada por princípios ou vetores. Passemos a analisar os conceitos de *processo* e *procedimento*. Fazzallari aponta o seguinte:

> Il procedimento va, infine, riguardato come uma serie di <<facoltà>>, <<poteri>>, <<doveri>>: quante e quali sono le <<posizioni soggettive>> che è dato trarre dalle norme in discorso; e che risultano anch'esse, e necessariamente, collegate in modo che, ad esempio, um potere spetti ad um soggetto quando um dovere sai stato compiuto, da lui o da altri, e a sua volta, l'esercizio di quel potere costituisca il presupposto per l'insorgere di um altro potere (o facoltà o dovere).[8]

---

6 WATANABE, Kazuo. *Da cognição no processo civil*, cit., p. 62-66.
7 WATANABE, Kazuo. *Da cognição no processo civil*, cit., p. 67.
8 FAZZALARI, Elio. *Istituzioni di diritto processuale*. 8.ed. Padova: CEDAM, 1996. p. 78.

O *processo*, assim, conforme Kazuo WATANABE, com fundamento na obra de FAZZALARI, pode ser definido como "procedimento qualificado pelo contraditório".[9] Nesse sentido, faz as seguintes considerações:

> O direito à cognição adequada à natureza da controvérsia faz parte, ao lado dos princípios do contraditório, da economia processual, da publicidade e de outros corolários, do conceito de "devido processo legal", assegurado pelo art. 5º, LIV, da Constituição Federal. "Devido processo legal" é, em síntese, processo com procedimento adequado à realização plena de todos esses valores e princípios.
>
> É por meio do procedimento, em suma, que se faz a adoção das várias combinações de cognição considerada nos dois planos mencionados, criando-se por essa forma tipos diferenciados de processo que, consubstanciando um procedimento adequado, atendam às exigências das pretensões materiais quanto à sua natureza, à urgência da tutela, à definitividade da solução e a outros aspectos, além de atender às opções técnicas e políticas do legislador. Os limites para a concepção dessas várias formas são os estabelecidos pelo princípio da inafastabilidade do controle jurisdicional e pelos princípios que compõem a cláusula do "devido processo legal".[10]

A segunda premissa consiste, então, na aplicação da atividade cognitiva ao processo aí compreendido como procedimento qualificado pelo contraditório. Daí se conclui que o *case management* qualifica-se como conduta ou conjunto de atividades do juiz dentro do processo, informada pelos diversos princípios já abordados, como o *due process*, razoável duração do processo etc. E, então, o adequado exercício do *case management* acaba por se tornar manifestação adequada do *devido processo legal* dentro do processo.

7.3. PAPEL ATIVO DO JUIZ NA CONDUÇÃO DO PROCESSO. PODERES INSTRUTÓRIOS DO JUIZ

É primordial, para que se combata a crise de efetividade do processo, urgente mudança de paradigma. O juiz deve possuir poderes necessários para conduzir, de forma ativa, o processo. Como bússola, deve buscar uma solução justa, rápida e eficaz. Isto, em essência, caracteriza o *case management*.

---

9   WATANABE, Kazuo. *Da cognição no processo civil*, cit., p. 130.
10 WATANABE, Kazuo. *Da cognição no processo civil*, cit., p. 130-131.

A partir de tal postura, são definidos os caminhos do caso. A partir da clara definição do caso, com decantação daquilo que não é relevante, delimitação das questões essenciais, produção das provas pertinentes e relevantes, o caso poderá terminar em acordo, ser remetido para os meios alternativos de solução de controvérsias (*ADR*), ou mesmo ser julgado de forma adequada.

A título acadêmico, para fins de análise do quanto já exposto, mencionamos caso por nós apreciado que versava sobre complexa lide envolvendo regularização de loteamento e ocupação de boa parte da área (a exemplo da *complex litigation*). Em caso de ação civil pública ajuizada com pedido para regularização de loteamento, o pedido foi julgado procedente e confirmado em v. aresto. Porém, em execução, constataram-se diversas dificuldades na implementação do julgado, eis que, dentre outras tantas questões, parte da área poderia ser objeto de regularização. Outra, não. Estava em área de preservação permanente e outra parte da área era considerada de risco (de desmoronamento). No decorrer do processo, muitos lotes haviam sido adquiridos por terceiros de boa-fé. Esta era a complexidade fática. Havia também complexidade jurídica. A regularização de loteamento, por muitas vezes, demanda intensa sinergia dos Poderes Executivo e Legislativo, inclusive com aprovação de lei municipal. Obviamente, a grandiosidade e complexidade de tais questões levou à morosa tramitação do processo (mesmo com trânsito em julgado) e variada multiplicidade de recursos. Em respeito à oralidade, celeridade e eficiência, foi designada audiência de tentativa de conciliação (muito embora já houvesse trânsito em julgado e total imobilidade na execução do título judicial).

Decidiu-se, mesmo em fase de execução (tamanha a dificuldade em se dar seguimento à execução), nomear perito para traçar laudo do que seria necessário à regularização do loteamento naquele momento, bem como a se intimar as partes previamente para que, quando comparecessem em audiência de tentativa de conciliação, já trouxessem proposta concreta de acordo, com descrição pormenorizada do que seria necessário para a resolução definitiva das diversas questões tratadas no caso.

Ministério Público, Municipalidade de São Paulo, réu, ocupantes da área (dos quais foram eleitos entre eles dois representantes para comparecerem à audiência), perito e assistentes técnicos compareceram à audiência munidos de tais informes, laudos e pareceres técnicos.

Em audiência, as partes chegaram a um acordo, com resolução definitiva da maior parte das questões. Várias famílias que haviam adquirido ou ocupado a área saíram pacificamente, sem interposição de qualquer objeção, recurso, ou força policial; boa parte da área foi regularizada, com apoio do Ministério Público e da Municipalidade, as partes chegaram a consenso inclusive quanto a levantamento de valores a título de indenização para as famílias adquirentes dos lotes irregulares.[11]

Afasta-se eventual crítica no sentido de que tais determinações tenham sido feitas em arrepio à lei. Não o foram. Decorrem, ainda na vigência do CPC de 1973, de boa dose de ponderação e interpretação sistêmica do art. 130, bem como art. 125, IV, ambos do CPC/1973.

Ou seja, o caso foi trazido para corroborar a aplicabilidade e eficiência do modelo de gerenciamento do processo como método para tratamento adequado do caso na esfera judicial, mormente em casos complexos. As partes foram intimadas a trazer plano de condução do caso, ainda que em fase de execução (*post-trial*). Procurou-se à resolução pacífica dos conflitos, tanto que boa parte dele foi resolvido em acordo de todos os protagonistas envolvidos no conflito. A medida representou economia processual e financeira a todos. E a resposta foi a mais justa possível. Ora, nada mais foi do que julgamento justo, célere e menos custoso, tal e qual consta da Regra 1, *FRCP*.

A fim, portanto, de que se atinja uma resposta mais consentânea à realidade, mais rápida e mais justa, nos parece bastante lógico que o juiz, assim, deve se adaptar à realidade de seu tempo. Nisso, é cabível a observação feita por Lawrence Friedman:

> (...) Juízes são criaturas da sociedade; eles vivem nesta sociedade; eles respiram o mesmo ar; leem os mesmos livros, assistem aos mesmos programas, pensam os mesmos pensamentos, como outros membros da sociedade. As doutrinas que expõem são, inevitavelmente, manufaturadas a partir do material cultural da sociedade.[12]

Na medida em que se considera que o juiz deva ser um homem de seu tempo, a qualidade da Justiça tende a ser mais atual e menos anacrônica.

---

11 Autos n. 0835192-89.2006.8.26.0053, 9ª Vara da Fazenda Pública do Estado de São Paulo.

12 FRIEDMAN, Lawrence M. *American Law in the 20th Century*, cit., p. 272.

Nos EUA, o gerenciamento do processo tende a ocorrer principalmente nas *pretrial conferences*. Nelas, o juiz, em conjunto com as partes, define as questões relevantes, verifica as possibilidades de acordo ou mesmo mediação ou arbitragem, etc. Isto leva, de forma natural, a que o processo também seja caracterizado pela transparência em seus atos.[13] As partes possuirão plena noção daquilo que está a ser acordado ou decidido. Ainda, haverá a preservação de valores, compreendidos em sentido lato; isto é, como consequência do amplo debate e diálogo, serão tentadas soluções viáveis que melhor atendam (e *preservem*) os interesses de ambas as partes.

Por outro lado, as partes assumem compromissos com o quanto por elas declarado. São responsáveis por aquilo que declaram. Tal peso faz com que se coiba, por pressuposto, eventual abuso do processo que poderia ocorrer acaso tal audiência não existisse.

E, ainda, durante as *conferences*, é muito mais lógico e fácil que o juiz consiga perceber os interesses que motivam as partes por trás ou ao fundo dos pedidos por elas feitos.

7.4. FLEXIBILIDADE, MOMENTOS DE MAIOR INCIDÊNCIA DO GERENCIAMENTO DO PROCESSO E INFLUÊNCIA DE *BROWN V. BOARD OF EDUCATION*

O gerenciamento do processo (*case management*) é, em regra, atrelado a momentos máximos de concentração de atos processuais, mormente na fase prévia ao julgamento. Daí a lógica de ser mencionado sempre em conjunto à *Rule 16*, *FRCP*, nos Estados Unidos, ou mesmo ao art. 331, CPC/1973, ou art. 357, CPC/2015, no Brasil. O raciocínio tem boa dose de lógica. Normalmente, a maior parte das questões a serem decididas será mesmo na fase anterior ao julgamento. Bem assim, a eventual emenda aos pedidos, a delimitação das questões postas à decisão, a fixação de provas, a oitiva de testemunhas são medidas próprias de preparação adequada do caso para julgamento.

Desse modo, não há grande controvérsia em apontar que a maior parte dos atos de gerenciamento do processo (*case management*) pode, em regra, acon-

---

13   FRIEDMAN, Lawrence M. *American Law in the 20th Century*, cit., p. 259.

tecer na fase de conhecimento. Lá, haverá até mesmo a delimitação objetiva e subjetiva da lide.

E, na medida em que o processo segue seu trâmite em um sistema regular de preclusões, as questões preclusas, em regra, não voltam a ser discutidas. Ao contrário, de fato, surgirão outras novas.

Mas, conforme o grau de certeza do direito exposto no caso, diminui-se ou quase se elimina o campo cognitivo ou decisório daquilo que foi decidido. Ou seja, no processo busca-se a verdade. Mas, com o passar do tempo, o processo se contenta com a verossimilhança. Isto é o que, em regra, ocorre. Há casos, contudo, que apresentam alto grau de complexidade, não só na fase de conhecimento, como também e, principalmente, na fase de execução. Exemplo clássico disso é a execução coletiva em ação civil pública. E, daí, em boa hora, a Reforma no processo civil brasileiro de 1994 buscou aparelhar o juiz para bem exercer o adequado gerenciamento.

Explica-se. Assim como em *Brown*,[14] muitas vezes, em razão do alto grau de abstração do direito ou interesse tutelado, há julgados que não são executáveis de pronto; são *not self-executing*.[15] Haverá, pois, em razão da forma do julgamento e, possivelmente, até da natureza dos interesses jurídicos tutelados, na fase de *execução*, maior grau de *flexibilidade*, em oposição à *rigidez*, própria ao modelo tradicional de processo civil. Isso, porém, deve ser feito em respeito à coisa julgada e demais limites postos pela preclusão, em regra. A esse respeito, Fritz Baur:

> "A simplificação do processo e a atenuação do formalismo não podem significar, portanto, a renúncia à fixação, na lei, de regras processuais aplicáveis e cogentes de maneira geral. Um processo demasiado informal é incompatível com o fim do direito processual civil."[16]

Feita essa relevante ressalva, esse tipo de julgado aponta, na fase executória, alto grau de atividade judicial para a satisfação plena do julgado. Aí, a aplicação integrada dos arts. 461, CPC/1973 (art. 497, CPC/2015), e 84, CDC, que buscam fornecer as armas necessárias ao juiz a fim de que ele possa imple-

---

14 347 U.S. 483 (1954).

15 READ, Frank T.; STRICKLAND, Rennard. *The lawyer myth*: a defense of the American legal profession, cit., p. 94-95.

16 BAUR, Fritz. Transformações do processo civil em nosso tempo, cit., p. 60.

mentar a execução necessária. Kazuo Watanabe explica a atual sistemática de aplicação integrada do art. 461, CPC/1973 (art. 497, CPC/2015), em conjunto com o art. 84, CDC. Ambas as ideias nasceram no *Anteprojeto* de 1985:

> A fonte inspiradora do art. 461 foi o *Anteprojeto* de modificação do Código de Processo Civil elaborado pela Comissão nomeada pelo ministério da Justiça em 1985, integrada por Luís Antônio de Andrade, José Joaquim Calmon de Passos, Sergio Bermudes, Joaquim Correia de Carvalho Junior e Kazuo Watanabe. O *Anteprojeto* foi publicado no *Diário Oficial da União*, em 24-12-1985, suplemento n. 246, e a proposta nele contida consistia na criação de uma ação especial sob o nome de *tutela específica da obrigação de fazer ou não fazer* (arts. 889-A e parágrafos e 889-B).
>
> (...)
>
> Em 1990, dois diplomas legais valeram-se da sugestão contida no *Anteprojeto de 1985*: a) Estatuto da Criança e do Adolescente (Lei n. 8.069/90), no art. 213; e b) Código de Defesa do Consumidor (Lei n. 8.078/90) no art. 84.[17]

A exemplo do Juiz Connaly, ao implementar *Brown*, defende-se a aplicação integrada do regime dos arts. 125, IV (art. 139, V, CPC/2015), e 461, CPC/1973 (art. 497, CPC/2015) e 84, CDC. Com efeito, tanto o CPC/1973 quanto o CPC/2015 dispõem que o juiz poderá convocar as partes para tentativa de conciliação a qualquer tempo.

Ainda, nesse mesmo sentido, Kazuo Watanabe expõe, de forma didática, acerca das *medidas de sub-rogação* de uma obrigação em outra de tipo diferente, é dizer, de sub-rogação propiciadora da execução específica da obrigação de fazer ou não fazer ou a obtenção do resultado prático-jurídico equivalente. Dá o exemplo, assim, de empresa que seja condenada a não poluir (não fazer). Acaso o tenha feito, a obrigação poderá ser convertida em instalar um filtro (fazer).[18] Nesse rol de medidas exemplificativas, poderá, ainda, impor multas (art. 461, §2º) e até conceder tutela antecipatória (art. 461, §3º, CPC/1973).[19]

---

17 WATANABE, Kazuo. Tutela antecipatória e tutela específica das obrigações de fazer e não fazer. In: TEIXEIRA, Sálvio de Figueiredo (Coord.). *Reforma do Código de Processo Civil*. São Paulo: Saraiva, 1996. p. 40-41.

18 WATANABE, Kazuo. Tutela antecipatória e tutela específica das obrigações de fazer e não fazer, cit., p. 44-45.

19 WATANABE, Kazuo. Tutela antecipatória e tutela específica das obrigações de fazer e não fazer, cit., p. 44-48.

É óbvio que o grau de atuação do juiz estará informado, além da própria limitação do título executivo, também por outras questões já preclusas e não recorridas dentro do processo.

Cândido DINAMARCO defende que, também na fase executória, a prestação da atividade jurisdicional do juiz não se esgota. Muito ao contrário, o juiz é chamado a proferir inúmeras decisões de claro conteúdo jurisdicional. A posição, conquanto absurdamente lógica, suscita certo grau de controvérsia. Daí porque, em reforço a essa posição, a qual nos filiamos abertamente, transcrevemos o excerto do texto:

> Liebman ensinou mais de uma vez que, embora o processo executivo seja feito para *executar*, ou seja, para produzir resultados práticos sobre bens e não para produzir julgamentos sobre o direito do demandante, nem por isso o juiz da execução se reputa impedido ou dispensado de decidir sobre certos temas de relevância para a vida dos direitos. Como venho dizendo desde as primeiras edições de minha monografia sobre o tema, apoiada em Liebman e no monografista Giuseppe Martinetto, "o juiz é seguidamente chamado a proferir juízos de valor no processo de execução, seja acerca dos pressupostos processuais, condições da ação ou dos pressupostos específicos dos diversos atos levados ou a levar a efeito", para impedir que uma execução inadmissível tenha curso ou para trazer aos trilhos adequados uma execução portadora de vícios. O juiz decide até mesmo sobre a extinção do crédito, ao negar a instauração ou prosseguimento da execução quando já satisfeito este (art. 581) (...)
>
> Na realidade, o que venho dizendo vai além da proposta de Liebman, segundo o qual somente os pressupostos de cada ato da execução forçada podem ser objeto de exame e decisão no processo executivo – e não também os pressupostos processuais e condições da ação. A jurisprudência dos tempos presentes abriu portas escancaradas para a (mal) chamada *objeção de pré-executividade*, plenamente admissível quando traz em si a alegação de inexistência de título para executar, ou de iliquidez da obrigação, excesso de execução ou alguma outra que diga respeito à própria existência da ação executiva ou ao valor apoiado pelo título, sem grandes necessidades de realizar uma instrução completa e exauriente."[20]

Reafirmamos. Adotamos plenamente as lições de Kazuo Watanabe e de Cândido Dinamarco. Nesse sentido, acaso bem aplicado o ensinamento – aí com boa dose de prudência e bom senso na aplicação do sistema de preclusões processuais, aliada à imprescindível boa-fé das partes –, defende-se que

---

20 DINAMARCO, Cândido Rangel. *Fundamentos do processo civil moderno*, cit., t. 1, p. 55.

tal postura do juiz (sempre com auxílio das partes envolvidas) poderá ser de grande avanço para minimizar os percalços da fase de execução.

O juiz poderá garantir a eficácia máxima do julgado. Pensar que o cumprimento da coisa julgada dispensa atividade do juiz é, ao mínimo, ingênuo; desconsideram os que assim pensam a atual crise de eficácia do processo.

É dizer, o juiz pode combinar as técnicas previstas no rol dos arts. 461, CPC/1973 (art. 497, CPC/2015), e 84, CDC, com a de convocar as partes para audiência, ainda que com base no art. 125, IV, CPC/1973 (art. 139, V, CPC/2015). Ora, se pode convocar as partes para tentativa de conciliação, poderá convocá-las para tentar conciliar o modo de execução do julgado.

E, assim, designar audiência, ainda que posterior à formação da coisa julgada. Se a oralidade era importante na fase de conhecimento, não se vê razão alguma para que não o seja também na fase de execução do julgado. Faz-se novamente a ressalva de que o campo cognitivo e decisório do juiz está adstrito e limitado pelo que já foi decidido de forma definitiva. O gerenciamento do processo (*case management*), na fase de execução, não significa alteração da coisa julgada, ampliação dos limites objetivos da coisa julgada ou qualquer outra coisa parelha. Ao contrário, deve ser compreendido no âmbito de garantir a máxima eficácia da coisa julgada com base no espírito da pacificação social do conflito.

7.5. NOVOS INSTRUMENTOS PROCESSUAIS PARA VELHOS CONHECIDOS. GERENCIAMENTO DO PROCESSO EM NÍVEL MOLECULAR

Até o momento, tratamos, primordialmente, dos aspectos do gerenciamento de casos dentro do próprio processo (em atividade essencialmente *endoprocessual*).[21] Porém, ao se admitir que o Judiciário possua papel relevante na definição de políticas públicas, há uma gama de conflitos individuais que guardam raiz comum e que, portanto, mereceriam tratamento comum e adequado (em atividade de gerenciamento *extraprocessual*, com possível reunião de vários feitos).

---

21 A classificação *extraprocessual/endoprocessual* fora utilizada anteriormente por Antonio Carlos de Araújo CINTRA, Ada Pellegrini GRINOVER e Cândido Rangel DINAMARCO (CINTRA, Antonio Carlos Araujo; DINAMARCO, Cândido Rangel; *GRINOVER*, Ada Pellegrini. Teoria geral do processo. 25. ed. São Paulo: Malheiros, 2010. p. 34).

Pensando no quanto acima exposto, de autoria do Deputado Paulo Teixeira, o Projeto de Lei n. 8.058/2014 trata especificamente de *processo especial para controle e intervenção em políticas* públicas pelo Poder Judiciário. Os arts. 14 a 20 do Projeto são no seguinte teor:

> Art. 14. Não havendo acordo, o juiz examinará, em juízo de admissibilidade, a razoabilidade do pedido e da atuação da Administração, podendo extinguir o processo com resolução do mérito ou determinar a citação do representante judicial da autoridade competente para apresentar resposta.
>
> Parágrafo único. Extinto o processo, serão intimados da sentença o autor, a autoridade responsável e a pessoa jurídica de direito público a que esta pertence.
>
> Art. 15. Determinada a citação, a autoridade responsável pela política pública continuará vinculada ao processo, inclusive para os fins do disposto no artigo 21.
>
> Art. 16. Todos os elementos probatórios colhidos na fase preliminar, em contraditório, serão aproveitados no processo judicial, devendo o juiz privilegiar o julgamento antecipado da lide sempre que possível.
>
> Art. 17. O prazo para contestar será de 30 (trinta) dias, sem outros benefícios de prazo para a Fazenda Pública, observando o processo, no que couber, o rito ordinário previsto no Código de Processo Civil, com as modificações com que o juiz e as partes concordarem, para melhor adequação ao objeto da demanda.
>
> Art. 18. Se for o caso, na decisão o juiz poderá determinar, independentemente de pedido do autor, o cumprimento de obrigações de fazer sucessivas, abertas e flexíveis, que poderão consistir, exemplificativamente, em:
>
> I – determinar ao ente público responsável pelo cumprimento da sentença ou da decisão antecipatória a apresentação do planejamento necessário à implementação ou correção da política pública objeto da demanda, instruído com o respectivo cronograma, que será objeto de debate entre o juiz, o ente público, o autor e, quando possível e adequado, representantes da sociedade civil.
>
> II – determinar ao Poder Público que inclua créditos adicionais especiais no orçamento do ano em curso ou determinada verba no orçamento futuro, com a obrigação de aplicar efetivamente as verbas na implementação ou correção da política pública requerida.
>
> § 1º O juiz definirá prazo para apresentação do planejamento previsto no inciso I de acordo com a complexidade da causa.
>
> § 2º O planejamento será objeto de debate entre o juiz, o ente público, o

autor, o Ministério Público e, quando possível e adequado, representantes da sociedade civil.

§ 3º Homologada a proposta de planejamento, a execução do projeto será periodicamente avaliada pelo juiz, com a participação das partes e do Ministério Público e, caso se revelar inadequada, deverá ser revista nos moldes definidos no parágrafo 2º

Art. 19. Para o efetivo cumprimento da sentença ou da decisão de antecipação da tutela, o juiz poderá nomear comissário, pertencente ou não ao Poder Público, que também poderá ser instituição ou pessoa jurídica, para a implementação e acompanhamento das medidas necessárias à satisfação das obrigações, informando ao juiz, que poderá lhe solicitar quaisquer providências. Parágrafo único. Os honorários do comissário serão fixados pelo juiz e custeados pelo ente público responsável pelo cumprimento da sentença ou da decisão de antecipação da tutela.

Art. 20. O juiz, de ofício ou a requerimento das partes, poderá alterar a decisão na fase de execução, ajustando-a às peculiaridades do caso concreto, inclusive na hipótese de o ente público promover políticas públicas que se afigurem mais adequadas do que as determinadas na decisão, ou se esta se revelar inadequada ou ineficaz para o atendimento do direito que constitui o núcleo da política pública deficiente.

Tal projeto, se aprovado, poderá se destinar a resolver um dos grandes entraves no processo civil brasileiro em período mais recente. Trata-se da execução de julgados proferidos no exercício do controle jurisdicional das políticas públicas.

7.6. POSSÍVEIS BENEFÍCIOS

Em vista das discussões feitas nos itens acima, elencam-se os potenciais benefícios do uso adequado do gerenciamento do processo (*case management*):

a) incentiva o acordo e a pacificação social do conflito;

b) apura o processo, filtrando as alegações, questões e provas ao que for relevante e essencial;

c) busca tratar de forma molecular demandas átomas por meio de suspensão do processo e reunião de feitos;

d) reduz o tempo de duração do processo, desde que seja *bem* aplicado;

e) reduz os custos do processo. Por vezes, a reunião de casos para processamento em conjunto permite com que as partes compareçam a duas audiências, uma em cada caso. Bem assim, potencialmente reduzirá eventuais despesas com peritos;

f) na medida em que as alegações são melhor feitas, as questões delimitadas de forma mais cooperativa e as provas também melhor determinadas; parece lógico que o julgamento também será de melhor qualidade;

7.7. POSSÍVEIS CRÍTICAS

Aqui também, a exemplo de outros países, existe receio por parte de vários estudiosos no sentido de que há:

a) haja aumento de custos;

b) retardamento de causas suspensas;

c) excesso de flexibilização nos procedimentos;

d) pressão para que o acordo seja realizado e

e) quebra da imparcialidade: sistema adversarial.

7.8. CONSIDERAÇÕES GERAIS SOBRE O MODELO BRASILEIRO DE GERENCIAMENTO DO PROCESSO *(CASE MANAGEMENT)*

À luz das ponderações acima, questiona-se se é possível a idealização de um modelo brasileiro de gerenciamento do processo. A resposta nos é positiva. É dizer, nos países estudados (independentemente de serem países de *Civil* ou *Common Law*) o gerenciamento do processo (*case management*) insere-se como conduta ou conjunto de atividades do juiz dentro do processo informada por diversos princípios constitucionais (citam-se igualdade, devido processo legal, razoável duração do processo, oralidade e eficiência). Assim, o adequado exercício do *gerenciamento do processo* acaba se tornando elemento para concretização também do devido processo legal.

Mais do que a simples resolução do processo, mas também a resolução do caso, do conflito, deve ser almejada. Isto porque, conforme ensina COUTURE, "[o] processo serve para resolver um conflito de interesses"[22] e, assim, aponta para a "solução (eventualmente coativa) do conflito de interêsses."[23] Nesse sentido, concorda-se que o abuso do poder ou o completo desrespeito aos princípios constitucionais acima mencionados como limites e nortes poderá desvirtuar o gerenciamento do processo, levando ao aumento do tempo de duração do processo, custos, quebra de imparcialidade e tantos outros problemas ou vícios.

Porém, afastado o uso teratológico de tal conduta, temos que o *adequado gerenciamento do processo (case management)*, no Brasil, pode trazer vários benefícios às partes: solução mais eficaz e justa do conflito, maior concretização do devido processo legal, produção de prova que seja relevante e exclusão daquela que seja irrelevante (e retarda a marcha do processo), redução do tempo de julgamento, dos custos do processo, e, em vários casos, estimula as partes ao acordo, em maior pacificação do conflito. Com efeito, a parte cujo direito já se tenha praticamente provado, pelas próprias circunstâncias, terá, na parte adversária, menor resistência à conciliação ou à mediação.

Outro ponto que nos parece relevante é que, ao longo do tempo, tal gerenciamento do processo levará, acaso bem feito, a uma provável redução do número de casos. E, ao mesmo tempo em que pode – e deve – ser considerado como princípio lógico uma *carga razoável de processos do juiz*, poderá também ser consequência do gerenciamento do processo (*case management*), desde que bem aplicado e compreendido não só pelo juiz, como também pelas partes. Kazuo Watanabe traz a seguinte consideração:

> A segunda (ponderação) dizia respeito à necessidade de deixar claro que a efetividade do sistema processual, qualquer que seja ele, o vigente ou o em gestação, deve partir sempre do pressuposto de que ele supõe, sempre e necessariamente, uma carga razoável de processos do juiz, de sorte que deveria constar esse princípio bem explicitado no novo estatuto em elaboração. Por mais que seja perfeito o modelo concebido, jamais será alcançada a efetividade do processo e sua duração razoável se o juiz responsável pela unidade judiciária tiver carga excessiva ou desumana, como ocorre atualmente.[24]

---

22 COUTURE, Eduardo J. *Interpretação das leis processuais*, cit., p. 67.

23 COUTURE, Eduardo J. *Interpretação das leis processuais*, cit., p. 68.

24 WATANABE, Kazuo. Algumas considerações sobre o novo Código de Processo Civil. In: NOVO Código de Processo Civil. Edição com análise do relator do projeto na Câmara dos

A experiência norte-americana caminha nesse sentido. Nos EUA, o impacto do gerenciamento do processo (*case management*) foi dramático: cortes que o adotaram reduziram pela metade o tempo de julgamento em relação àquelas que não o acolheram. Ademais, a impressão de que juízes não estariam dispostos a largar o papel tradicional de árbitros passivos parece ser enganoso. Ao contrário, nota-se forte espírito de cooperação entre os juízes na assunção da condução ativa do processo, bem como a experimentar procedimentos destinados a aumentar a sua efetividade. O juiz passa a ser visto como um "aliado" contra os conhecidos adversários: o "tempo inimigo" e "o oponente abusivo."[25]

Ainda por outro ângulo, os índices de acordo nos EUA e Inglaterra são tão expressivos que, de tempos para cá, têm superado até mesmo o de países como a Alemanha, que a levaram à reforma legislativa para reforçar o incentivo ao acordo.[26]

A distribuição adequada do ônus da prova, a ser conduzida pelo juiz, é, portanto, uma das medidas mais adequadas para se harmonizar os valores contrapostos, quais sejam, celeridade e segurança jurídica.

Ainda nesse contexto, defende-se a ideia de que o juiz poderá determinar a produção de provas que forem relevantes, sejam elas documentais, periciais, orais ou produzidas por quaisquer outros meios, independentemente de ordem, a se combater o formalismo excessivo. Para que, ainda, se confira eficácia aos atos de condução do processo, é preciso que quaisquer das medidas que sejam adotadas (multas, *contempt of court* etc.) guardem direta relação de proporcionalidade e propiciem, em cada caso, quando possível, à consecução do bem da vida postulado no caso. Por exemplo, a imposição dos efeitos de preclusão de ônus da prova ou de constrição do patrimônio do devedor em determinado caso poderá ser mais eficaz do que impor à parte que produza determinada prova ou cumpra a obrigação originalmente imposta.

E, por fim, percebe-se que o *case management* poderá ser exercido primordialmente na fase de conhecimento do processo, mormente nas audiências,

---

Deputados e dos processualistas que participaram da elaboração do novo CPC. 2015. p. 21.

25 MILLER, The Adversary System: Dinosaur or Phoenix, 69 Minn.L.Rev. 201, 219-21 (1984) *apud* COUND, John J. et al. *Civil procedure*: cases and materials, cit., p. 748-749.

26 MURRAY, Peter L.; STÜRNER, Rolf. *German civil justice*, cit., p. 246.

ocasião em que se concentram grande parte de decisões. A atividade instrutória do Juiz ao determinar a produção de provas, ainda que não tenham sido especificadas pelas partes, é atrelada às alegações por elas trazidas. A redação da norma do art. 130, CPC/1973, bem como a do art. 370, CPC/2015, não deixa margem à dúvida de que ao juiz, primordialmente, compete a condução do processo. E o norte para tanto será, sem dúvida, a *relevância* ou não das provas. Nesse sentido, transcreve-se o recente art. 370:

> Caberá ao juiz, de ofício ou a requerimento da parte, determinar as provas necessárias ao julgamento do mérito.
>
> Parágrafo único. O juiz indeferirá, em decisão fundamentada, as diligências inúteis ou meramente protelatórias.

A atividade instrutória do Juiz ao determinar a produção de provas, ainda que não tenham sido especificadas pelas partes, é atrelada às alegações por elas trazidas. A redação da norma do art. 370, CPC/2015, assim deve ser interpretada. Daí porque não há violação ao princípio de adstrição do julgado ao pedido. Antes, é dele consequência. E a percepção de que tal conduta deve permear todas as fases do processo leva à possibilidade de aplicação integrada dos instrumentos previstos no art. 461, CPC/1973[27] ou art. 497, CPC/2015[28];

---

27 Art. 461. Na ação que tenha por objeto o cumprimento de obrigação de fazer ou não fazer, o juiz concederá a tutela específica da obrigação ou, se procedente o pedido, determinará providências que assegurem o resultado prático equivalente ao do adimplemento. § 1º A obrigação somente se converterá em perdas e danos se o autor o requerer ou se impossível a tutela específica ou a obtenção do resultado prático correspondente. § 2º A indenização por perdas e danos dar-se-á sem prejuízo da multa (art. 287). § 3º Sendo relevante o fundamento da demanda e havendo justificado receio de ineficácia do provimento final, é lícito ao juiz conceder a tutela liminarmente ou mediante justificação prévia, citado o réu. A medida liminar poderá ser revogada ou modificada, a qualquer tempo, em decisão fundamentada. § 4º O juiz poderá, na hipótese do parágrafo anterior ou na sentença, impor multa diária ao réu, independentemente de pedido do autor, se for suficiente ou compatível com a obrigação, fixando-lhe prazo razoável para o cumprimento do preceito. § 5º Para a efetivação da tutela específica ou a obtenção do resultado prático equivalente, poderá o juiz, de ofício ou a requerimento, determinar as medidas necessárias, tais como a imposição de multa por tempo de atraso, busca e apreensão, remoção de pessoas e coisas, desfazimento de obras e impedimento de atividade nociva, se necessário com requisição de força policial.

28 Art. 497. Na ação que tenha por objeto a prestação de fazer ou de não fazer, o juiz, se procedente o pedido, concederá a tutela específica ou determinará providências que assegurem a obtenção de tutela pelo resultado prático equivalente. Parágrafo único. Para a concessão da tutela específica destinada a inibir prática, a reiteração ou continuação de um ilícito, ou a sua remoção, é irrelevante a demonstração da ocorrência de dano ou da existência de culpa ou dolo.

art. 84, CDC,[29] em conjunto com a tentativa de conciliação prevista no art. 125, IV, CPC/1973[30] bem como na nova redação do art. 139, V, CPC/2015[31]; que menciona a tentativa de autocomposição,[32] preferencialmente, com apoio de conciliadores e mediadores judiciais.

A esse respeito, na medida em que a audiência preliminar é por nós defendida como um dos momentos de maior concentração no gerenciamento do processo, parece-nos plenamente aplicável, também ao gerenciamento do processo, raciocínio exposto por Alfredo Buzaid acerca do outrora despacho saneador. Ele ensina que, "[c]onsiderado quanto à *forma*, o despacho saneador *não é um só, nem é proferido em um único momento do processo*. Pode cindir-se

---

29 Art. 84. Na ação que tenha por objeto o cumprimento da obrigação de fazer ou não fazer, o juiz concederá a tutela específica da obrigação ou determinará providências que assegurem o resultado prático equivalente ao do adimplemento.
 § 1º A conversão da obrigação em perdas e danos somente será admissível se por elas optar o autor ou se impossível a tutela específica ou a obtenção do resultado prático correspondente.
 § 2º A indenização por perdas e danos se fará sem prejuízo da multa.
 § 3º Sendo relevante o fundamento da demanda e havendo justificado receio de ineficácia do provimento final, é lícito ao juiz conceder a tutela liminarmente ou após justificação prévia, citado o réu.
 § 4º O juiz poderá, na hipótese do § 3º ou na sentença, impor multa diária ao réu, independentemente de pedido do autor, se for suficiente ou compatível com a obrigação, fixando prazo razoável para o cumprimento do preceito.
 § 5º Para a tutela específica ou para a obtenção do resultado prático equivalente, poderá o juiz determinar as medidas necessárias, tais como busca e apreensão, remoção de coisas e pessoas, desfazimento de obra, impedimento de atividade nociva, além de requisição de força policial.

30 Art. 125. O juiz dirigirá o processo conforme as disposições deste Código, competindo-lhe: (...) IV - tentar, a qualquer tempo, conciliar as partes.

31 Art. 139. O juiz dirigirá o processo conforme as disposições deste Código, incumbindo-lhe: (...) V - promover, a qualquer tempo, a autocomposição, preferencialmente com auxílio de conciliadores e mediadores judiciais;

32 Conforme conceito trazido por Antonio Carlos de Araújo CINTRA, Ada Pellegrini GRINOVER e Cândido Rangel DINAMARCO, a abordagem é de exclusão. Ou seja, os direitos de uma pessoa podem ser objeto de autocomposição, exceto aqueles "tão intimamente ligados ao próprio modo de ser da pessoa, que a sua perda a degrade a situações intoleráveis", a coincidir, assim, com direitos indisponíveis. Contudo, entendemos que, mesmo nesses casos, a audiência, seja ela nominada de preliminar, seja de saneamento, é útil, pois, ainda que não haja possibilidade de acordo, haverá possibilidade plena de melhor exame da causa e resolução imediata de questões. Novamente, volta-se ao critério da necessidade, ou não, de audiência (*Teoria geral do processo*, cit., p. 35-36).

em mais de um pronunciamento, sendo que, todos reunidos, lhe formam a unidade jurídica."[33]

Trazemos tal pensamento para reafirmarmos, uma vez mais, que o gerenciamento do caso é atividade que ocorre, em regra, em determinados momentos processuais (exame da inicial, despacho saneador etc.). Muito desse espírito fora incorporado nos Juizados de Pequenas Causas, criados em 1984. Lá, a proatividade e liberdade do juiz na condução do processo eram muito mais explícitas, qualidades que foram mantidas nos atuais Juizados Especiais Cíveis e da Fazenda. Assim, ao se libertar do formalismo excessivo, este microssistema legal permitiu maior grau de manobra do processo em prol de se atingirem os escopos do processo, com um provimento jurisdicional efetivo e célere.

É dizer, embora o gerenciamento seja mais perceptível em determinados processos, isso não retira a possibilidade de que ocorra ao longo de todo o processo, desde que o juiz sinta necessidade relevante para que tal aconteça.

---

33   BUZAID, Alfredo. *Estudos de direito*, cit., p. 33.

8

CONCLUSÕES

1. O Judiciário, atualmente, sofre com acentuada crise de eficácia do processo. As causas são as mais variadas possíveis. Sugerimos algumas das causas para a crise: fatores culturais, arraigados à *cultura da sentença*, comportamento de entes do setor público e privado inconsistentes com o aumento das relações sociais, falta de estrutura adequada do Judiciário, inadequação dos instrumentos legais são apenas algumas delas. Por consequência, houve significativo aumento de demandas perante o Judiciário.

2. Ainda hoje se está a buscar o acesso à ordem jurídica justa. A questão, assim, não se resume no simples ingresso da sociedade às portas do Judiciário. A passagem da sociedade não pode se transformar em estadia inútil e permanente, em evidente eternização dos conflitos; deve, antes, na medida do possível, ser eficaz e breve.[1]

3. Aí, então, transparece um dos mais difíceis desafios do moderno processo civil no que diz respeito à conciliação harmônica de duas forças que caminham, quase sempre, em sentidos opostos. De um lado, a urgente necessidade do jurisdicionado pelo bem da vida impõe que o tempo de duração do processo seja, invariavelmente, o mais breve possível. Atende-se à eficiência na solução do caso, em sacrifício, porém, do contraditório e da ampla defesa, le-

---

[1] Paulo Henrique dos Santos LUCON traça o seguinte raciocínio: "Isso porque não basta simplesmente dizer que é garantido aos cidadãos o acesso à justiça se ela não for justa e eficaz; e a justiça e a eficácia estão, como acima demonstrado, diretamente relacionadas com o tempo de duração do processo. Difícil não é garantir, em relação aos órgãos jurisdicionais estatais, a *porta de entrada*, mas a *porta de saída*, com uma solução justa e célere." (LUCON, Paulo Henrique dos Santos. Duração razoável e informatização do processo nas recentes reformas, cit., p. 1399).

vando à situação de incerteza e insegurança. De outro lado, há necessidade de adequada cognição do processo para gerar mais certeza na resposta judiciária. Em regra, quanto mais amplo e exauriente o grau de cognição, maior o grau de certeza dentro do processo. Portanto, maior a segurança jurídica. O fator negativo consiste no tempo de duração do processo. Isso vale para países tanto de *Civil* quanto de *Common Law* estudados neste trabalho

4. No Brasil, a busca pelo acesso à ordem jurídica justa levou à criação de sistema multiportas e de microssistemas moleculares, tais como os Juizados de Pequenas Causas, os Juizados Especiais Cíveis e Criminais, os Juizados Federais e, mais recentemente, os Juizados Especiais da Fazenda. Em paralelo, criam-se a Lei da Ação Civil Pública e o Código de Defesa do Consumidor, bem como são incentivados os meios de resolução alternativa de conflitos.

5. Os modelos de gerenciamento do processo (*case management*) português, alemão, japonês, inglês e norte-americano são criados sob um ânimo em comum, qual seja, ao conferir ativa conduta do juiz na atividade processual, buscam um processo mais célere, econômico, eficiente e justo. Sob as mais diferentes matizes, há traços semelhantes em todos os modelos, que procuram concentrar, em algum momento do processo (mormente em sua fase inicial), grande parte dos atos processuais. A audiência é compreendida como momento processual adequado para que seja incentivado o acordo. Nesse contexto, as *pretrial conferences* são importantíssimo momento processual para gerenciamento do processo, estimulando, no esclarecimento das questões e das provas a serem eventualmente produzidas, o acordo e pronta resolução do conflito.

6. O Brasil recebe a influência do "Modelo de Stuttgart" alemão na redação da audiência preliminar prevista no art. 331, CPC/1973. Tal modelo, assim, é bifronte. Primeiro, busca a conciliação. Acaso não seja possível, haverá, em respeito à oralidade e à imediatidade, a maior concentração de atos processuais possíveis naquele dado momento. Esta é a postura ativa do juiz na condução do processo, que Fritz Baur chamava de gerenciamento do processo.

7. Assim, identificado o problema, vem a questão: é possível a adoção do gerenciamento do processo (*case management*) no processo civil brasileiro para que se caminhe em direção à ordem jurídica justa? A resposta é positi-

va. A adoção do gerenciamento do processo (*case management*), se, antes, já não podia ser identificada de forma clara na audiência preliminar do art. 331, CPC/1973, deriva de harmônica interpretação do art. 3º, I, em conjunto com o art. 5º, XXXV, Constituição da República, tem fundamento claro na redação do art. 357, CPC/2015.

8. Ao se conceber o gerenciamento do processo (*case management*) no contexto do procedimento qualificado pelo contraditório, o juiz pode e deve atuar não só na fase postulatória (determinação de emenda, eventual decisão para que a parte traga, acaso queira – ônus, determinada prova, até para apreciação de pedido de tutela antecipatória), como também na instrutória (organização do art. 357, CPC/2015, fixação de pontos, determinação de provas, tentativa de acordo e tantas outras questões incidentais que puderem ser resolvidas naquele momento) e até na executória (audiências para cumprimento de julgado em ação civil pública).

9. O gerenciamento do processo deve observar o princípio da concentração dos atos processuais sempre que possível. Há, em regra, dois ou três momentos processuais próprios, previstos em lei (atualmente), para que o juiz possa agir de forma mais intensa em explícito gerenciamento do processo: audiência de conciliação, saneamento do processo e audiência de instrução e julgamento. Isso, porém, não exclui ou diminui a importância de que a atividade de gerenciamento do processo seja contínua. Em verdade, cada ato praticado pelo juiz (e pelas partes também) deve, *sempre que possível*, se dirigir à conclusão efetiva e eficaz não apenas do *processo*, mas do *caso* ou *conflito*. Ressaltamos assim o *caráter proativo do juiz na condução do processo*, desde o início até o seu encerramento. Por outro lado, há dever imanente, paralelo e simétrico de boa-fé das partes e advogados para também auxiliarem na condução do processo, de forma cooperativa. Nesse sentir, todos, não só o juiz, como também as partes, colaboram na obtenção da Justiça.

10. O gerenciamento do processo (*case management*) está, aparentemente, ligado à mudança radical do paradigma. Conquanto se prestigie a consagrada expressão "gerenciamento do processo", devemos entender, ao invés de processo, gerenciamento do *caso* ou mesmo do *conflito*; conceitos mais amplos e profundos do que a mera relação processual.

11. Com efeito, as partes, instruídas por seus advogados, devem estar predispostas a compreender as vantagens e desvantagens de um acordo ou, ao menos, dos benefícios do gerenciamento do processo (*case management*) na condução do processo. Porém, na medida em que a sociedade brasileira ainda não está acostumada a tal cultura, mudanças curriculares são prementes. A ENFAM, as Escolas Federais e Estaduais da Magistratura e das advocacias públicas e privada (OAB´s) têm papel fundamental na formação dos juízes, promotores, advogados públicos e privados, assistentes (*clerks*) ou mesmo dos conciliadores, mediadores e árbitros.

12. Instrumentalidade do processo impõe o respeito à tutela jurídica adequada, que seja fornecida de forma eficaz e justa. Essa preocupação não depende das peculiaridades de cada modelo processual visto. Tratamos o gerenciamento do processo (*case management*) como instrumento das partes e do juiz para que se possa compor julgamento justo e, ao mesmo tempo, célere, a lhe garantir a efetividade do processo. O gerenciamento do processo (*case management*) não é defendido como panaceia dos males processuais. Antes disso, é mais um instrumento para vencer a crise da efetividade do processo. Nesse ângulo, o gerenciamento do processo (*case management*) responde como manifestação concreta do devido processo legal (*due process*) para a sociedade. Os dois valores de *eficiência* e *justiça* são importantíssimos; essenciais, até. Não se pretende aprofundar na complexa questão do que seja *eficiência* ou mesmo do significado de *justiça*. São conceitos imanentes, intuitivos e que fogem ao objeto de nossa tese. Bem ao contrário, para os propósitos de nosso estudo, sustentamos que os dois valores – *eficiência* e *justiça* – devem ser buscados em compasso, tal qual "uma dança de dois tempos". Um sem o outro de nada vale. Justiça *rápida* e *injusta* é *injusta* a qualquer hora. Resposta *justa* e *demorada* é *injusta* porque morosa. Os dois valores não se confundem em um só. Por outro lado, também não podem existir de forma separada. Caminham juntos na busca pelo acesso à ordem jurídica justa. Compondo tais valores, nas palavras de *Lord Justice Denning*, mencionado por Walter F. MURPHY, as virtudes cardinais de um juiz prendem-se a: "*Paciência* para ouvir o que cada lado tem a dizer; *Habilidade* para compreender o real significado do argumento; *Sabedoria* para discernir onde repousam a verdade e a justiça; *Decisão* para pronunciar o

resultado".[2] Ao fim, o gerenciamento do processo – entenda-se *caso* – depende, em boa parte, da adequada postura do juiz no caso concreto. Deve ser ele mais do que um "solucionador de processos"; mas, sim, um "solucionador de problemas" (*problem solver*). Fica a questão de ser, ou não, possível moldar o processo como "espelho" de que falava CAPPELLETTI, no qual se devem refletir as grandes questões de liberdade e justiça, os grandes temas das relações entre os indivíduos, grupos e estados.

---

2 MURPHY, Walter F. *Elements of judicial strategy*. Chicago: The University of Chicago Press, 1964. p. 208-210.

REFERÊNCIAS

ANDREWS, Neil. *O moderno processo civil*: formas judiciais e alternativas de resolução de conflitos da Inglaterra. Trad. Teresa Arruda Alvim Wambier. São Paulo: Ed. Revista dos Tribunais, 2009.

_____. *Principles of civil procedure*. London: Sweet & Maxwell, 1994.

BARBOSA MOREIRA, José Carlos. *O novo processo civil brasileiro*. 29. ed. Rio: Forense. 2012.

_____. *Temas de direito processual*. 9. ed. São Paulo: Saraiva, 2007.

BAUR, Fritz. Die aktivität des richters im prozess. In: DEUSTCHE Zivil – Und Kollisionsrechtliche Beiträge Zum IX. Internationalen Kongress Für Rechtsvergleichung in Teheran 1974. Max-Planck-Institut für Ausländisches und Internationales Privatrecht, 1974.

_____. Transformações do processo civil em nosso tempo. *Revista Brasileira de Direito Processual*, Uberaba, v. 7, 3º trim. 1976.

BENETI, Sidnei. A reforma processual alemã de 1976 e a interpretação da reforma do CPC brasileiro. In: TEIXEIRA, Sálvio de Figueiredo (Coord.). *Reforma do Código de Processo Civil*. São Paulo: Saraiva. 1996.

BERMAN, Harold J.; GREINER, William R. *The nature and functions of law*. 4. ed. Ner York: The Foundation Press, Inc., 1980.

BRASIL. *Constituição Politica do Imperio do Brazil (de 25 de março de 1824)*. <http://www.planalto.gov.br/ccivil_03/Constituicao/Constituicao24.htm>. Acesso em: 19 nov. 2015.

_____. *Decreto N° 737, de 25 de novembro de 1850*. <http://www.planalto.gov.br/ccivil_03/decreto/Historicos/DIM/DIM737.htm>. Acesso em: 19 nov. 2015.

BREYER, Stephen. The Court and the world: american law and the new global realities. 1. ed. New York: Alfred A. Knopf. 2015.

BUENO, Cassio Scarpinella. *Novo Código de Processo Civil anotado*. São Paulo: Saraiva, 2015.

BURGER, Warren. Reflections on the adversary system. *Valparaiso University Law Review*, v. 27, n. 2, p. 309-311, 1993.

BUZAID, Alfredo. *Estudos de direito*. São Paulo: Saraiva, 1972.

CÂMARA DOS DEPUTADOS. *Projeto de Lei n.º 8.058, de 2014. (Do Sr. Paulo Teixeira)*. Disponível em: <http://www2.camara.leg.br/proposicoesWeb/prop_mostrarintegra;jsessionid=F7BD34F0F8863BA369444E70EA807D91.proposicoesWeb1?codteor=1284947&filename=Avulso+-PL+8058/2014>. Acesso em: 05 jan. 2016.

CAPPELLETTI, Mauro. *Juízes legisladores?* Trad. Carlos Alberto Alvaro Oliveira. Porto Alegre: Sergio Antonio Fabris, 1993.

_____. Some reflexions on the role of procedural scholarship to-day. In: WEDEKIND, W. (Ed.). *The Eighth World Conference on Procedural Law. Justice and Efficiency. General Reports and Discussions*. Deventer: Kluwer, 1989.

_____; GARTH, Bryant. *Acesso à justiça*. Trad. Ellen Gracie Northfleet. Porto Alegre: Sergio Antonio Fabris, 2002.

CARMONA, Carlos Alberto. O novo Código de Processo Civil e o juiz hiperativo. In: BONATO, Giovanni (Org.). *O novo Código de Processo Civil*: questões controvertidas. São Paulo: Atlas, 2015.

CARNEIRO, Athos Gusmão. *Audiência de instrução e julgamento e audiências preliminares*. Rio de Janeiro: Forense, 2004.

CHAVEZ, Mark A. The MDL Process. In: 13TH ANNUAL CONSUMER FINANCIAL SERVICES LITIGATION INSTITUTE 2008. (PLI Corporate Law & Practice, Course Handbook Series. PLI Order No. 14257).

CHAYES, Abraham. The Role of the Judge in Public Law Litigation. *Harvard Law Review*, v. 89, n. 7, p. 1281-1316, May 1976.

CHIOVENDA, Giuseppe. *Instituições de direito processual civil*. 4. ed. São Paulo: Quorum Ed., 2009.

CINTRA, Antonio Carlos Araujo; DINAMARCO, Cândido Rangel; GRINOVER, Ada Pellegrini. *Teoria geral do processo*. 25. ed. São Paulo: Malheiros, 2010.

CODE of Civil Procedure. Disponível em: <http://www.gesetze-im-internet.de/englisch_zpo/englisch_zpo.html>. Acesso em: 10 jan. 2016.

COLE, Charles. *Comparative constitutional law*: Brasil and the United States. 1. ed. Birmingham: Samford University Press, 2006.

COMMITTEE ON COURT ADMINISTRATION AND CASE MANAGEMENT (Dir.). *Civil litigation management manual*. The Judicial Conference of the United States. 2. ed. Washington, D.C.: Federal Judicial Center, 2010.

COUND, John J. et al. *Civil procedure*: cases and materials. Saint Paul: West Publishing Co., 1985.

COUTURE, Eduardo J. *Interpretação das leis processuais*. São Paulo: Max Limonad, 1956.

COVER, Robert M. *The origins of judicial activism in the protection of minorities*. Faculty Scholarship Series. Paper 2704. Disponível em: <http://digitalcommons.law.yale.edu/fss_papers/2704>. Acesso em: 22 maio 2012.

DINAMARCO, Cândido Rangel. *Fundamentos do processo civil moderno*. 6. ed. São Paulo: Malheiros, 2010. t. 1 e t. 2.

_____. *Instituições de direito processual civil*. 5. ed. São Paulo: Malheiros, 2005. v. 3.

_____. *A instrumentalidade do processo*. 14. ed. São Paulo: Malheiros, 2009.

_____. Nasce um novo processo civil. In: TEIXEIRA, Sálvio de Figueiredo (Coord.). *Reforma do Código de Processo Civil*. São Paulo: Saraiva. 1996.

_____. O processo civil na reforma constitucional do Poder Judiciário. In: RENAULT, Sérgio Rabello Tamm; BOTTINI, Pierpaolo (Coord.). *Reforma do Judiciário*. São Paulo: Saraiva, 2005.

EUA. *Phase I*: orientation seminar for newly appointed district judges. Texas: Federal Judicial Center, Mar. 2002.

FAZZALARI, Elio. *Istituzioni di diritto processuale*. 8.ed. Padova: CEDAM, 1996.

FEDERAL JUDICIAL CENTER. Disponível em <http://www.fjc.gov/public/home.nsf/autoframe?openform&url_r=pages/102> Acesso em: 05 dez. 2015.

_____. *Guide to judicial management of cases in ADR*. 4. ed. Washington, D.C.: Federal Judicial Center, 2010.

FRIEDENTHAL, Jack H. et al. *Civil procedure*. Saint Paul: West Publishing Co., 1985.

_____ et al. Civil procedure: cases and materials. Compact eleven edition for shorter courses. St. Paul: West Publishing Co., 2013.

FRIEDMAN, Joel Wm.; LANDERS, Johnathan M.; COLINS, Michael G. *The law of civil procedure*. EUA: Thomson Reuters, 2002.

FRIEDMAN, Lawrence M. *American Law in the 20th Century*. 1.ed. New Haven and London: Yale University Press, 2002.

GAJARDONI, Fernando da Fonseca; ROMANO, Michel Betenjane; LUCHIARI, Valeria Ferioli Lagrasta. O gerenciamento do processo. In: GRINOVER, Ada Pellegrini; WATANABE, Kazuo; LAGRASTA NETO, Caetano (Coords.). *Mediação e gerenciamento do processo*: revolução na prestação jurisdicional. São Paulo: Atlas, 2008.

GARTH, Bryant; MENKEL-MEADOW, Carrie. *Process, people, power and policy: empirical studies of civil procedure and courts*. Disponível em: <http://scholarship.law.georgetown.edu/facpub/181>. Acesso em 23 maio 2012.

GOTTWALD, Peter. Civil justice reform: German perspective. In: ZUCKERMAN, Adrian A. S. (Ed.). *Civil justice in crisis*: comparative perspectives of civil procedure. Oxford: Oxford University Press, 1999.

_____. Civil procedure reform in Germany. *The American Journal of Comparative Law*, v. 45, n. 4, p. 753-766, 1997.

GOVERNANÇA diferenciada das execuções fiscais. Disponível em: <http://www.cnj.jus.br/corregedoriacnj/governanca-diferenciada-das-execucoes-fiscais>. Acesso em: 07 jan. 2016.

GREEN, Milton D. *Basic civil procedure*. Mineola: The Foundation Press, Inc., 1979.

GRINOVER, Ada Pellegrini *Mediação e gerenciamento do processo*: revolução na prestação jurisdicional. São Paulo: Atlas, 2008.

_____. In: GOZZOLI, Maria Clara. Em defesa de um novo sistema de processos coletivos: estudos em homenagem a Ada Pellegrini Grinover (Org.). *Em defesa de um novo sistema de processos coletivos*. São Paulo: Saraiva, 2010.

_____. Os métodos consensuais de solução de conflitos no novo CPC. In: BONATO, Giovanni (Org.). *O novo Código de Processo Civil*: questões controvertidas. São Paulo: Atlas, 2015.

_____; WATANABE, Kazuo. Brazil and its European influences. *The Supreme Court Law Rewiev*, v. 49, 2º série, 2010.

GUIDE to Judicial Management of Cases in ADR. 4. ed. Federal Judicial Center, 2010.

HASEBE, Yukiko. Civil justice reform: japanese perspective. In: ZUCKERMAN, Adrian A. S. (Ed.). *Civil justice in crisis*: comparative perspectives of civil procedure. Oxford: Oxford University Press, 1999.

HAZARD JR., Geoffrey; TARUFFO, Michele. *American civil procedure*. EUA: Yale University Press, 1993.

INSTITUTO BRASILEIRO DE DIREITO PROCESSUAL. *Códigos Modelo*. Disponível em <http://www.direitoprocessual.org.br/index.php?codigos-modelo-4>. Acesso em: 05 jan. 2016.

JACKSON, Rupert. Review of civil litigation costs: final report. Dec. 2009. Disponível em: <http://www.judiciary.gov.uk/publications-and-reports/review-of-civil-litigation-costs/reports>. Acesso em: 10 jun. 2012.

KANE, Mary Kay. *Civil procedure in a nutshell*. Saint Paul: West Publishing Company, 1981.

KAPLAN, Benjamin; MEHREN, Arthur T. von; SCHAEFER, Rudolf. Phases of german civil procedure. *Harvard Law Review*, v. 71, n. 7, May, 1958.

KARLEN, Delmar. *Procedure before trial in a nutshell*. Saint Paul: West Publishing Co., 1972.

KELSO, R. Randall; KELSO, Charles D. *Studying law*: an introduction. Saint Paul: West Publishing Co., 1984.

LACERDA, Galeno. *Despacho saneador*. Porto Alegre: Livraria Sulina., 1953.

_____. *Teoria geral do processo*. Rio de Janeiro: Forense, 2008.

LANGBEIN, John H. The German advantage in civil procedure. *University of Chicago Law. Review*, v. 52, n. 4, 1985.

_____. et al. *Civil procedure*. 2. ed. Boston: Little, Brown and Company, 1988.

LIEBMAN, Enrico Tullio. *Estudos sobre o processo civil brasileiro*. São Paulo: José Bushatsky, 1976.

LUCON, Paulo Henrique dos Santos. Duração razoável e informatização do processo nas recentes reformas. In: ASSIS, Araken de; ALVIM, Eduardo Arruda; NERY JR., Nelson; MAZZEI, Rodrigo; WAMBIER, Teresa Arruda Alvim (Coods.). *Direito civil e processo*: estudos em homenagem ao Professor Arruda Alvim. São Paulo: Ed. Revista dos Tribunais, 2007.

MANCUSO, Rodolfo de Camargo. O direito brasileiro segue filiado (estritamente) à família *civil law*? In: BONATO, Giovanni (Org.). *O novo Código de Processo Civil*: questões controvertidas. São Paulo: Atlas, 2015.

MARCATO, Antonio Carlos. *Código de Processo Civil interpretado*. 3. ed. rev. São Paulo: Atlas, 2008.

MARCUS, Richard L. Malaise of the litigation superpower. ZUCKERMAN, Adrian A. S. (Ed.). *Civil justice in crisis*: comparative perspectives of civil procedure. London: Oxford University Press, 1999.

MIRANDA, Francisco Cavalcanti Pontes de. *Comentários ao Código de Processo Civil*. 2. ed. Rio de Janeiro: Forense. 1979. t. 4.

MORRIS, Clarence (Org.). *Os grandes filósofos do direito*. 1. ed. São Paulo: Martins Fontes, 2002.

MURPHY, Walter F. *Elements of judicial strategy*. Chicago: The University of Chicago Press, 1964.

MURRAY, Peter L.; STÜRNER, Rolf. *German civil justice*. Durham: Carolina Academic Press, 2004.

NEUBERGER. *Docketing*: completing case management's unfinished revolution. (London, 9 Feb. 2012). Disponível em: <http://www.judiciary.gov.uk/media/speeches/speakers/lord-neuberger-of-abbotsbury>. Acesso em: 10 jul. 2012.

NEVES, Daniel A. Assumpção. Audiência preliminar. In: MOREIRA, Alberto Camiña; NEVES, Daniel A. Assumpção; ORIONE NETO, Luiz; SHIMURA, Sérgio (Orgs.). *Nova Reforma Processual Civil*. São Paulo: Método, 2002.

OSTOLAZA, Yvette; HARTMANN, Michelle. Overview of multidistrict litigation rules at the state and federal level. *The Review of Litigation, v. 26, n. 1, 2007.*

PERRY, Catherine D. Phase I: orientation seminar for newly appointed district judges. *Supplemental Handout*, Federal Judicial Center, Redondo Beach, California Aug. 9-13, 2004.

PREFEITURA de São Paulo é primeira a participar do programa 'Município Amigo da Justiça'. *Comunicação Social TJSP*, São Paulo, 20 out. 2015. Disponível em: <http://www.tjsp.jus.br/Institucional/Corregedoria/Noticias/Noticia.aspx?Id=28439>. Acesso em: 11 nov. 2015.

PROTO PISANI, Andrea. *Lezioni di diritto processuale civile*. Napoli: Jovene, 1994.

READ, Frank T.; STRICKLAND, Rennard. *The lawyer myth*: a defense of the American legal profession. Ohio: Ohio University Press, 2008.

REZENDE FILHO, Gabriel. *Curso de direito processual civil.* 4.ed. São Paulo: Saraiva. 1956. v. 3.

SANTOS, Moacyr Amaral. *Primeiras linhas de direito processual civil.* 2. ed. São Paulo: Max Limonad, 1965. v. 2.

SAVIGNY, Friedrich Carl von. Da vocação do nosso tempo para a legislação e a jurisprudência. In: MORRIS, Clarence (Org.). *Os grandes filósofos do direito.* 1. ed. São Paulo: Martins Fontes, 2002.

SCHWARZER, William; HIRSCH, Alan. *The elements of case management*: a pocket guide for judges. 2. ed. Washington, DC: Federal Judicial Center, 2006.

SENDRA, Gimeno. Causas historicas de la ineficacia de la justicia. In: WEDEKIND, W. (Ed.). *The Eighth World Conference on Procedural Law. Justice and Efficiency. General Reports and Discussions.* Deventer: Kluwer, 1989.

SHREVE, Gene R.; RAVEN-HANSEN, Peter. *Understanding civil procedure.* 4. ed. LexisNexis Ed., 2009.

SUPERIOR TRIBUNAL DE JUSTIÇA. Disponível em <http://www.stj.jus.br/SCON/pesquisar.jsp>. Acesso em: 10 jan. 2016.

SUPREME COURT OF JAPAN. Disponível em: <http://www.courts.go.jp/english/proceedings/civil_suit_index/civil_suit/index.html#i>. Acesso em: 20 fev. 2012.

SUPREMO TRIBUNAL FEDERAL. Disponível em: <http://www.stf.jus.br/portal/cms/verTexto.asp?servico=estatistica&pagina=acervoatual>. Acesso em: 04 jan. 2016.

TANIGUCHI, Yasuhei. The development of an adversary system in japanese civil procedure. In: FOOTE, Daniel (Ed.). *Law in Japan*: a turning point. Washington: University of Washington Press, 2007. (Asian Law Series).

TEIXEIRA, Sálvio de Figueiredo. A reforma processual na perspectiva de uma nova justiça. In: TEIXEIRA, Sálvio de Figueiredo (Coord.). *Reforma do Código de Processo Civil.* São Paulo: Saraiva. 1996.

_____ (Coord.). *Reforma do Código de Processo Civil*. São Paulo: Saraiva. 1996.

THORNBURG, Elizabeth G. Book review on Saving civil justice: judging civil justice. *Tulane Law Review*, v. 85, p. 247-267, Nov. 2010.

TJSP concentra 26% dos processos do Brasil, de acordo com relatório 'Justiça em Números'. *Comunicação Social TJSP*, São Paulo, 15 set. 2015. Disponível em: <http://www.tjsp.jus.br/Institucional/CanaisComunicacao/Noticias/Noticia.aspx?Id=28002>. Acesso em: 20 out. 2015.

TRIBUNAL DE JUSTIÇA DE SÃO PAULO. @-SAJ Portal de Serviços. Disponível em: <https://esaj.tjsp.jus.br/cjsg/resultadoCompleta.do;jsessionid=6E-0D2A16AEF9C5D05A970745A4B4EA3F.cjsg3>. Acesso em: 10 jan. 2016.

TUCCI, Rogerio Lauria. A nova fase saneadora do processo civil brasileiro. In: TEIXEIRA, Sálvio de Figueiredo (Coord.). *Reforma do Código de Processo Civil*. São Paulo: Saraiva. 1996.

WATANABE, Kazuo. Acesso à justiça e sociedade moderna. In: GRINOVER, Ada Pellegrini; DINAMARCO, Cândido Rangel; WATANABE, Kazuo (Coords.). *Participação e processo*. São Paulo: Ed. Revista dos Tribunais, 1988.

_____. Algumas considerações sobre o novo Código de Processo Civil. In: NOVO Código de Processo Civil. Edição com análise do relator do projeto na Câmara dos Deputados e dos processualistas que participaram da elaboração do novo CPC. 2015.

_____. Assistência judiciária e o Juizado Especial de Pequenas Causas. *Revista dos Tribunais*, São Paulo, ano 76, v. 617, 1987.

_____. Cultura da sentença e cultura da pacificação. In: YARSHEL, Flávio Luiz; MORAES, Maurício Zanoide (Coords). *Estudos em homenagem à professora Ada Pellegrini Grinover*. São Paulo: DPJ, 2005.

_____. *Da cognição no processo civil*. 4. ed. São Paulo: Saraiva, 2012.

_____. A mentalidade e os meios alternativos de solução de conflitos no Brasil. In: GRINOVER, Ada Pellegrini; WATANABE, Kazuo; LAGRASTA NETO, Caetano (Coords.). *Mediação e gerenciamento do processo*: revolução na prestação jurisdicional. São Paulo: Atlas, 2008.

_____. Modalidade de mediação. In: MEDIAÇÃO: um projeto inovador. Brasília: Centro de Estudos Judiciários. Conselho da Justiça Federal, 2003. (Série cadernos do CEJ (Centro de Estudos Judiciários).

_____. Prefácio. GABBAY, Daniela Monteiro; CUNHA, Luciana Gross (Org.). *Litigiosidade, morosidade e litigância repetitiva no judiciário*: uma análise empírica. São Paulo: Saraiva, 2012. (Direito, desenvolvimento e justiça: série produção científica).

_____. Tutela antecipatória e tutela específica das obrigações de fazer e não fazer. In: TEIXEIRA, Sálvio de Figueiredo (Coord.). *Reforma do Código de Processo Civil*. São Paulo: Saraiva, 1996.

_____ et al. *Juizado Especial de Pequenas Causas*. São Paulo: Ed. Revista dos Tribunais, 1985.

WILSON, Steven Harmon. *The rise of judicial management in the U.S. District Court, Southern District of Texas, 1955-2000*. Athens, Georgia: The University of Georgia Press, 2002.

WOOLF´S Report, Overview. A *The National Archives*. Disponível em: <http://webarchive.nationalarchives.gov.uk/+/http://www.dca.gov.uk/civil/final/overview.htm>. Acesso em 19 fev. 2012.

YEAZELL, Stephen C. *Federal rules of civil procedure with selected statutes and Cases - 1997*. Los Angeles: Aspen, 1997.

ZUCKERMAN, Adrian A. S. (Ed.). *Civil justice in crisis*: comparative perspectives of civil procedure. London: Oxford University Press, 1999.

8

ANEXOS

ANEXO I – ZPO §§ 273-276
SECTION 273
PREPARATIONS FOR THE HEARING

(1) The court is to initiate the necessary preparatory measures in due time.

(2) By way of preparing for the hearing, the presiding judge or a member of the court hearing the case delegated by the presiding judge may in particular:

1. Direct the parties to amend their preparatory written pleadings or to provide further information, and may in particular set a deadline for explanations to be submitted regarding certain items in need of clarification;

2. Request that public authorities or public officials communicate records or provide official information;

3. Or the parties to appear at the hearing in person;

4. Summon witnesses, to whom a party has referred, and experts to appear at the hearing, he may also issue an order pursuant to section 378;

5. Issue orders pursuant to section 142 and section 144.

(3) Orders pursuant to subsection (2) number 4 and, insofar as the orders are not to be issued to a party, orders pursuant to subsection (5) shall be issued only if the defendant has already opposed the claim being lodged by the action. For the orders pursuant to subsection (2) number 4, section 379 shall apply mutatis mutandis.

(4) The parties are to be notified of each order. Should the parties be ordered to appear in person, the stipulations of section 141 subsection (2) and subsection (3) shall apply.

Section 274
Summons of the parties; time for entering an appearance

(1) Once the date for the hearing for oral argument has been determined, the court registry is to be instructed to summon the parties.

(2) The summons is to be served on the defendant together with the statement of claim if the court has determined an advance first hearing.

(3) A period of at least two (2) weeks must lapse from the time at which the statement of claim is served and the date of the hearing (time for entering an appearance). Should the documents be served abroad, the presiding judge is to determine the time for entering an appearance in arranging the date of the hearing.

Section 275
Advance first hearing

(1) By way of preparing for the advance first hearing, the presiding judge or a member of the court hearing the case delegated by the presiding judge may set a deadline for the defendant by which he is to submit a written statement of defence. Alternatively, the defendant is to be instructed to have an attorney he is to appoint submit to the court, in a written pleading and without undue delay, any means of defence that are to be brought before the court; section 277 (1), second sentence, shall apply mutatis mutandis.

(2) Should the proceedings not be conclusively dealt with and terminated at the advance first hearing, the court shall issue all orders still required to prepare for the main hearing for oral argument.

(3) At the advance first hearing, the court shall set a deadline for submitting a written statement of defence should the defendant not yet have responded to the complaint at all, or not sufficiently, and wherever no deadline pursuant to subsection (1), first sentence, had been set.

(4) At the advance first hearing, or upon having received the statement of defence, the court may set a deadline for the plaintiff within which he is to state his position in writing as regards the statement of defence. The presiding judge may set such deadline also outside of the hearing.

Section 276
Preliminary proceedings conducted in writing

(1) Should the presiding judge not arrange a date for the advance first hearing for oral argument, he shall instruct the defendant, in serving the complaint

upon him, that should the defendant wish to defend against the complaint, he should notify the court of this fact within a statutory period of two (2) weeks after the statement of claim has been served on him; the plaintiff is to be informed of these instructions having been issued. Concurrently, a deadline is to be set for the defendant within which he is to submit his written statement of defence, which period shall be at least a further two (2) weeks. For any service of the complaint to a recipient abroad, the presiding judge is to set the deadline in accordance with the first sentence.

(2) Concurrently with these instructions, the defendant is to be instructed of the consequences should he fail to meet the deadline imposed on him pursuant to subsection (1), first sentence, and also as regards the fact that he may only declare his intention to oppose the complaint via an attorney he is to appoint. The instructions given as to the option of a default judgment being entered pursuant to section 331 (3) shall also address the legal consequences set out in sections 91 and 708 number 2.

(3) The presiding judge may set a deadline for the plaintiff within which he is to state his position in writing as regards the statement of defence.

ANEXO II - ARTS. 148 A 178, CPC DO JAPÃO

Chapter III Oral Argument and Preparation Thereof
Section 1 Oral Argument
(Presiding Judge's Control of Court Proceedings)
Article 148 (1) Oral argument shall be directed by the presiding judge.
(2) The presiding judge may permit a person to speak or prohibit a person who does not comply with his/her direction from speaking.
(Authority to Ask for Explanation, etc.)
Article 149 (1) The presiding judge, on the date for oral argument or a date other than that date, in order to clarify the matters related to the suit, may ask questions of a party or encourage him/her to show proof with regard to factual or legal matters.
(2) An associate judge, after notifying the presiding judge, may take the measures prescribed in the preceding paragraph.
(3) A party, on the date for oral argument or a date other than that date, may request the presiding judge to ask the necessary questions.
(4) If the presiding judge or associate judge, on the date other than the date for oral argument, has taken the measures under the provisions of paragraph (1) or paragraph (2) with regard to a matter which could cause a material change to a party's allegations or evidence, he/she shall notify the opponent of the content of such change.
(Objection to Control of Court Proceedings, etc.)
Article 150 When a party has made an objection to a direction issued by the presiding judge with regard to the control of oral argument or the measure taken by the presiding judge or associate judge under the provisions of paragraph (1) or paragraph (2) of the preceding Article, the court, by an order, shall make a judicial decision on such objection.
(Disposition for Explanation)
Article 151 (1) The court, in order to clarify the matters related to the suit, may make the following dispositions:
(i) Ordering a party him/herself or his/her statutory agent to appear on the date for oral argument
(ii) Requesting a person, who administers affairs on behalf of a party or assists a party and whom the court considers to be appropriate, to make statements on the date for oral argument

(iii) Requesting the submission of case documents or documents or other objects cited in the suit, which are held by a party
(iv) Retaining a document or other object submitted by a party or a third party at court
(v) Conducting a observation or ordering expert testimony
(vi) Commissioning an examination
(2) With regard to the observation, expert testimony and commission of an examination, the provisions concerning examination of evidence shall apply mutatis mutandis.
(Consolidation of Oral Arguments, etc.)
Article 152 (1) The court may order the restriction, separation or consolidation of oral arguments, or revoke such order.
(2) Where the court has ordered the consolidation of oral arguments of the cases involving different parties, if a party has requested examination of a witness who has already been examined before the consolidation but whom the party had no chance to examine, the witness shall be examined.
(Resumption of Oral Argument)
Article 153 The court may order resumption of the oral argument that is concluded.
(Attendance of Interpreter, etc.)
Article 154 (1) If a person who participates in oral argument is unable to communicate in Japanese, or unable to hear or speak, an interpreter shall attend the oral argument; provided, however, that in the case of a person who is unable to hear or speak, it shall be permissible to ask questions of him/her or have him/her make statements by means of writing.
(2) The provisions concerning expert witnesses shall apply mutatis mutandis to interpreters.
(Measures for Person Without Ability to Participate in Oral Argument)
Article 155 (1) The court may prohibit a party, agent or assistant in court, who is unable to make the statements necessary to clarify the matters related to the suit, from making statements, and specify another date for continuance of oral argument.
(2) Where the court has prohibited any person from making statements pursuant to the provision of the preceding paragraph, it may order the person to be accompanied by an attorney at law when it finds it necessary.

(Time for Advancement of Allegations and Evidence)
Article 156 Allegations and evidence shall be advanced at an appropriate time depending on the status of progress of the suit.
(Time for Advancement of Allegations and Evidence Where Plan for Trial Is Formulated)
Article 156-2 The presiding judge, when he/she finds it necessary for the progress of court proceedings based on a plan for trial set forth in Article 147-3(1), may specify a period for advancing allegations and evidence on a specific matter, after hearing opinions of the parties.
(Dismissal of Allegations or Evidence Advanced Outside the Appropriate Time)
Article 157 (1) With regard to allegations or evidence that a party has advanced outside the appropriate time intentionally or by gross negligence, the court, when it finds that such allegations or evidence will delay the conclusion of the suit, may make an order of dismissal upon petition or by its own authority.
(2) The provision of the preceding paragraph shall also apply where a party does not give the necessary explanation with regard to his/her allegations or evidence whose import is unclear, or does not appear on the date for giving explanation.
(Dismissal of Allegations or Evidence Where Plan for Trial Is Formulated)
Article 157-2 Where a period for advancing allegations and evidence on a specific matter is specified pursuant to the provisions of Article 147-3(3) or Article 156-2 (including cases where applied mutatis mutandis pursuant to Article 170(5)), if the court, with regard to allegations or evidence that a party has advanced after the expiration of such period, finds that such allegations or evidence will be substantially detrimental to the progress of court proceedings based on the plan for trial, it may make an order of dismissal upon petition or by its own authority; provided, however, that this shall not apply where such party has made a prima facie showing to the effect that he/she has reasonable grounds for having been unable to advance the allegations or evidence within that period.
(Constructive Statements in Complaint, etc.)
Article 158 If a plaintiff or defendant does not appear on the date for his/her first oral argument or appears on that date but does not present any oral arguments on merits, the court may deem the plaintiff or defendant to have stated

matters as stated in the complaint or written answer or any other brief that he/she has submitted, and have the opponent who has appeared on that date present oral arguments.

(Constructive Admission)

Article 159 (1) Where a party, at oral argument, does not make it clear that he/she denies the fact alleged by the opponent, he/she shall be deemed to have admitted such fact; provided, however, that this shall not apply where the party, when taking the entire import of the oral argument into consideration, is found to have denied such fact.

(2) A person who has stated that he/she has no knowledge of the fact alleged by the opponent shall be presumed to have denied such fact.

(3) The provision of paragraph (1) shall apply mutatis mutandis where a party does not appear on the date for oral argument; provided, however, that this shall not apply where such party is summoned by a service by publication.

(Record of Oral Argument)

Article 160 (1) A court clerk shall prepare a record of oral argument for each date for oral argument.

(2) An objection made by a party or any other person concerned to any statements in the record shall be stated in the record.

(3) Observance of the provisions concerning the formality of oral argument may by proven only by the record; provided, however, that this shall not apply in the event of the loss of the record.

Section 2 Brief, etc.

(Brief)

Article 161 (1) Oral argument shall be prepared by means of a document.

(2) A brief shall state the following matters:

(i) Allegations and evidence

(ii) Statements on the opponent's claim and allegations and evidence

(3) At oral argument without the presence of the opponent in court, no facts other than those stated in a brief (limited to one served upon the opponent or one for which the opponent has submitted a document stating that he/she has received it) may be alleged.

(Period for Submission of Brief, etc.)

Article 162 The presiding judge may specify a period for submitting a written answer or a brief stating an allegation on a specific matter or for offering evidence on a specific matter.

(Inquiry to Opponent)

Article 163 A party, while the suit is pending, may specify a reasonable period and make an inquiry by means of a document to the opponent in order to request the opponent to make a response by means of a document with regard to the matters necessary for preparing allegations or proof; provided, however, that this shall not apply where the inquiry falls under any of the following items:

(i) Inquiry that is not specific or individual

(ii) Inquiry that insults or confuses the opponent

(iii) Inquiry that overlaps with any previous inquiry

(iv) Inquiry to ask opinions

(v) Inquiry for which the opponent is required to spend unreasonable expenses or time to make a response

(vi) Inquiry on the matters that are the same as the matters about which a witness may refuse to testify pursuant to the provisions of Article 196 or Article 197

Section 3 Proceedings to Arrange Issues and Evidence

Subsection 1 Preliminary Oral Arguments

(Commencement of Preliminary Oral Arguments)

Article 164 The court, when it finds it necessary in order to arrange issues and evidence, may execute preliminary oral arguments as provided for in this Subsection.

(Confirmation on Facts to Be Proven, etc.)

Article 165 (1) The court, upon closing preliminary oral arguments, shall confirm, with the parties, the facts to be proven through the subsequent examination of evidence.

(2) The presiding judge, when he/she finds it appropriate, upon closing preliminary oral arguments, may have the parties submit a document summarizing the issues and evidence as arranged through the preliminary oral arguments.

(Close of Proceedings due to Non-Appearance of Party)

Article 166 If a party does not appear on the appearance date or does not submit a brief or offer evidence within the period specified pursuant to the provision of Article 162, the court may close the preliminary oral arguments.
(Advancement of Allegations and Evidence after Close of Preliminary Oral Arguments)
Article 167 A party who has advanced allegations or evidence after the close of preliminary oral arguments, upon the request of the opponent, shall explain to the opponent the reasons why he/she was unable to advance the allegations or evidence prior to the close of preliminary oral arguments.
Subsection 2 Preparatory Proceedings
(Commencement of Preparatory Proceedings)
Article 168 The court, when it finds it necessary in order to arrange issues and evidence, may refer a case to preparatory proceedings, after hearing opinions of the parties.
(Date for Preparatory Proceedings)
Article 169 (1) Preparatory proceedings shall be conducted on a date on which both parties can attend.
(2) The court may permit observation by a person whom it considers to be appropriate; provided, however, that the court shall permit observation by any person requested by a party, except where his/her observation would be detrimental to the conduct of the proceedings.
(Procedural Acts in Preparatory Proceedings, etc.)
Article 170 (1) The court may have each party submit a brief.
(2) The court, on the date for preparatory proceedings, may make a judicial decision on an offer of evidence or any other judicial decision that may be made on the date other than the date for oral argument, and examine evidence with regard to documents (including objects prescribed in Article 231).
(3) When a party lives in a remote place or the court finds it appropriate for any other reasons, the court, after hearing opinions of the parties, may conduct proceedings on the date for preparatory proceedings, as provided for by the Rules of the Supreme Court, by a method that enables the court and both parties to simultaneously communicate with one another by audio transmissions; provided, however, that this shall apply only where either party appears on that date.

(4) The party who has participated in the proceedings set forth in the preceding paragraph without appearing on the date set forth in said paragraph shall be deemed to have appeared on that date.
(5) The provisions of Article 148 to Article 151, Article 152(1), Article 153 to Article 159, Article 162, Article 165 and Article 166 shall apply mutatis mutandis to preparatory proceedings.
(Preparatory Proceedings by Authorized Judge)
Article 171 (1) The court may have an authorized judge conduct preparatory proceedings.
(2) Where an authorized judge conducts preparatory proceedings, the duties of the court and the presiding judge under the provisions of the preceding two Articles (excluding the duty to make a judicial decision prescribed in paragraph (2) of the preceding Article) shall be performed by the authorized judge; provided, however, that a judicial decision on an objection under the provision of Article 150 as applied mutatis mutandis pursuant to paragraph (5) of said Article and a judicial decision on dismissal under the provision of Article 157-2 as applied mutatis mutandis pursuant to said paragraph shall be made by the court in charge of the case.
(3) An authorized judge who conducts preparatory proceedings may make a judicial decision on the commission of an examination under the provision of Article 186, commission of expert testimony, request for examination of documentary evidence made by submitting documents (including the objects prescribed in Article 231) and commission of the sending of documents (including the objects prescribed in Article 229(2) and Article 231).
(Revocation of Judicial Decision to Refer to Preparatory Proceedings)
Article 172 The court, when it finds it appropriate, upon petition or by its own authority, may revoke a judicial decision to refer to preparatory proceedings; provided, however, that the court shall revoke the judicial decision upon the petition of both parties.
(Statement of Outcome of Preparatory Proceedings)
Article 173 The parties, at oral argument, shall state the outcome of preparatory proceedings.
(Advancement of Allegations and Evidence after Close of Preparatory Proceedings)

Article 174 The provision of Article 167 shall apply mutatis mutandis to a party who has advanced allegations or evidence after the close of preparatory proceedings.
Subsection 3 Preparatory Proceedings by Means of Documents

(Commencement of Preparatory Proceedings by Means of Documents)
Article 175 The court, when a party lives in a remote place or it finds it appropriate for any other reasons, may refer a case to preparatory proceedings by means of documents (meaning proceedings for arranging issues and evidence through the submission of briefs, etc., without the appearance of the parties; the same shall apply hereinafter).
(Method of Preparatory Proceedings by Means of Documents, etc.)
Article 176 (1) Preparatory proceedings by means of documents shall be conducted by the presiding judge; provided, however, that a high court may have an authorized judge conduct the proceedings.
(2) The presiding judge or an authorized judge at a high court (hereinafter referred to as the "presiding judge, etc." in the following paragraph) shall specify the period prescribed in Article 162.
(3) The presiding judge, etc., when he/she finds it necessary, may consult both parties with regard to the matters concerning the arrangement of issues and evidence or any other matters necessary for oral argument, as provided for by the Rules of the Supreme Court, by a method that enables the court and both parties to communicate simultaneously with one another by audio transmissions. In this case, the presiding judge, etc. may have a court clerk record the outcome of the consultation.
(4) The provisions of Article 149 (excluding paragraph (2)), Article 150 and Article 165(2) shall apply mutatis mutandis to preparatory proceedings by means of documents.
(Confirmation on Facts to Be Proven)
Article 177 The court, on the date for oral argument held after the close of preparatory proceedings by means of documents, shall confirm, with the parties, the facts to be proven through the subsequent examination of evidence.
(Advancement of Allegations and Evidence after Close of Preparatory Proceedings by means of Documents)

Article 178 Where a party, in a case for which preparatory proceedings by means of documents are closed, has advanced allegations or evidence after, on the date for oral argument, statements were made on the matters as stated in the document set forth in Article 165(2) as applied mutatis mutandis pursuant to Article 176(4) or confirmation was made pursuant to the provision of the preceding Article, that party, at the request of the opponent, shall explain to the opponent the reasons why he/she was unable to advance the allegations or evidence prior to the statements or confirmation being made.

ANEXO III - REGRAS 16, 26 E 53, *FEDERAL RULES OF CIVIL PROCEDURE*

(...)

Rule 16 – Pretrial Conferences; Scheduling; Management

(a) **Purposes of a Pretrial Conference**. In any action, the court may order the attorneys and any unrepresented parties to appear for one or more pretrial conferences for such purposes as:
(1) expediting disposition of the action;
(2) establishing early and continuing control so that the case will not be protracted because of lack of management;
(3) discouraging wasteful pretrial activities;
(4) improving the quality of the trial through more thorough preparation; and
(5) facilitating settlement.
(b) **Scheduling**.
(1) *Scheduling Order*. Except in categories of actions exempted by local rule, the district judge—or a magistrate judge when authorized by local rule—must issue a scheduling order:
(A) after receiving the parties' report under Rule 26(f); or
(B) after consulting with the parties' attorneys and any unrepresented parties at a scheduling conference.
(2) *Time to Issue*. The judge must issue the scheduling order as soon as practicable, but unless the judge finds good cause for delay, the judge must issue it within the earlier of 90 days after any defendant has been served with the complaint or 60 days after any defendant has appeared.
(3) *Contents of the Order*.
(A) Required Contents. The scheduling order must limit the time to join other parties, amend the pleadings, complete discovery, and file motions.
(B) Permitted Contents. The scheduling order may:
(i) modify the timing of disclosures under Rules 26(a) and 26(e)(1);
(ii) modify the extent of discovery;
(iii) provide for disclosure, discovery, or preservation of electronically stored information;

(iv) include any agreements the parties reach for asserting claims of privilege or of protection as trial-preparation material after information is produced, including agreements reached under Federal Rule of Evidence 502;

(v) direct that before moving for an order relating to discovery, the movant must request a conference with the court;

(vi) set dates for pretrial conferences and for trial; and

(vii) include other appropriate matters.

(4) *Modifying a Schedule*. A schedule may be modified only for good cause and with the judge's consent.

(c) **Attendance and Matters for Consideration at a Pretrial Conference**.

(1) *Attendance*. A represented party must authorize at least one of its attorneys to make stipulations and admissions about all matters that can reasonably be anticipated for discussion at a pretrial conference. If appropriate, the court may require that a party or its representative be present or reasonably available by other means to consider possible settlement.

(2) *Matters for Consideration*. At any pretrial conference, the court may consider and take appropriate action on the following matters:

(A) formulating and simplifying the issues, and eliminating frivolous claims or defenses;

(B) amending the pleadings if necessary or desirable;

(C) obtaining admissions and stipulations about facts and documents to avoid unnecessary proof, and ruling in advance on the admissibility of evidence;

(D) avoiding unnecessary proof and cumulative evidence, and limiting the use of testimony under Federal Rule of Evidence 702;

(E) determining the appropriateness and timing of summary adjudication under Rule 56;

(F) controlling and scheduling discovery, including orders affecting disclosures and discovery under Rule 26 and Rules 29 through 37;

(G) identifying witnesses and documents, scheduling the filing and exchange of any pretrial briefs, and setting dates for further conferences and for trial;

(H) referring matters to a magistrate judge or a master;

(I) settling the case and using special procedures to assist in resolving the dispute when authorized by statute or local rule;

(J) determining the form and content of the pretrial order;

(K) disposing of pending motions;

(L) adopting special procedures for managing potentially difficult or protracted actions that may involve complex issues, multiple parties, difficult legal questions, or unusual proof problems;
(M) ordering a separate trial under Rule 42(b) of a claim, counterclaim, crossclaim, third-party claim, or particular issue;
(N) ordering the presentation of evidence early in the trial on a manageable issue that might, on the evidence, be the basis for a judgment as a matter of law under Rule 50(a) or a judgment on partial findings under Rule 52(c);
(0) establishing a reasonable limit on the time allowed to present evidence; and
(P) facilitating in other ways the just, speedy, and inexpensive disposition of the action.
(d) **Pretrial Orders**. After any conference under this rule, the court should issue an order reciting the action taken. This order controls the course of the action unless the court modifies it.
(e) **Final Pretrial Conference and Orders**. The court may hold a final pretrial conference to formulate a trial plan, including a plan to facilitate the admission of evidence. The conference must be held as close to the start of trial as is reasonable, and must be attended by at least one attorney who will conduct the trial for each party and by any unrepresented party. The court may modify the order issued after a final pretrial conference only to prevent manifest injustice.
(f) **Sanctions**.
(1) *In General*. On motion or on its own, the court may issue any just orders, including those authorized by Rule 37(b)(2)(A)(ii)-(vii), if a party or its attorney:
(A) fails to appear at a scheduling or other pretrial conference;
(B) is substantially unprepared to participate-or does not participate in good faith-in the conference; or
(C) fails to obey a scheduling or other pretrial order.
(2) *Imposing Fees and Costs*. Instead of or in addition to any other sanction, the court must order the party, its attorney, or both to pay the reasonable expenses—including attorney's fees—incurred because of any noncompliance with this rule, unless the noncompliance was substantially justified or other circumstances make an award of expenses unjust.

(As amended Apr. 28, 1983, eff. Aug. 1, 1983; Mar. 2, 1987, eff. Aug. 1, 1987; Apr. 22, 1993, eff. Dec. 1, 1993; Apr. 12, 2006, eff. Dec. 1, 2006; Apr. 30, 2007, eff. Dec. 1, 2007; Apr. 29, 2015, eff. Dec. 1, 2015.)

Rule 26 – Duty to Disclose; General Provisions Governing Discovery
(a) Required Disclosures.
(1) *Initial Disclosure.*
(A) In General. Except as exempted by Rule 26(a)(1)(B) or as otherwise stipulated or ordered by the court, a party must, without awaiting a discovery request, provide to the other parties:
(i) the name and, if known, the address and telephone number of each individual likely to have discoverable information—along with the subjects of that information—that the disclosing party may use to support its claims or defenses, unless the use would be solely for impeachment;
(ii) a copy—or a description by category and location—of all documents, electronically stored information, and tangible things that the disclosing party has in its possession, custody, or control and may use to support its claims or defenses, unless the use would be solely for impeachment;
(iii) a computation of each category of damages claimed by the disclosing party—who must also make available for inspection and copying as under Rule 34 the documents or other evidentiary material, unless privileged or protected from disclosure, on which each computation is based, including materials bearing on the nature and extent of injuries suffered; and
(iv) for inspection and copying as under Rule 34, any insurance agreement under which an insurance business may be liable to satisfy all or part of a possible judgment in the action or to indemnify or reimburse for payments made to satisfy the judgment.
(B) Proceedings Exempt from Initial Disclosure. The following proceedings are exempt from initial disclosure:
(i) an action for review on an administrative record;
(ii) a forfeiture action in rem arising from a federal statute;
(iii) a petition for habeas corpus or any other proceeding to challenge a criminal conviction or sentence;
(iv) an action brought without an attorney by a person in the custody of the United States, a state, or a state subdivision;
(v) an action to enforce or quash an administrative summons or subpoena;

(vi) an action by the United States to recover benefit payments;
(vii) an action by the United States to collect on a student loan guaranteed by the United States;
(viii) a proceeding ancillary to a proceeding in another court; and
(ix) an action to enforce an arbitration award.
(C) Time for Initial Disclosures—In General. A party must make the initial disclosures at or within 14 days after the parties' Rule 26(f) conference unless a different time is set by stipulation or court order, or unless a party objects during the conference that initial disclosures are not appropriate in this action and states the objection in the proposed discovery plan. In ruling on the objection, the court must determine what disclosures, if any, are to be made and must set the time for disclosure.
(D) Time for Initial Disclosures—For Parties Served or Joined Later. A party that is first served or otherwise joined after the Rule 26(f) conference must make the initial disclosures within 30 days after being served or joined, unless a different time is set by stipulation or court order.
(E) Basis for Initial Disclosure; Unacceptable Excuses. A party must make its initial disclosures based on the information then reasonably available to it. A party is not excused from making its disclosures because it has not fully investigated the case or because it challenges the sufficiency of another party's disclosures or because another party has not made its disclosures.
(2) *Disclosure of Expert Testimony*.
(A) In General. In addition to the disclosures required by Rule 26(a)(1), a party must disclose to the other parties the identity of any witness it may use at trial to present evidence under Federal Rule of Evidence 702, 703, or 705.
(B) Witnesses Who Must Provide a Written Report. Unless otherwise stipulated or ordered by the court, this disclosure must be accompanied by a written report—prepared and signed by the witness—if the witness is one retained or specially employed to provide expert testimony in the case or one whose duties as the party's employee regularly involve giving expert testimony. The report must contain:
(i) a complete statement of all opinions the witness will express and the basis and reasons for them;
(ii) the facts or data considered by the witness in forming them;
(iii) any exhibits that will be used to summarize or support them;

(iv) the witness's qualifications, including a list of all publications authored in the previous 10 years;
(v) a list of all other cases in which, during the previous 4 years, the witness testified as an expert at trial or by deposition; and
(vi) a statement of the compensation to be paid for the study and testimony in the case.
(C) Witnesses Who Do Not Provide a Written Report. Unless otherwise stipulated or ordered by the court, if the witness is not required to provide a written report, this disclosure must state:
(i) the subject matter on which the witness is expected to present evidence under Federal Rule of Evidence 702, 703, or 705; and
(ii) a summary of the facts and opinions to which the witness is expected to testify.
(D) Time to Disclose Expert Testimony. A party must make these disclosures at the times and in the sequence that the court orders. Absent a stipulation or a court order, the disclosures must be made:
(i) at least 90 days before the date set for trial or for the case to be ready for trial; or
(ii) if the evidence is intended solely to contradict or rebut evidence on the same subject matter identified by another party under Rule 26(a)(2)(B) or (C), within 30 days after the other party's disclosure.
(E) Supplementing the Disclosure. The parties must supplement these disclosures when required under Rule 26(e).
(3) *Pretrial Disclosures.*
(A) In General. In addition to the disclosures required by Rule 26(a)(1) and (2), a party must provide to the other parties and promptly file the following information about the evidence that it may present at trial other than solely for impeachment:
(i) the name and, if not previously provided, the address and telephone number of each witness—separately identifying those the party expects to present and those it may call if the need arises;
(ii) the designation of those witnesses whose testimony the party expects to present by deposition and, if not taken stenographically, a transcript of the pertinent parts of the deposition; and

(iii) an identification of each document or other exhibit, including summaries of other evidence—separately identifying those items the party expects to offer and those it may offer if the need arises.

(B) Time for Pretrial Disclosures; Objections. Unless the court orders otherwise, these disclosures must be made at least 30 days before trial. Within 14 days after they are made, unless the court sets a different time, a party may serve and promptly file a list of the following objections: any objections to the use under Rule 32(a) of a deposition designated by another party under Rule 26(a)(3)(A)(ii); and any objection, together with the grounds for it, that may be made to the admissibility of materials identified under Rule 26(a)(3)(A)(iii). An objection not so made—except for one under Federal Rule of Evidence 402 or 403—is waived unless excused by the court for good cause.

(4) *Form of Disclosures.* Unless the court orders otherwise, all disclosures under Rule 26(a) must be in writing, signed, and served.

(b) **Discovery Scope and Limits**.

(1) *Scope in General.* Unless otherwise limited by court order, the scope of discovery is as follows: Parties may obtain discovery regarding any nonprivileged matter that is relevant to any party's claim or defense and proportional to the needs of the case, considering the importance of the issues at stake in the action, the amount in controversy, the parties' relative access to relevant information, the parties' resources, the importance of the discovery in resolving the issues, and whether the burden or expense of the proposed discovery outweighs its likely benefit. Information within this scope of discovery need not be admissible in evidence to be discoverable.

(2) *Limitations on Frequency and Extent.*

(A) When Permitted. By order, the court may alter the limits in these rules on the number of depositions and interrogatories or on the length of depositions under Rule 30. By order or local rule, the court may also limit the number of requests under Rule 36.

(B) Specific Limitations on Electronically Stored Information. A party need not provide discovery of electronically stored information from sources that the party identifies as not reasonably accessible because of undue burden or cost. On motion to compel discovery or for a protective order, the party from whom discovery is sought must show that the information is not reasonably accessible because of undue burden or cost. If that showing is made, the court may nonetheless order discovery from such sources if the requesting party shows good cause, considering the limitations of Rule 26(b)(2)(C). The court may specify conditions for the discovery.

(C) When Required. On motion or on its own, the court must limit the frequency or extent of discovery otherwise allowed by these rules or by local rule if it determines that:

(i) the discovery sought is unreasonably cumulative or duplicative, or can be obtained from some other source that is more convenient, less burdensome, or less expensive;

(ii) the party seeking discovery has had ample opportunity to obtain the information by discovery in the action; or

(iii) the proposed discovery is outside the scope permitted by Rule 26(b)(1).

(3) *Trial Preparation: Materials.*

(A) Documents and Tangible Things. Ordinarily, a party may not discover documents and tangible things that are prepared in anticipation of litigation or for trial by or for another party or its representative (including the other party's attorney, consultant, surety, indemnitor, insurer, or agent). But, subject to Rule 26(b)(4), those materials may be discovered if:

(i) they are otherwise discoverable under Rule 26(b)(1); and

(ii) the party shows that it has substantial need for the materials to prepare its case and cannot, without undue hardship, obtain their substantial equivalent by other means.

(B) Protection Against Disclosure. If the court orders discovery of those materials, it must protect against disclosure of the mental impressions, conclusions, opinions, or legal theories of a party's attorney or other representative concerning the litigation.

(C) Previous Statement. Any party or other person may, on request and without the required showing, obtain the person's own previous statement about the action or its subject matter. If the request is refused, the person may move for a court order, and Rule 37(a)(5) applies to the award of expenses. A previous statement is either:

(i) a written statement that the person has signed or otherwise adopted or approved; or

(ii) a contemporaneous stenographic, mechanical, electrical, or other recording—or a transcription of it—that recites substantially verbatim the person's oral statement.

(4) *Trial Preparation: Experts.*

(A) Deposition of an Expert Who May Testify. A party may depose any person who has been identified as an expert whose opinions may be presented at trial. If Rule 26(a)(2)(B) requires a report from the expert, the deposition may be conducted only after the report is provided.

(B) Trial-Preparation Protection for Draft Reports or Disclosures. Rules 26(b)(3)(A) and (B) protect drafts of any report or disclosure required under Rule 26(a)(2), regardless of the form in which the draft is recorded.

(C) Trial-Preparation Protection for Communications Between a Party's Attorney and Expert Witnesses. Rules 26(b)(3)(A) and (B) protect communications between the party's attorney and any witness required to provide a report under Rule 26(a)(2)(B), regardless of the form of the communications, except to the extent that the communications:

(i) relate to compensation for the expert's study or testimony;

(ii) identify facts or data that the party's attorney provided and that the expert considered in forming the opinions to be expressed; or

(iii) identify assumptions that the party's attorney provided and that the expert relied on in forming the opinions to be expressed.

(D) Expert Employed Only for Trial Preparation. Ordinarily, a party may not, by interrogatories or deposition, discover facts known or opinions held by an expert who has been retained or specially employed by another party in anticipation of litigation or to prepare for trial and who is not expected to be called as a witness at trial. But a party may do so only:

(i) as provided in Rule 35(b); or

(ii) on showing exceptional circumstances under which it is impracticable for the party to obtain facts or opinions on the same subject by other means.

(E) Payment. Unless manifest injustice would result, the court must require that the party seeking discovery:

(i) pay the expert a reasonable fee for time spent in responding to discovery under Rule 26(b)(4)(A) or (D); and

(ii) for discovery under (D), also pay the other party a fair portion of the fees and expenses it reasonably incurred in obtaining the expert's facts and opinions.

(5) *Claiming Privilege or Protecting Trial-Preparation Materials.*

(A) Information Withheld. When a party withholds information otherwise discoverable by claiming that the information is privileged or subject to protection as trial-preparation material, the party must:

(i) expressly make the claim; and

(ii) describe the nature of the documents, communications, or tangible things not produced or disclosed—and do so in a manner that, without revealing information itself privileged or protected, will enable other parties to assess the claim.

(B) Information Produced. If information produced in discovery is subject to a claim of privilege or of protection as trial-preparation material, the party making the claim may notify any party that received the information of the claim and the basis for it. After being notified, a party must promptly return, sequester, or destroy the specified information and any copies it has; must not use or disclose the information until the claim is resolved; must take reasonable steps to retrieve the information if the party disclosed it before being notified; and may promptly present the information to the court under seal for a determination of the claim. The producing party must preserve the information until the claim is resolved.

(c) **Protective Orders.**

(1) *In General.* A party or any person from whom discovery is sought may move for a protective order in the court where the action is pending—or as an alternative on matters relating to a deposition, in the court for the district where the deposition will be taken. The motion must include a certification that the movant has in good faith conferred or attempted to confer with other affected parties in an effort to resolve the dispute without court action. The court may, for good cause, issue an order to protect a party or person from annoyance, embarrassment, oppression, or undue burden or expense, including one or more of the following:

(A) forbidding the disclosure or discovery;

(B) specifying terms, including time and place or the allocation of expenses, for the disclosure or discovery;

(C) prescribing a discovery method other than the one selected by the party seeking discovery;

(D) forbidding inquiry into certain matters, or limiting the scope of disclosure or discovery to certain matters;

(E) designating the persons who may be present while the discovery is conducted;

(F) requiring that a deposition be sealed and opened only on court order;

(G) requiring that a trade secret or other confidential research, development, or commercial information not be revealed or be revealed only in a specified way; and

(H) requiring that the parties simultaneously file specified documents or information in sealed envelopes, to be opened as the court directs.

(2) *Ordering Discovery.* If a motion for a protective order is wholly or partly denied, the court may, on just terms, order that any party or person provide or permit discovery.

(3) *Awarding Expenses.* Rule 37(a)(5) applies to the award of expenses.

(d) **Timing and Sequence of Discovery.**

(1) *Timing.* A party may not seek discovery from any source before the parties have conferred as required by Rule 26(f), except in a proceeding exempted from initial disclosure under Rule 26(a)(1)(B), or when authorized by these rules, by stipulation, or by court order.

(2) *Early Rule 34 Requests.*

(A) Time to Deliver. More than 21 days after the summons and complaint are served on a party, a request under Rule 34 may be delivered:

(i) to that party by any other party, and

(ii) by that party to any plaintiff or to any other party that has been served.

(B) When Considered Served. The request is considered to have been served at the first Rule 26(f) conference.

(3) *Sequence.* Unless the parties stipulate or the court orders otherwise for the parties' and witnesses' convenience and in the interests of justice:

(A) methods of discovery may be used in any sequence; and

(B) discovery by one party does not require any other party to delay its discovery.

(e) **Supplementing Disclosures and Responses.**

(1) *In General.* A party who has made a disclosure under Rule 26(a)—or who has responded to an interrogatory, request for production, or request for admission—must supplement or correct its disclosure or response:

(A) in a timely manner if the party learns that in some material respect the disclosure or response is incomplete or incorrect, and if the additional or corrective information has not otherwise been made known to the other parties during the discovery process or in writing; or

(B) as ordered by the court.

(2) *Expert Witness.* For an expert whose report must be disclosed under Rule 26(a)(2)(B), the party's duty to supplement extends both to information included in the report and to information given during the expert's deposition. Any additions or changes to this information must be disclosed by the time the party's pretrial disclosures under Rule 26(a)(3) are due.

(f) **Conference of the Parties; Planning for Discovery**.

(1) *Conference Timing.* Except in a proceeding exempted from initial disclosure under Rule 26(a)(1)(B) or when the court orders otherwise, the parties must confer as soon as practicable—and in any event at least 21 days before a scheduling conference is to be held or a scheduling order is due under Rule 16(b).

(2) *Conference Content; Parties' Responsibilities.* In conferring, the parties must consider the nature and basis of their claims and defenses and the possibilities for promptly settling or resolving the case; make or arrange for the disclosures required by Rule 26(a)(1); discuss any issues about preserving discoverable information; and develop a proposed discovery plan. The attorneys of record and all unrepresented parties that have appeared in the case are jointly responsible for arranging the conference, for attempting in good faith to agree on the proposed discovery plan, and for submitting to the court within 14 days after the conference a written report outlining the plan. The court may order the parties or attorneys to attend the conference in person.

(3) *Discovery Plan.* A discovery plan must state the parties' views and proposals on:

(A) what changes should be made in the timing, form, or requirement for disclosures under Rule 26(a), including a statement of when initial disclosures were made or will be made;

(B) the subjects on which discovery may be needed, when discovery should be completed, and whether discovery should be conducted in phases or be limited to or focused on particular issues;

(C) any issues about disclosure, discovery, or preservation of electronically stored information, including the form or forms in which it should be produced;

(D) any issues about claims of privilege or of protection as trial-preparation materials, including—if the parties agree on a procedure to assert these claims after production—whether to ask the court to include their agreement in an order under Federal Rule of Evidence 502;

(E) what changes should be made in the limitations on discovery imposed under these rules or by local rule, and what other limitations should be imposed; and

(F) any other orders that the court should issue under Rule 26(c) or under Rule 16(b) and (c).

(4) *Expedited Schedule*. If necessary to comply with its expedited schedule for Rule 16(b) conferences, a court may by local rule:

(A) require the parties' conference to occur less than 21 days before the scheduling conference is held or a scheduling order is due under Rule 16(b); and

(B) require the written report outlining the discovery plan to be filed less than 14 days after the parties' conference, or excuse the parties from submitting a written report and permit them to report orally on their discovery plan at the Rule 16(b) conference.

(g) **Signing Disclosures and Discovery Requests, Responses, and Objections**.

(1) *Signature Required; Effect of Signature*. Every disclosure under Rule 26(a) (1) or (a)(3) and every discovery request, response, or objection must be signed by at least one attorney of record in the attorney's own name—or by the party personally, if unrepresented—and must state the signer's address, e-mail address, and telephone number. By signing, an attorney or party certifies that to the best of the person's knowledge, information, and belief formed after a reasonable inquiry:

(A) with respect to a disclosure, it is complete and correct as of the time it is made; and

(B) with respect to a discovery request, response, or objection, it is:

(i) consistent with these rules and warranted by existing law or by a nonfrivolous argument for extending, modifying, or reversing existing law, or for establishing new law;

(ii) not interposed for any improper purpose, such as to harass, cause unnecessary delay, or needlessly increase the cost of litigation; and

(iii) neither unreasonable nor unduly burdensome or expensive, considering the needs of the case, prior discovery in the case, the amount in controversy, and the importance of the issues at stake in the action.

(2) *Failure to Sign.* Other parties have no duty to act on an unsigned disclosure, request, response, or objection until it is signed, and the court must strike it unless a signature is promptly supplied after the omission is called to the attorney's or party's attention.

(3) *Sanction for Improper Certification.* If a certification violates this rule without substantial justification, the court, on motion or on its own, must impose an appropriate sanction on the signer, the party on whose behalf the signer was acting, or both. The sanction may include an order to pay the reasonable expenses, including attorney's fees, caused by the violation.

Rule 53 – Masters

(a) **Appointment**.

(1) *Scope.* Unless a statute provides otherwise, a court may appoint a master only to:

(A) perform duties consented to by the parties;

(B) hold trial proceedings and make or recommend findings of fact on issues to be decided without a jury if appointment is warranted by:

(i) some exceptional condition; or

(ii) the need to perform an accounting or resolve a difficult computation of damages; or

(C) address pretrial and posttrial matters that cannot be effectively and timely addressed by an available district judge or magistrate judge of the district.

(2) *Disqualification.* A master must not have a relationship to the parties, attorneys, action, or court that would require disqualification of a judge under 28 U.S.C. §455, unless the parties, with the court's approval, consent to the appointment after the master discloses any potential grounds for disqualification.

(3) *Possible Expense or Delay.* In appointing a master, the court must consider the fairness of imposing the likely expenses on the parties and must protect against unreasonable expense or delay.

(b) **Order Appointing a Master**.

(1) *Notice.* Before appointing a master, the court must give the parties notice and an opportunity to be heard. Any party may suggest candidates for appointment.

(2) *Contents.* The appointing order must direct the master to proceed with all reasonable diligence and must state:

(A) the master's duties, including any investigation or enforcement duties, and any limits on the master's authority under Rule 53(c);

(B) the circumstances, if any, in which the master may communicate ex parte with the court or a party;

(C) the nature of the materials to be preserved and filed as the record of the master's activities;

(D) the time limits, method of filing the record, other procedures, and standards for reviewing the master's orders, findings, and recommendations; and

(E) the basis, terms, and procedure for fixing the master's compensation under Rule 53(g).

(3) *Issuing.* The court may issue the order only after:

(A) the master files an affidavit disclosing whether there is any ground for disqualification under 28 U.S.C. §455; and

(B) if a ground is disclosed, the parties, with the court's approval, waive the disqualification.

(4) *Amending.* The order may be amended at any time after notice to the parties and an opportunity to be heard.

(c) **Master's Authority**.

(1) *In General.* Unless the appointing order directs otherwise, a master may:

(A) regulate all proceedings;

(B) take all appropriate measures to perform the assigned duties fairly and efficiently; and

(C) if conducting an evidentiary hearing, exercise the appointing court's power to compel, take, and record evidence.

(2) *Sanctions*. The master may by order impose on a party any noncontempt sanction provided by Rule 37 or 45, and may recommend a contempt sanction against a party and sanctions against a nonparty.

(d) **Master's Orders**. A master who issues an order must file it and promptly serve a copy on each party. The clerk must enter the order on the docket.

(e) **Master's Reports**. A master must report to the court as required by the appointing order. The master must file the report and promptly serve a copy on each party, unless the court orders otherwise.

(f) **Action on the Master's Order, Report, or Recommendations**.

(1) *Opportunity for a Hearing; Action in General*. In acting on a master's order, report, or recommendations, the court must give the parties notice and an opportunity to be heard; may receive evidence; and may adopt or affirm, modify, wholly or partly reject or reverse, or resubmit to the master with instructions.

(2) *Time to Object or Move to Adopt or Modify*. A party may file objections to—or a motion to adopt or modify—the master's order, report, or recommendations no later than 21 days after a copy is served, unless the court sets a different time.

(3) *Reviewing Factual Findings*. The court must decide de novo all objections to findings of fact made or recommended by a master, unless the parties, with the court's approval, stipulate that:

(A) the findings will be reviewed for clear error; or

(B) the findings of a master appointed under Rule 53(a)(1)(A) or (C) will be final.

(4) *Reviewing Legal Conclusions*. The court must decide de novo all objections to conclusions of law made or recommended by a master.

(5) *Reviewing Procedural Matters*. Unless the appointing order establishes a different standard of review, the court may set aside a master's ruling on a procedural matter only for an abuse of discretion.

(g) **Compensation**.

(1) *Fixing Compensation*. Before or after judgment, the court must fix the master's compensation on the basis and terms stated in the appointing order, but the court may set a new basis and terms after giving notice and an opportunity to be heard.

(2) *Payment*. The compensation must be paid either:

(A) by a party or parties; or

(B) from a fund or subject matter of the action within the court's control.

(3) *Allocating Payment.* The court must allocate payment among the parties after considering the nature and amount of the controversy, the parties' means, and the extent to which any party is more responsible than other parties for the reference to a master. An interim allocation may be amended to reflect a decision on the merits.

(h) **Appointing a Magistrate Judge**. A magistrate judge is subject to this rule only when the order referring a matter to the magistrate judge states that the reference is made under this rule.

(As amended Feb. 28, 1966, eff. July 1, 1966; Apr. 28, 1983, eff. Aug. 1, 1983; Mar. 2, 1987, eff. Aug. 1, 1987; Apr. 30, 1991, eff. Dec. 1, 1991; Apr. 22, 1993, eff. Dec. 1, 1993; Mar. 27, 2003, eff. Dec. 1, 2003; Apr. 30, 2007, eff. Dec. 1, 2007; Mar. 26, 2009, eff. Dec. 1, 2009.)

ANEXO IV - 28 U.S.C.A §1407.
MULTIDISTRICT LITIGATION

(a) When civil actions involving one or more common questions of fact are pending in different districts, such actions may be transferred to any district for coordinated or consolidated pretrial proceedings. Such transfers shall be made by the judicial panel on multidistrict litigation authorized by this section upon its determination that transfers for such proceedings will be for the convenience of parties and witnesses and will promote the just and efficient conduct of such actions. Each action so transferred shall be remanded by the panel at or before the conclusion of such pretrial proceedings to the district from which it was transferred unless it shall have been previously terminated: Provided, however, That the panel may separate any claim, cross-claim, counter-claim, or third-party claim and remand any of such claims before the remainder of the action is remanded.

(b) Such coordinated or consolidated pretrial proceedings shall be conducted by a judge or judges to whom such actions are assigned by the judicial panel on multidistrict litigation. For this purpose, upon request of the panel, a circuit judge or a district judge may be designated and assigned temporarily for service in the transferee district by the Chief Justice of the United States or the chief judge of the circuit, as may be required, in accordance with the provisions of chapter 13 of this title. With the consent of the transferee district court, such actions may be assigned by the panel to a judge or judges of such district. The judge or judges to whom such actions are assigned, the members of the judicial panel on multidistrict litigation, and other circuit and district judges designated when needed by the panel may exercise the powers of a district judge in any district for the purpose of conducting pretrial depositions in such coordinated or consolidated pretrial proceedings.

(c) Proceedings for the transfer of an action under this section may be initiated by—

(i) the judicial panel on multidistrict litigation upon its own initiative, or

(ii) motion filed with the panel by a party in any action in which transfer for coordinated or consolidated pretrial proceedings under this section may be appropriate. A copy of such motion shall be filed in the district court in which the moving party's action is pending.

The panel shall give notice to the parties in all actions in which transfers for coordinated or consolidated pretrial proceedings are contemplated, and such notice shall specify the time and place of any hearing to determine whether such transfer shall be made. Orders of the panel to set a hearing and other orders of the panel issued prior to the order either directing or denying transfer shall be filed in the office of the clerk of the district court in which a transfer hearing is to be or has been held. The panel's order of transfer shall be based upon a record of such hearing at which material evidence may be offered by any party to an action pending in any district that would be affected by the proceedings under this section, and shall be supported by findings of fact and conclusions of law based upon such record. Orders of transfer and such other orders as the panel may make thereafter shall be filed in the office of the clerk of the district court of the transferee district and shall be effective when thus filed. The clerk of the transferee district court shall forthwith transmit a certified copy of the panel's order to transfer to the clerk of the district court from which the action is being transferred. An order denying transfer shall be filed in each district wherein there is a case pending in which the motion for transfer has been made.

(d) The judicial panel on multidistrict litigation shall consist of seven circuit and district judges designated from time to time by the Chief Justice of the United States, no two of whom shall be from the same circuit. The concurrence of four members shall be necessary to any action by the panel.

(e) No proceedings for review of any order of the panel may be permitted except by extraordinary writ pursuant to the provisions of title 28, section 1651, United States Code. Petitions for an extraordinary writ to review an order of the panel to set a transfer hearing and other orders of the panel issued prior to the order either directing or denying transfer shall be filed only in the court of appeals having jurisdiction over the district in which a hearing is to be or has been held. Petitions for an extraordinary writ to review an order to transfer or orders subsequent to transfer shall be filed only in the court of appeals having jurisdiction over the transferee district. There shall be no appeal or review of an order of the panel denying a motion to transfer for consolidated or coordinated proceedings.

(f) The panel may prescribe rules for the conduct of its business not inconsistent with Acts of Congress and the Federal Rules of Civil Procedure.

(g) Nothing in this section shall apply to any action in which the United States is a complainant arising under the antitrust laws. "Antitrust laws" as used herein include those acts referred to in the Act of October 15, 1914, as amended (38 Stat. 730; 15 U.S.C. 12), and also include the Act of June 19, 1936 (49 Stat. 1526; 15 U.S.C. 13, 13a, and 13b) and the Act of September 26, 1914, as added March 21, 1938 (52 Stat. 116, 117; 15 U.S.C. 56); but shall not include section 4A of the Act of October 15, 1914, as added July 7, 1955 (69 Stat. 282; 15 U.S.C. 15a).

(h) Notwithstanding the provisions of section 1404 or subsection (f) of this section, the judicial panel on multidistrict litigation may consolidate and transfer with or without the consent of the parties, for both pretrial purposes and for trial, any action brought under section 4C of the Clayton Act.

ANEXO V - RULES OF TRANSNATIONAL CIVIL PROCEDURE

(...)

23. Case Management

23.1 In order to further the due administration of justice, the court should assume an active management of the proceeding.

23.2 The court may schedule one or more conferences during the preparatory stage. The advocates for the parties shall attend such conferences and other persons may be ordered to do so in accordance with forum law. The court may conduct a conference by any available means of communication.

23.3 After consultation with all parties, the court may:

23.3.1 Order amendment of the pleadings for the addition, elimination, or revision of claims, defenses, and issues in light of the parties' contentions at that stage;

23.3.2 Order the isolation for separate hearing and decision of one or more issues in the case. The court may enter an interlocutory judgment addressing that issue and its relation to the remainder of the case;

23.3.3 Order the consolidation of cases pending before itself, whether under these Rules or those of the forum, when they deal with the same or related transactions, and when consolidation may facilitate the proceeding and decision. The final judgment shall address all the cases;

23.3.4 Make rulings concerning admissibility and exclusion of evidence and other procedural matters;

23.3.5 Prescribe the sequence for hearing witnesses and experts;

23.3.6 Fix the date for the plenary hearing;

23.3.7 Enter other orders to simplify or expedite the proceeding;

23.3.8 In accordance with the law of the forum, order any person subject to the court's authority to produce documents or other evidence or to submit to deposition as provided in Rule 21.

23.4 The court may suggest that the parties consider settlement, mediation, or arbitration or any other form of alternative dispute resolution. The court may stay the proceeding and direct the parties to an Alternative Dispute Resolution procedure, such as settlement or mediation.

Impresso por: